DÒNG CHẢY VĂN HÓA VIỆT NAM
TỪ SÔNG HỒNG ĐẾN SÔNG CỬU LONG

越南文化：從紅河到九龍江流域

蔣為文（GS. TS. Tưởng Vi Văn）——主編

五南圖書出版公司 印行

序言

從紅河到九龍江流域

越南是位於東南亞的多族群文明古國。就歷史發展順序來看，越南文化從北往南拓展，主要依附在三條河流流域，分別是紅河、香江與九龍江（湄公河）。紅河是越南主體民族京族（Kinh或稱越族）的民族發源地，歷代許多重要王朝都建都於此。香江是越南最後一個封建王朝阮朝的護城河。九龍江位於越南南部，該區域原本居住柬埔寨人，約於十七世紀之後越南人逐漸大量移居到此開墾，而形成當今現況。由於發展的歷史文化背景不同，當今越南北、中、南三地各有其區域文化特色。

越南的文化有其源自內在本土的成分，也有外來經過吸收後的新興文化，因此呈現出豐富多元又有其民族主體性的特色。越南文化的特色之一就是將外來文化吸收消化後轉換成具本土色彩的文化。譬如，越南的十二生肖概念雖源自中國，但來到越南後卻用貓取代兔子。中秋節來到越南後，從全家團圓的節日變成小孩子的燈籠節。廣東人的河粉傳到越南後變成越南式的phở，潮州人的粿條傳到越南南部後變成越南南部的美食hủ tiếu。雖然廣東河粉及潮州粿條源自中國廣東，但經過越南本土化後其烹調方式與口味已與原鄉不同而形成具有越南特色的國民經典美食。在台灣，當談及河粉時民眾都會聯想到越南的美食。在法語裡甚至也直接以pho來稱呼越式河粉。這表示河粉的越南化已深受越南以外的他者認同與肯定。此外，油條傳到越南後，也遭徹底改頭換面。越南油條不僅尺寸較小，且常與河粉一起享用，而非「燒餅油條」的吃法。

從越南的案例來看，越南是一個具有文化主體性與自信的民族！而這或許是當前台灣人最欠缺的民族精神。台灣和越南都曾經歷過外來政權的殖民統治。是什麼樣的文化內涵造就了越南人打敗法國、美國和中國而得到民族的獨立呢？台越之間的文化有其相似性也有其差異性。台語諺語說：「Han-chî lo̍h thô m̄-kia^{n} nōa, chí kiû ki-hio̍h tē tē thòa^{n}」（番薯毋驚落土爛，只求枝葉代代湠）。這種鼓勵打拚的精神與毅力是台越文化共通的特點。

儘管台、越兩岸的通婚與通商非常密切與頻繁，然而雙方對對方的社會文化了解仍非常有限，甚至常存在以訛傳訛的誤解。有鑑於此，國立成功大學越南研究中心、台灣文學系、社團法人台越文化協會、高雄大學越南研究中心聯合邀請越南社會科學院文化所、越南文化藝術院、胡志明市國家大學所屬社會人文大學及日本大阪大學越南學系於2018年6月份共同舉辦一場越南文化國際工作坊。該工作坊邀集了台灣、越南與日本的越南研究專家們一同發表關於越南文化相關議題的論文。這些論文經過修改潤飾後就成了這本書。雖然這本書無法涵蓋極豐富的越南文化全貌，但應該足以讓讀者對越南文化有基本的認識。期待這本書能帶動更多的台越交流與比較研究以建立更深厚的台越國民友誼。

蔣爲文

目　錄

第一章

從非物質文化遺產的真實性談起

裴懷山[1] 著，范海云[2] 譯

1 PGS. TS. Bùi Hoài Sơn，副教授、博士，越南國家藝術文化院院長。

2 Phạm Hải Vân，國立成功大學台灣文學系碩士。

一、前言

這幾年來，遺產保存管理已得到一定的成就。法定規範文本不但有助於遺產保存管理工作，也催促全國社會經濟文化的發展。不過，文化遺產的保存工作目前還面臨著許多困難及挑戰，譬如：文化遺產管理模型的判定（特別是經過UNESCO公認的遺產），社會團體、藝人與政府對於文化遺產價値保存的角色以及遺產與觀光業發展的關係等，其中有遺產眞實性的判定工作。從事非物質文化遺產保存管理工作者以及實行者很常遇到的問題爲：我們爲何要確定遺產的眞實性？眞實性對於遺產是否重要？

二、文化遺產的真實性

實際上，眞實性是一項遺產可否加入世界文化遺產的首要標準。不過，至1990年，眞實性的概念被許多專家學者批判，特別是從事文化研究的學者於1994年的Nara會議（日本）上有強調文化的相對性。此事件導致UNESCO在〈1972年公約說明書對於世界文化及自然遺產保存工作〉一文中於2005年已擴展眞實性的概念。不過，對於自然遺產而言，雖然眞實性的概念存有許多爭議，但仍是遺產被公認的核心條件。

1994年Nara會議的十年後，也就是2004年，以「物質文化及非物質文化遺產的保存：走向最適當的切入點」爲主題的Nara會議再次強調眞實性的話題。此會議公布〈Yamato——物質文化及非物質文化遺產最適當的保存切入法〉，其中專家們「認爲非物質文化遺產常受到再創新」，且強調物質文化遺產「眞實性」的術語無法應用於非物質文化遺產[3]。

聯合國非物質文化遺產委員會（ICH）雖然還未正式涉及到Yamato公布，但在一些會議上已遇到眞實性的問題。譬如：2010年11月在奈洛比（Nairobi）肯亞（Kenya）舉辦的第五屆政府聯協委員會關於非物質文化遺產保護問題，墨西哥（Mexico）在申辦國家傳統飲食的文件中有將「眞實性」標示在遺產的名字上。但是，摩洛哥（Morocco）的代表團建議要將遺產名字上的「眞實性」此術語移除，因爲此寫法不符合2003年公約的精神。實際上，墨西哥代表團已認同此建議，該名字透過審查後已得到更改。可見，摩洛哥代表團的建議再次涉及到非物質文化遺產很重要的問題——「眞實性」！

2012年，聯合國非物質文化遺產委員會祕書組的報告也指出，在各國遺產申辦文件裡有出現不適當的詞語，譬如：「特別遺產的獨特性、有關眞實性的特色及藝術性等等」。除此之外，祕書組也提到一些文化遺產保護法「有些努力維持遺產的原狀或保存遺產的原先特點」。總之，祕書組建議各國要尊重「公約的精神與詞語——原本沒有傾向於催促遺產之間的競爭或理想化遺產」[4]。

三、歷史性的真實

有關遺產的眞實性，至今，許多科學專家將遺產視爲有歷史性的眞實。當我們提到「遺產猶如擁有歷史性的眞實」，我們要特別留意一種科學觀點，即是客觀的眞理依靠著環境（空間—時間—接觸

[3] Bortolotto C., 2013. “Authenticity: A Non-Criterion for Inscription on the Lists of UNESCO’s Intangible Cultural Heritage Convention”. In *2013 IRCI Meeting on ICH – Evaluating the Inscription Criteria for the Two Lists of UNESCO’s Intangible Cultural Heritage Convention – the 10th Anniversary of the 2003 Convention – Final Report.* Published by International Research Centre for Intangible Cultural Heritage in the Asia-Pacific Region (IRCI), pp. 73-79.

[4] ITH/11/6.COM/CONF.206/13 và ITH/12/7.COM/11.

法）以及客觀眞理存在的觀點。此論點導致我們產生一種有關事物或現象的「客觀眞理」的科學質疑。而遺產的存在是一種客觀的眞實，有歷史及科學證據證明其存在。不過，我們也要承認，當歷史經過處理變成遺產，科學證據會消失其價值，以讓「遺產產生其獨特的現實」[5]。

現今的社會科學家常提到一個問題：「遺產是給了誰？」而忽略追尋遺產的眞實性。遺產是現代社會的產品，其發展是要符合現代社會的要求，也因爲這些要求而定型。因此，產生兩種時代的聯結，都屬於現代時。過往的遺產爲了現代的目的而成形，也因爲現代社會的期待而決定將來要繼承的內容。這是「所有歷史都是當代的歷史」、「過去是透過現代的眼光決定」的觀念的擴展。也因爲如此，歷史以及遺產都爲了現代目的而篩選使用過去的內容，內容的改變是透過各種解釋。歷史是由歷史學家判定其內容，有價值的內容才要記錄下來，而遺產是由當代社會篩選以繼承及轉接給未來的世代。Michael Hitchcock認爲遺產不單純只是過去，過去只是初步的原料，讓每一個世代自行發現其遺產[6]。因此，遺產的眞實性，特別是非物質文化遺產，要得到適當的重視，以免高估眞實性會影響到遺產的存在與發展。

四、越南的非物質文化遺產

在越南，非物質文化遺產的眞實性也遇到很多問題。有一部分管理者還是需要文化遺產（其中有非物質文化遺產）必須證明其眞實性。實際上，許多專家學者以及管理者要追尋文化遺產的根源（如

---

5 Herbert, D. T. (ed.) 1995. *Heritage, Tourism and Society*.London: Mansell Publishing Limited, pp.22.

6 Hitchcock, M. 1997. “Heritage for whom? Tourism and Local Communities”. In Nuryanti, W. 1997. ‘*Tourism and Heritage Management*’. Gadjah Mada University Press, pp. 201-211.

傳統節日），以基於其基礎，促進宣傳及發揮傳統文化到民眾。不過，這是一件極爲艱難的事情，需要經過許多事件及時間的層次解碼。以往的很多事件已無法在現時找到線索，如傳說及典故——傳統節日的核心，很難找回其根源。除此之外，各地居民已接受及習慣於各地傳說，也不須要任何科學解釋。他們基於各地開地傳說來舉辦傳統節日，不須任何科學理由的干涉。因此，若科學的解釋相反於各地傳說，影響到老百姓舉辦節日的願望，會導致地方節日管理工作的困擾。也因爲此原因，主張不公告那些沒有明確根源的傳統節日，會導致有些地方出現「假冒的節日」或「神聖假冒來歷」的現象。

五、結語

現在，人們認爲遺產是文化的一種產品，滿足於現代社會的需求。非物質文化遺產——文化的一種產品，擁有運作的邏輯符合其現代社會的角色。根據Getz的說法，傳統節日有特別重要的角色，可以啓發觀光客的參觀需求、增加旅遊景點的吸引力，藉此促進社會、都市的發展，形成旅遊代替，嚮往永續發展的目標[7]。而Ringer認爲：第一，遺產有其自身的文化價值權力；第二，遺產擁有政治的權力，吸引民眾對於政府的支持；第三，遺產也擁有經濟的權力，可以直接或間接補助各種經濟活動[8]。

至今，遺產被認爲是文化工業領域裡面的一個項目。因此，遺產管理工作的定義也得到擴展，不只是單純直接管理遺產，而是管理一個縮小的社會。要釐清此內容，可以傳統節日爲例子。傳統節日的管理及辦理活動不只是單純圍繞著保存、復活或發揮其價值，同時要考慮到一系列的工作，如：規劃設計、人力資源、宣傳活動、資源尋

7 Getz, D. 1990,. *Festivals, Special Events, and Tourism*. New York: Van Nostrand Reinhold, pp.5.

8 Ringer, G. (ed.) 1998. *Destinations: Cultural Landscapes of Tourism*. London: Routledge, pp.63.

找、安寧管理、食品衛生管控以及設備服務發展等等。雖然每個節日的規模大小不同，但以上的問題還是需要有關部門的關心與支持。因此，節日管理的規定都要考慮到這些因素。

總之，創新是文化的本質。對於非物質文化遺產，創新是不斷發展的過程，創造出豐富、多樣性的文化。很難評估哪個文化活動優越於其他的，更擁有價值、原本性或獨一無二。因爲文化是擁有地方性，每個地方都有其特色。因此，沒有哪一個是更優越的文化。在文化相當的背景之下，尋找非物質文化遺產的眞實性，不如評價其遺產對於現代社會充當什麼樣的角色。人文意義、社會固有價值、根源的共識或社會經濟發展的資源，永遠比追尋遺產眞實性的答案更有意義。

參考文獻

Bortolotto, C. 2013. “Authenticity: A Non-Criterion for Inscription on the Lists of UNESCO’s Intangible Cultural Heritage Convention”. In *2013 IRCI Meeting on ICH – Evaluating the Inscription Criteria for the Two Lists of UNESCO’s Intangible Cultural Heritage Convention – the 10th Anniversary of the 2003 Convention – Final Report.* Published by International Research Centre for Intangible Cultural Heritage in the Asia-Pacific Region (IRCI), pp. 73-79.

Getz, D. 1990. *Festivals, Special Events, and Tourism.* New York: Van Nostrand Reinhold.

Herbert, D. T. (ed.). 1995. *Heritage, Tourism and Society*. London: Mansell Publishing Limited.

Hitchcock, M. 1997. *Heritage for whom? Tourism and Local Communities*. In ITH/11/6.COM/CONF.206/13 và ITH/12/7.COM/11.

Nuryanti, W. 1997. *Tourism and Heritage Management*. Gadjah Mada University Press, pp. 201-211.

Ringer, G. (ed.) 1998. *Destinations: Cultural Landscapes of Tourism.* London: Routledge.

第二章

UNESCO公認的越南文化遺產

阮氏秋紅[1] 著，范海云[2] 譯

---

1 TS. PGS. NGUYỄN Thị Thu Hường，博士，越南國家藝術文化院研究員。

2 Phạm Hải Vân，國立成功大學台灣文學系碩士。

一、前言

越南文化遺產是越南五十四個民族物質與精神上的財物，也是人類文化遺產的一部分。至2017年12月，越南共有二十項遺產獲得聯合國科學教育文化組織（UNESCO）的公認。這些遺產被列入世界自然與文化遺產、人類代表非物質文化遺產、急需保護非物質文化遺產、人類記憶活動以及全球地質公園網絡的名單等等。本文主要分析越南人類代表非物質文化遺產獲得UNESCO公認[3]過程的順利與困難，以及得到公認後對於這些遺產保存與發揮價值的機會與挑戰。

二、越南遺產被列入人類代表非物質文化遺產名單的過程

越南遺產被列入人類代表非物質文化遺產名單的過程有其順利與困難的方面。

㈠ 順利方面

第一，越南政府批准通過UNESCO的一些國際公約，例如：1987年，批准1972年世界自然與文化遺產的公約；2005年，批准

---

3 即是：雅樂—越南阮朝宮廷音樂（Nhã nhạc – âm nhạc cung đình Việt Nam）、西原鑼文化空間（Không gian văn hóa cồng chiêng Tây Nguyên）、北寧民歌（Dân ca quan họ Bắc Ninh）、雄王祭拜信仰（Tín ngưỡng thờ cúng Hùng Vương）、扶董天王廟與朔廟扶董天王節日（Hội Gióng ở đền Phù Đổng và đền Sóc）、南部才子樂藝術（Nghệ thuật đờn ca tài tử Nam Bộ）、藝靜省民歌（Dân ca Ví Giặm Nghệ Tĩnh）、拔河民間遊戲與禮儀（Nghi lễ và trò chơi kéo co）、越南母道祭拜信仰（Tín ngưỡng thờ Mẫu Tam phủ của người Việt）、越南中部民歌及遊戲（Nghệ thuật Bài Chòi Trung Bộ Việt Nam）、富壽省特有民歌（Hát Xoan Phú Thọ）。富壽省特有民歌於2011年被列入非物質文化急需保護遺產，在當地政府與民眾六年的努力之下，此遺產已得到保護、傳授與推廣到社群，至2017年12月8日獲得UNESCO的公認，被列入人類代表非物質文化遺產名錄。

2003年保護非物質文化遺產的公約等。這些皆爲國際非常重要的法定文本，表示UNESCO對於文化遺產保護及發展的重視，也得到各國的關注與支持。除了批准國際公約之外，越南已設立附屬外交部的UNESCO國家委員會；也積極參加有關1972年公約世界文化遺產以及2003年公約非物質文化遺產委員會與聯政府的各屆會議，對各會議的文件有提供許多積極的建議，也曾舉辦過許多相關的會議與活動。

第二，越南國會已頒布〈2001年文化遺產法〉，「非物質文化遺產」的概念也首次被列入法定文本，成爲越南法律保護非物質文化遺產的一章規定。根據文化遺產法第17條：「政府鼓勵與支持社會組織或個人進行研究、收集、保管、宣傳及推廣非物質文化遺產，以保存民族文化特色及豐富越南各個少數民族文化遺產的庫藏。」2009年文化遺產法的補充及修改第19條有寫到：「……建議UNESCO公認越南非物質文化遺產成爲世界文化遺產……」，是很重要的法定文本，讓越南文化遺產的保存與發展活動得到充分的激勵，有機會加入區域與世界遺產的行列。

法定之下的文本如「98/2010/ NĐ-CP」[4]的議定於2010/09/21發行，已公布許多相應於國際規定的觀點，包括第5條：「申請國家非物質文化遺產名單的篩選標準」；及第6條：「申請UNESCO人類代表非物質文化遺產、急需保護非物質文化遺產的流程與篩選標準」。因此，文化體育觀光部部長於2010年6月30日公布「04/2010/TT-BVHTTDL」的通告，規定非物質文化遺產的清點工作以及申辦文件以列入國家非物質文化遺產的名單。遺產清點工作的目的是透過評估非物質文化遺產之歷史、文化、科學的價值及其在當代社會的角色，從而確定遺產的活力及消失的危機，以採取適當的保護方式。文

4 政府於2010年9月21日頒布的「98/2010/ NĐ-CP」議定，規定關於實行文化遺產法及其補充與修改的細節。

化體育觀光部結合有關部門已完成《有關判定人民藝人及優秀藝人名號的對象、標準、流程及申辦手續之規定》，從而向政府提出建議，對非物質文化遺產的保護與發揮其價值工作有付出貢獻的人應採取適當的待遇政策[5]。

第三，越南共產黨在每一項議決裡，都一直強調要注重與世界各國攜手合作共同保護文化遺產，肯定越南的外交政策是獨立、自主、推廣及多樣化。基於此政策，越南一直催促國際合作，以爭取UNESCO及非政府組織的資源及其技術補助。因此，越南已積極參與許多國際活動，如：聯合國科教文組織亞太地區非物質文化遺產國際培訓中心（ICHCAP）以及聯合國科教文組織亞太地區非物質文化遺產國際研究中心舉辦的培訓課程、研討會及會議，從而多加學習及鞏固經驗以順利完成申辦世界文化遺產之文件。

第四，越南民眾也很積極參與民族文化遺產的保護工作。文化遺產（包括物質與非物質）都是由個人或社群實行與維持其價值。人類是非物質文化遺產的流傳主體，因爲「非物質文化遺產可以生存與發展，一定要符合某一文化，且要在那文化圈得到實行及代代流傳」[6]。因此，社群是文化遺產的主體，擁有保護遺產的資格；是判定、維持、保護與傳承遺產最好的對象。社群的參與，對於申請UNESCO公認越南非物質文化遺產的工作，是極爲重要的角色。因爲，UNESCO公認文化遺產的評價標準有兩個重要的因素：其一是遺產本身的價值，其二是要看那國家及社群採取什麼樣的方式來保護遺產。

第五，有關部門之效率的合作。在越南，有關部門是指從中央

---

5 Nguyễn Thế Hùng, Nguyễn Kim Dung（2014）；〈十年以來越南保護非物質文化遺產照UNESCO 2013年公約之施行結果〉，摘自《十年照公約實施關於保護非物質文化遺產——經驗總結與將來的發展方向》國際研討會論文集（北京：科學與技術出版社，2014年），頁170-188。

6 UNESCO 2003年公約說明書。

到各地的機關，如政府辦事處、文化體育觀光部、國家文化遺產委員、文化遺產局、縣政府、各省縣有遺產的文化體育署及相關的研究組織（如越南國家藝術文化院、音樂院——越南國家音樂學院及順化音樂學院等）。

基於各地非物質文化遺產清點工作的結果，各地文化體育觀光署的署長再按照政府公布的2010/10 /21 98/NĐ-CP議定建議，篩選出符合規定的文化遺產。篩選結果出來後，縣政府會繼續提交給文化體育觀光部，之後所有文件會寄到首相辦事處繼續審查；最後整理出來申辦UNESCO[7]公認非物質文化遺產的完整文件。以上是一項遺產從初步確認到獲得UNESCO公認的申辦流程，以及從一項國家遺產發展成爲世界遺產項目裡一部分的過程。

㈡ 困難方面

除了以上提到的一些順利，越南文化遺產獲得UNESCO公認的過程也遇到不少困難。

第一，有一部分民眾對於非物質文化遺產的概念與價值的認知有限，不了解UNESCO 2003年公約的目標，沒有意識到保護文化遺產以傳承給下一代的重要性。

第二，「社群是遺產的主體、是文化的主體」只是口號，是會議、研討會、會談的慣用語，而實際上並不如其所爲。社群目前還只停留在提供資料、訪問或研究對象，而還未眞正主動參與保護非物質文化遺產的計畫與活動，不響應於2003年公約第15條規定的精神。

第三，缺乏文化遺產及文化遺產管理有專業性的人資；另外，外語也是申辦UNESCO公認越南非物質文化遺產文件中的障礙。

第四，擁有文化遺產的各省縣在行政手續方面沒有同步進行，導

7 Nguyễn Kim Dung（2012），〈關於建立非物質文化遺產申請UNESCO公認的文件〉，《文化遺產》雜誌第3期（40），頁61-67。

致建立申請公認遺產的文件與預計經費時耗費很多時間。

第五，完成一份照UNESCO標準的申請公認遺產文件需要經過清點以及徵求遺產主體的贊同。遺產清點工作有時碰到客觀與主觀因素的困難。許多遺產分布在偏僻地帶，導致進行田野調查時會遇到許多困難，如：天氣、地理、語言、風俗習慣等因素。另外一個挑戰就是會實行非物質文化遺產的藝人已年長或去世，來不及傳授給下一代。有時候，建立申請公認遺產的文件也碰到有關定名或描繪遺產的困擾。申請文件要符合UNESCO以下的五項標準：⑴確認與判定遺產；⑵遺產的貢獻；⑶保護方案；⑷社群對於申請公認遺產的參與；⑸將遺產列入清點名單。理論上如此簡單；不過實際上，申請公認遺產的工作不是每次都順利。以「雄王祭拜信仰」的申請文件爲例，雖然有事先籌備，但直到獲得公認前還是要照UNESCO審核委員的要求，進行再次修改與補充。

雖然遇到不少困難，但在政府與民眾的努力之下，至2017年12月，越南共有十一項遺產被列入人類代表非物質文化遺產。

三、越南遺產被列入人類代表非物質文化遺產的過程

越南共有十一項遺產獲得UNESCO的公認，其類型包括：社會習俗、信仰、節日、各民族的傳統文藝表演等。

越南榮獲UNESCO公認的文化遺產，對於物質與非物質文化遺產的主體帶來機會與挑戰。各項遺產得到適當的保護與發展，更有機會得到不斷地實行，融入老百姓的生活。UNESCO的公認帶給文化遺產的主體不盡的激勵與支持，也催促中央及各省縣的政府機關以及整個社群攜手保護與發揮遺產的價值，從此，尊重多元文化及各社群的文化創意。

UNESCO的公認有助於推廣地方文化的形象，引起國內外遊客對遺產的關懷，是催促觀光業發展的有利條件，帶給當地居民許多工

作機會，從而提高生活水平。經濟資源的動力也讓當地居民更加努力收集、保留與發展傳統文化的價值[8]。

但是，除了機會之外，也有不少挑戰與困難要面對。國內各地都市化過程的迅速發展，影響遺產實行與表演的空間。非物質文化遺產通常是一個社群在生活過程中的創意，與其社群的社會、經濟、文化條件有著密切的關係。當生活環境遭遇改變，其文化遺產也跟著轉變[9]。「Hát Xoan, hát Quan họ, Ví, Giặm……」是否有融入老百姓的生活？還是只限於文藝表演的舞台上那些樂器，如「鑼」，成爲社群買賣活動中的一種「產品」或「hầu đồng」（越南母道的祭拜活動）的變樣趨勢等，都是越南文化遺產獲得UNESCO公認後的挑戰。

四、遺產保存工作與遺產的活力

越南從中央到各地省縣都有設立保護非物質文化遺產有權限的機關部門，如：文化教育與觀光部、文化遺產署、文化教育與觀光處、縣級文化處等。社會人文領域的各院校及學院對非物質文化遺產進行研究、收集、設立資料庫與採取各種保護遺產的方式[10]。文化遺產的保存政策也陸續得到公布，如第11屆中央黨執行委員會頒布的33–NQ/TW決議，要帶動全社會的力量對於文化傳統以及獲得UNESCO公認的文化遺產進行保護與發展，從而催促社會與經濟的發展。

「2001年文化遺產法」、「2009年文化遺產法的補充與修改」法定之下的文本，如「98/2010/ NĐ-CP」的議定於2010年9月21日頒

8 Từ Thị Loan（2014），〈越南人類代表非物質文化遺產的保存與發揮其價值〉，摘自《十年以來實現公約關於保護非物質文化遺產——經驗總結與將來的方向》國際研討會論文集（北京：科學與技術出版社，2014年），頁365-383。

9 Từ Thị Loan，如上，頁369。

10 〈有關按照公約施行以及被列入人類代表非物質文化遺產的狀況〉，文化遺產署之內部文件，2017年。

布；以及文化體育觀光部部長於2010年6月30日公布「04/2010/TT-BVHTTDL」的通告，有關非物質文化遺產的清點工作是保護非物質文化遺產很重要的法定基礎。基於此，越南獲得UNESCO公認的十一項遺產已經找回「復生」，常在國內外巡迴表演。「Nhã nhạc」（雅樂）常在Duyệt Thị Đường（閱視堂——順化大內）及Minh Khiêm Đường（明謙堂——嗣德陵）音樂廳表演給民眾與遊客欣賞（每日兩次），也在順化節期（兩年舉辦一次）得到優先表演。此外，「Nhã nhạc」也在很多節日、場合表演，如：順化節日、民間節日、佛教節日、室內樂、外交禮儀、春節文藝表演等。西原高原的「鑼」（Cồng chiêng Tây Nguyên）也常在地方社群、地方傳統節日、地方傳統禮儀及文化事件表演。同樣地，「dân ca Quan họ Bắc Ninh」（北寧省特有的民歌）也常在國內外各大事件，如傳統節日、傳統禮儀、文藝表演比賽、文化事件以及民眾平日生活等進行表演。

根據2003年的國際公約，研究工作也是保護世界遺產很重要的一種方法。藉由此原因，2015年至2016年之間，越南國家藝術文化院向文化教育觀光部提出很多提案關於「Hội Gióng」（扶董天王節日）及「Tín ngưỡng thờ cúng Hùng Vương」（雄王祭拜信仰），如：扶董天王廟與朔寺扶董天王節日以及富壽省雄王祭拜信仰的保護與發展其價值（Bảo tồn và phát huy giá trị Hội Gióng ở đền Phù Đổng và đền Sóc, Bảo tồn và phát huy giá trị Tín ngưỡng Hùng Vương ở Phú Thọ）。

自2005年至2016年之間，越南國家藝術文化院結合擁有遺產的各省縣市政府舉辦各類研討會與會議，如：「東南亞與越南銅屬樂器的文化價值」（Giá trị văn hóa của các nhạc cụ gõ bằng đồng của Việt Nam và các nước Đông Nam Á，2005年）、「當代社會民歌的保存與發展——以『dân ca Quan họ Bắc Ninh』爲研究對象」（Bảo tồn và phát huy dân ca trong xã hội đương đại —— trường hợp Quan họ Bắc Ninh ở Việt Nam，2006年）、「東南亞與越南『鑼』文化

的保存在社會經濟生活的改變之下」（Sự thay đổi đời sống kinh tế, xã hội và bảo tồn văn hóa Cồng chiêng ở Việt Nam và khu vực Đông Nam Á，2009年）、「越南當代社會傳統節日的保存與發展——以扶董天王節日爲例」（Bảo tồn và phát huy lễ hội cổ truyền trong xã hội Việt Nam đương đại —— trường hợp hội Gióng，2010年）、「越南當代社會的祖先祭拜信仰——以雄王祭拜信仰爲研究對象」（Tín ngưỡng thờ cúng tổ tiên trong xã hội Việt Nam đương đại —— nghiên cứu trường hợp thờ cúng *Hùng Vương*，2011年）、「國家專案西原『鑼』文化遺產保存與復原五年實行的總結」（Tổng kết 5 năm thực hiện Chương trình hành động quốc gia nhằm bảo tồn phục hồi giá trị di sản Cồng chiêng Tây Nguyên，2013年）、「當代社會中民歌的保存與發展——以「Dân ca Ví, Giặm Nghệ Tĩnh」爲例」（Bảo tồn và phát huy giá trị dân ca trong xã hội đương đại —— trường hợp Dân ca Ví, Giặm Nghệ Tĩnh，2014年）以及「當代社會中信仰實行研究——以「tín ngưỡng thờ Mẫu」爲研究對象」（Nghiên cứu thực hành tín ngưỡng trong xã hội đương đại —— trường hợp tín ngưỡng thờ Mẫu，2016年）。之後，許多研討會的論文集已出版，如：*Không gian văn hóa Quan họ Bắc Ninh – Bảo tồn và phát huy*[11]（《北寧省民歌文化空間——保存與發展》）、*Bảo tồn và phát huy lễ hội cổ truyền trong xã hội Việt Nam đương đại (trường hợp hội Gióng)*[12]（《越南當代社會中傳統節日的保存與發展——以扶董天王節日爲例》）及*Tín ngưỡng thờ cúng tổ tiên trong xã hội đương đại: Nghiên cứu trường hợp tín ngưỡng thờ cúng Hùng Vương ở Việt Nam*[13]（《社會當代祖先祭拜信仰——以越南雄王祭拜信仰爲研究對象》）。

---

11 北寧省文化教育觀光處，文化資訊院，河內出版社，2006年。

12 文化資訊出版社，2012年。

13 文化資訊出版社，2013年。

此外，越南也採取許多方式來推廣與介紹越南文化遺產到國內外各地區，出版有關介紹遺產的專書、拍電影、出光碟：《扶董天王廟的扶董天王節日——社群的聲音》（*Hội Gióng Đền Phù Đổng – Tiếng nói cộng đồng*）的人文主題電影；《扶董天王節日》（*Hội Gióng*）越英文版的光碟；《扶董天王廟與朔寺扶董天王節日》（*Hội Gióng ở đền Phù Đổng và đền Sóc*）、《雄王祭拜信仰》（*Tín ngưỡng thờ cúng Hùng Vương*）及《才子樂》（*Đờn ca tài tử*）。越南國家藝術文化院配合法國國家科學研究中心（CNRS）拍攝越南西原「鑼」文化之科學類電影，此部電影後來在越南與法國得到廣泛上映。越南母道文化保存俱樂部與文化遺產保存與發展研究中心將藝人赴法國交流、介紹與表演[14]。

五、結語

可見，一項國家級的非物質文化遺產要獲得UNESCO的公認，成爲人類文化遺產的成員之一，必定經歷漫長的過程。到目前爲止，越南共有十二項非物質文化遺產獲得UNESCO的公認（其中，十一項遺產被列入人類代表非物質文化遺產的名單；一項遺產被列入急需保護文化遺產的名單）。UNESCO 2003年保護非物質文化遺產之公約的一百七十七個國家成員中，越南排行第八名。這有利於提高越南國家在國際上的地位。但是，不得不強調國家政府以及民眾對於文化遺產的保護意識是非常重要的。希望全體國民的同心攜手、積極參與保護物質與非物質文化遺產的工作，讓我們「無價值的寶物」可以發揮其活力，流傳至世世代代。

14 〈有關按照公約施行以及被列入人類代表非物質文化遺產的狀況〉，文化遺產署之內部文件，2017年。

六、附錄：獲得UNESCO公認的越南非物質文化遺產的類型

㈠ 雅樂——越南阮朝宮廷音樂（Nhã nhạc, âm nhạc cung đình Việt Nam —— Triều Nguyễn)

地理位置：越南中部順化省。

雅樂的意思是優雅的音樂，出現於十五至二十世紀之間。在宮廷很重要的節日或禮儀進行表演。在越南，自十五世紀初已有雅樂的出現，但直到阮朝時期才達到最高度的發展。雅樂漸漸成為皇朝權力的象徵，成為宮廷裡重要節日不可少或缺的因素。但是，雅樂的角色不僅限於節日表演，也是民眾對於神靈以及皇帝表示尊敬與溝通的橋樑[15]。

2003年11月7日，此遺產獲得UNESCO的公認，被列入「人類非物質與口傳的傑出遺產」。2008年，UNESCO將此遺產列入「人類代表非物質文化遺產名錄——屬於藝術表演類型」。

㈡ 西原高原的「鑼」文化空間（Không gian văn hóa Cồng chiêng Tây Nguyên）

地理位置：越南西原高原的5個省縣Kon Tum, Gia Lai, Đắk Lắk, Đắk Nông, Lâm Đồng。

「鑼」此樂器在越南西原地區的少數民族生活裡扮演著極為重要的角色。在村莊裡絕大部分的重要節日，如兒童誕生節、結婚、送終、改葬到新稻米迎接、新家慶祝等都有「鑼」的表演。「鑼」需要團體表演，因此，有凝聚族群的功能。每個成員都要記住自己該打的

15 GS.TS. Trần Văn Khê, Nhã nhạc, âm nhạc cung đình Việt Nam, xem thêm trên Website của Cục Di sản văn hóa. http://dch.gov.vn/pages/sitemap.aspx.

節奏，湊合成爲整體表演。「鑼」可以用手打擊或用鎚來打擊。通常每一群組使用兩到十三面「鑼」進行表演，「鑼」的大小從最小的二十五公分到最大的一百二十公分[16]。

2005年11月15日，此項遺產獲得UNESCO的公認，被列入「人類非物質與口傳的傑出遺產」。2008年，UNESCO將此遺產列入「人類代表非物質文化遺產名錄── 屬於藝術表演類型」。

㈢ 北寧省特有民歌「Quan họ」（Dân ca Quan họ Bắc Ninh）

地理位置：發源地屬於現今北寧及北江省的四十九個村莊。

「Quan họ」是以男女對唱的方式實行。實行「Quan họ」時，男女穿著顏色鮮艷的衣服，女生戴著傳統的帽子「nón quai thao」、男生撐著黑色的雨傘。傳統的「Quan họ」不需要配上音樂，而用藝人的歌聲來展現「Quan họ」的精華。唱歌的技術主要以四種程度「vang, rền, nền, nẩy」來實行[17]。

2009年9月30日，北寧省特有民歌「Quan họ」獲得UNESCO的公認，被列入「人類代表非物質文化遺產名錄── 屬於藝術表演類型」。

㈣ 扶董天王廟與朔寺扶董天王節日（Hội Gióng ở đền Phù Đổng và đền Sóc）

地理位置：扶董天王節日「hội Gióng」於扶董天王廟舉辦，扶董里嘉林縣以及朔寺榑靈里朔山縣。

相傳「Gióng」奇妙地在扶董村出生，面貌英俊，三歲了不會言

[16] GS.TSKH. Tô Ngọc Thanh, Không gian văn hóa cồng chiêng Tây Nguyên, xem thêm trên Website của Cục Di sản văn hóa. http://dch.gov.vn/pages/sitemap.aspx.

[17] Nguyễn Kim Dung, Dân ca quan họ Bắc Ninh, xem thêm trên Website của Cục Di sản văn hóa. http://dch.gov.vn/pages/sitemap.aspx.

笑，整天掛在竹竿的搖籃裡躺著，所以才叫「Gióng」。殷寇入侵文郎國，雄王派人訪查能夠退敵之人。「Gióng」突然起來，年僅三歲，但食量龐大，一轉眼就變成高大的壯士。「Gióng」大破敵軍後從朔山騰空而去。回天之後，他化身成爲不死之聖，保佑人民、農作豐收、國家和平。爲了感恩「Gióng」的貢獻，人民立廟祭祀。從此，每年農曆四月七日至九日在扶董天王廟舉辦扶董天王節日；朔寺於農曆一月六日至八日舉辦[18]。

2010年11月16日，此遺產獲得UNESCO的公認，被列入「人類代表非物質文化遺產名錄——屬於社會習俗，信仰與節日的類型」。

㈤雄王祭拜信仰（Tín ngưỡng thờ cúng Hùng Vương）

地理位置：富壽省。

相傳「雄王」是貉龍君及嫗姬的長子。貉龍君身兼龍族血脈，也是水族的領袖；而貉龍君的妻子是嫗姬，是神農氏的孫女。嫗姬爲貉龍君生下了一胎，但卻開出百卵，後面就化成一百個男孩，這些孩子就是百越的先祖。而貉龍君的長子鴻龐氏，後號「雄王」建立的「文郎國」爲越南的第一個王朝。雄王祭拜信仰成爲越南人世世代代流傳的習俗。每年農曆三月十日於富壽省越池市義嶺山的雄王廟歷史遺址隆重舉行。

2012年12月6日，此遺產獲得UNESCO的公認，被列入「人類代表非物質文化遺產名錄——屬於社會習俗，信仰與節日的類型」。

---

18 Nguyễn Kim Dung, Hội Gióng ở đền Phù Đổng và đền Sóc, xem thêm trên Website của Cục Di sản văn hóa. http://dch.gov.vn/pages/sitemap.aspx.

㈥ 南部才子樂的藝術（Nghệ thuật Đờn ca tài tử Nam Bộ）

地理位置：普及於南部及中南部的二十一個省縣[19]。

才子樂出現於十九世紀末，是南部平民水上生活以及情感、願望的反映。才子樂將阮朝雅樂與中部民歌爲基礎，又親切又高雅。南部才子樂從二十首原歌及七十七篇樂譜，得到不停地創新。

2012年，此遺產被登錄爲越南國家級非物質文化遺產。至2013年12月5日[20]，獲得UNESCO的公認，被列入「人類代表非物質文化遺產名錄——屬於藝術表演類型」。

㈦ 藝靜省特有民歌「Ví, Giặm」（Dân ca Ví, Giặm Nghệ Tĩnh）

地理位置：屬於藝安、藝靜兩省（簡稱為藝靜）。

「Ví, Giặm」是藝安、藝靜兩省平民創意的民歌，已有幾百年的歷史。「Ví, Giặm」反映平民的日常生活，常在村莊實行。不同的職業類型或傳授目的而實行不一樣的「Ví, Giặm」，如：Ví phường cấy, Ví phường gặt, Ví phường nón, Ví phường đan或Giặm ru, Giặm kể, Giặm khuyên等。「Ví, Giặm」採用藝安、藝靜兩省的特有方言及腔調，可以單獨表演或由男女進行對唱[21]。

2014年11月27日，「Ví, Giặm」獲得UNESCO的公認，被列入「人類代表非物質文化遺產名錄——屬於藝術表演類型」。

---

19 Đó là các tỉnh/thành phố: An Giang, Bà Rịa - Vũng Tàu, Bạc Liêu, Bến Tre, Bình Dương, Bình phước, Bình Thuận, Cà Mau, Thành phố Cần Thơ, Đồng Nai, Đồng Tháp, Hậu Giang, Thành phố Hồ Chí Minh, Kiên Giang, Long An, Ninh Thuận, Sóc Trăng, Tây Ninh, Tiền Giang, Trà Vinh, Vĩnh Long.

20 Nguyễn Kim Dung, Nghệ thuật đờn ca tài tử Nam Bộ, Hồ sơ di sản văn hóa phi vật thể trên Website của Cục Di sản văn hóa. http://dch.gov.vn/pages/sitemap.aspx.

21 Theo Hồ sơ di sản đệ trình UNESCO, lưu tại Viện Văn hóa Nghệ thuật quốc gia Việt Nam.

㈧ 拔河民間遊戲與禮儀（Nghi lễ và trò chơi kéo co）

地理位置：集中於紅河三角洲，以永福、北寧、河內為中心。

拔河民間遊戲分爲兩組進行比賽。道具是一條用乾草及竹線結成的繩子。此遊戲反映生活中的競爭力，需要有團結精神才可以一起渡過困難。通常在農民季節收割完成後，舉辦春節，是節日裡很重要的一部分[22]。

2015年12月2日，拔河民間遊戲獲得UNESCO的公認，被列入「人類代表非物質文化遺產名錄——屬於社會習俗，信仰與節日的類型」。

㈨ 越南母道祭拜信仰（Tín ngưỡng thờ Mẫu Tam phủ của người Việt）

地理位置：集中於南定及河南省。

越南母道祭拜信仰出現於十六世紀，主要祭拜柳幸聖母及其管制天空、河海及森林的各個聖母。相傳聖母是天降的仙女化成人，再出家跟從佛教，被稱爲「母儀天下」，是越南「四不死」之一。母道祭拜信仰滿足平民日常生活的渴望：求財、求祿、求健康[23]。

2016年12月12日，母道祭拜信仰獲得UNESCO的公認，被列入「人類代表非物質文化遺產名錄——屬於社會習俗，信仰與節日的類型」。

---

22 Theo Hồ sơ di sản đệ trình UNESCO, lưu tại Viện Văn hóa Nghệ thuật quốc gia Việt Nam.

23 Theo Hồ sơ di sản đệ trình UNESCO, lưu tại Viện Văn hóa Nghệ thuật quốc gia Việt Nam.

㈩ 越南中部民歌及遊戲「Bài Chòi」（Nghệ thuật Bài Chòi Trung Bộ Việt Nam）

地理位置：集中於中部的九個省縣：平定、廣平、廣志、順化、峴港、廣南、廣義、富安、慶和。

「Bài Chòi」是越南中部的民歌及遊戲，是平民的創作。「Bài Chòi」採用演唱的方式進行傳達平民在日常生活中的經驗、對故鄉的情感或爲人道德的教訓，歌頌對父母親、老師們以及夫妻之間的愛。「Bài Chòi」的內容擁有濃厚的人文價值，有助於帶動人們朝向正面的意義。

2017年12月7日，「Bài Chòi」獲得UNESCO的公認，被列入「人類代表非物質文化遺產名錄── 屬於藝術表演類型」。

㈪ 富壽省特有民歌「Hát Xoan」（Hát Xoan Phú Thọ）

地理位置：誕生於鳳樓與金德里，越池市，富壽省── 是古時候文郎國京都的中心。

「Hát Xoan」是富壽省特有民歌，用於雄王祭拜信仰的禮儀。其內容都跟雄王及文朗國傳說有關。「Hát Xoan」分爲三階段：禮儀、果格及男女對唱。其中，「果格」是「Hát Xoan」的核心，是反映平民日常生活、大自然、收割、樹木及職業的長歌。「Hát Xoan」有幾十個旋律，可大都已失傳[24]。

2011年11月24日，「Hát Xoan」獲得UNESCO的公認，被列入「急需保護非物質文化遺產的名錄」。但是，在地方政府、藝人及民眾的努力之下，「Hát Xoan」找回復生的道路，至2017年12月8日被UNESCO列入「人類代表非物質文化遺產名錄── 屬於藝術表演類型」。

---

24 Lương Nguyên. 2012. Hát Xoan Phú Thọ, Sở VHTTDL tỉnh Phú Thọ.

参考文獻

Báo cáo về việc thực hiện Công ước và tình trạng các di sản được ghi danh vào danh sách di sản văn hóa phi vật thể đại diện của nhân loại. 2017. Lưu tại Cục Di sản văn hóa.

Bộ Văn hóa - Thể thao và Du lịch, Cục Di sản văn hóa. 2014. *Một con đường tiếp cận di sản văn hóa*. tập 7. Hà Nội: Nxb Văn hóa Thông tin.

Nguyễn Kim Dung. 2012. *Về xây dựng Hồ sơ di sản văn hóa phi vật thể*. Tạp chí Di sản văn hóa, số 3 (40), tr. 61-67.

Nhiều tác giả. 2012. *Bảo tồn và phát huy lễ hội cổ truyền trong xã hội Việt Nam đương đại (trường hợp hội Gióng)*. Hà Nội: Nxb Văn hóa Thông tin.

Nhiều tác giả. 2013. *Tín ngưỡng thờ cúng tổ tiên trong xã hội đương đại: Nghiên cứu trường hợp tín ngưỡng thờ cúng Hùng Vương ở Việt Nam*. Nxb Văn hóa Thông tin. Hà Nội.

Phan Hồng Giang, Bùi Hoài Sơn (đồng chủ biên) . 2012. *Quản lý văn hóa Việt Nam trong tiến trình đổi mới và hội nhập quốc tế*. Hà Nội: Nxb Chính trị quốc gia – Sự thật.

Sở VHTTDL Bắc Ninh, Viện Văn hóa Thông tin. 2006. *Không gian văn hóa quan họ Bắc Ninh – Bảo tồn và phát huy*. Hà Nội : Nxb Hà Nội.

Viện Văn hóa Nghệ thuật quốc gia Việt Nam. 2014. *Kỷ yếu Hội thảo quốc tế "10 năm thực hiện Công ước về bảo vệ di sản văn hóa phi vật thể - Bài học kinh nghiệm và định hướng trong tương lai"*. Hà Nội: Nxb Khoa học và Kỹ thuật.

第三章

北寧官賀民歌獲聯合國教科文組織入選為無形文化資產後的相關議題研究

阮氏芳箴[1] 著，盧佩芊[2] 譯

1 PGS. TS. Nguyễn Thị Phương Châm，越南社會科學院文化研究所所長。

2 Lư Bội Thiên，國立成功大學台灣文學系博士生。

一、前言

北寧官賀民歌（Dân ca Quan họ Bắc Ninh）於2009年9月30日獲聯合國教科文組織（以下簡稱UNESCO）入選爲人類代表無形文化資產。這是在古時候京北（Kinh Bắc）地區一種經常在各種節日或朋友聚集時一起歌唱的形式。

官賀民歌是男女對唱的唱法，沒有伴奏，歌詞有可能是吟已經有的詩詞或歌謠（ca dao），然而在對唱的過程中，歌詞有可能是由兩方即興創作出來的。提到官賀就是提到一種綜合性藝術，包括：歌詞、腔調、方式、風俗、玩法、服裝、飲食、演唱的環境等。

官賀目前有二百一十三種腔，四百多首歌[3]。一首歌的歌詞包括主要部分，就是詩詞、歌謠及伴奏詞、送氣詞，如i hi、ư hư、a ha、a tính tình tinh等各種腔。分成四種主要的腔爲：*giọng lề lối*（又稱爲古腔）、*giọng sổng*（又稱爲轉接腔）、*giọng vặt*（是主要的腔，含多種音調、伴奏音以及豐富的版本）以及*giọng giã*（分離時的唱腔），對應於官賀的三個階段：開端、中端以及尾端。

唱官賀的方式就是各組個別對唱，通常是一組官賀的兩位女性會與另一組官賀的兩位男性對唱，在每一組中，會有一個人是主唱，稱爲引腔（dẫn giọng），副唱的稱爲串腔（luồn giọng）。四種被認爲是官賀獨特之處的技巧是nền、rền、vang、nảy。唱官賀不僅要求透過各種技巧如rung、ngân、luyến、láy來唱，發音要清楚、溫柔，而且還要唱nảy hạt（隨著不同人而nảy hạt可以有大或低的強度）

唱官賀被分爲八種形式：對唱（hát đối đáp）、會唱（hát hội）、更唱（hát canh）、奉唱（hát thờ）、求禱唱（hát cầu đảo）、結唱（hát kết chạ）、慶祝唱（hát mừng）、解難唱（hát

[3] 依國家文化藝術院為完成2008年UNESCO遺產調查的資料。

giải hạn），其中對唱、會唱及更唱最爲普遍。對唱主要是對腔（對音調）、對詞、對意，前一位使用哪一種唱法，下一位就必須使用一樣的唱法，但不同的歌詞，還要與前一位所唱的情、意、形象相呼應、相衡、對稱、感同。會唱包括高興唱（hát vui）及比賽唱。高興唱是在村落的節慶，或者官賀各組見面的時候。高興唱不需要遵守規則或是對意、對詞、對腔，或一場比賽的程序，而比賽唱就必須遵守各種嚴謹的規則、程序以及對唱的方式。更唱是官賀的獨特形式，每一次唱通常會從晚上七八點到凌晨兩三點，有些還會唱上兩三天。一場規矩的更唱有三端：前端、中端及尾端，呼應著四種腔：giọng lề lối、giọng sổng、giọng vặt、giọng giã bạn。更唱與各組官賀之間的交流有關，也與官賀性質的交際、應對有關，也是因爲這種更唱已經造就出官賀的獨特性。因此，官賀也是奉唱的一種形式（唱給主、人民平安、物盛、福祿壽、給聖會供奉聖物之後的康寧）；Hát cầu đảo（求雨時，他們認爲官賀的聲音可以直達天聽，以求平安）；解難唱（在遇到不順心的事情或在不吉利的年份，唱一些快樂的歌以祝好運、平安）；賀唱（Hát mừng）（在家庭有喜事時如：新家、生孩子、祝壽、孩子高取）；Hát kết chạ（結拜是一種很普遍的習俗，當兩個人結拜成兄弟，在節慶時，兩村的官賀請彼此過來進行會唱、奉唱、對答唱或更唱）。

官賀民歌不僅是一種唱法，還與很多獨特的風俗、習慣有關，所以還又稱爲玩官賀。爲了傳授，官賀有一種一起睡的習俗（ngủ bọn），晚上年輕人會在長輩的家裡一起睡，以學句子、練唱。官賀的服裝很獨特，連哥（liền anh）穿五身長的衣服，直領，有蓮葉，袖口大，長到膝蓋，裡面穿一或二件衣服（áo cánh），然後到兩件長衣，白色長褲，寬褲，長到腳踝，有小束腰來束緊褲子，頭戴nhiễu quấn或摺巾，拿傘。連姐（liền chị）的服裝通常被稱爲「áo mớ ba mớ bảy」，意思是指連姐可以穿三件衣服一起（mớ ba）或七件衣服一起（mớ bảy）。連姐穿橡（sồi）裙子，黑色的棉裙子，穿彎的拖鞋，綁烏鴉嘴的巾子，戴quai thao帽子，用xà tích做腰帶。官賀的美食也很有特色，尤其是繡有鳳凰花瓣或桂葉的檳榔，清淡的美食卻擺設得非常精緻。

可以說，北寧官賀是一種綜合的表演藝術，結合了各種風俗、習慣、信仰、節慶等，構成了一種具有抒情性、優雅、華麗、聯結習性，高審美觀的唱法、玩法。

一個非常重要的時間點是2009年9月30日，北寧官賀民歌獲UNESCO列名爲人類代表無形文化資產。與其他遺產不一樣，北寧官賀民歌儘管也遭遇一些挫折，但從沒有在人民的生活中間斷或消失過。正因如此，所以自從被列名後，官賀得到迅速的恢復，獲得更多的投資，更有系統地保存、發揚以及成爲一種標誌，只要提到北寧就會講到官賀。

二、北寧官賀民歌獲UNESCO列名後的現狀保存、發揚及相關議題

從北寧官賀民歌被列名後，省委（Tỉnh ủy），北寧省人民委員會（以下簡稱UBND）已指導文化、體育及旅遊署與各級、各部門以及北寧人民展開實施很多提案、計畫來保存及發揚北寧官賀民歌的價值。其中，最注重的是「2010-2012階段的北寧官賀民歌保存及發揚其價值」，投資金額爲368億2,840萬越南盾以及「2013-2020北寧官賀民歌及歌籌（Ca trù）保存及發揚其價值」。官賀民歌的三項計畫獲得批准的總金額爲608億8,000萬越南盾。北寧官賀民歌的保存及發揚其價值的計畫主要注重於三個領域：恢復、收集及資料化；傳授；推廣、發揚。

㈠官賀民歌的恢復、收集及資料化

與其他民歌形式不一樣，北寧官賀民歌的恢復、收集及資料化自UNESCO列名後獲得先前很好的繼承。多位作者如：洪洮（Hồng Thao）、陳伶貴（Trần Linh Quý）、鄧文瀧（Đặng Văn Lung）等，

已花了很多力氣來收集及資料化二十世紀60、70年代的官賀。自從做了提交給UNESCO的文件，尤其是官賀民歌在2009年獲列名後，恢復、收集及編撰獲強力的推廣。

北寧省已有效地配合越南國家文化藝術院研究、收集，恢復傳統官賀的唱法，官賀文化的一些獨特的習俗、收集、錄音、錄影古官賀，把他們所收集到的官賀的歌詞記音（ký âm）化。所獲的結果是官賀民歌已經總體地資料化。此外，省也完成了官賀文化生活綜觀研究的報告，已數位化，完成Diềm村節慶及求禱（Cầu đảo）節慶（炎舍（Viêm Xá）村，和龍（Hoà Long）區）的科學紀錄片；恢復、錄紀錄片以及數位化四種古官賀的唱法，包括：奉唱、慶祝唱、會唱及更唱；記音共一百首古官賀。

北寧已結合各個專門機關實施收集、整理、保存官賀民歌資料的計畫，爲了分類，資料儲存系統方便接近、探討、研究官賀民歌之相關資料。不停留於收集資料的程度，省內專門機關及喜愛官賀的人士，也已實施二十二個有關官賀活動與官賀歌詞以及相關的風俗習慣有關的科學專題。

自2009年後，北寧省已經主動配合各單位、專門機關來編撰、出版及發行七本介紹官賀的文化價值特色的書籍，如：探討官賀村的故事、歌謠、俗語（2010）、官賀文化空間（再版整理與補充，2010）、官賀—歌詞及講評（再版整理與補充，2010）、官賀區的飲食文化（2011）、探討官賀的一些問題（2013）、官賀區的節慶（2014）、前人如何保存官賀（2016）。

北寧也建設了儲存、保存及開發北寧官賀民歌以及展開收集、保存與官賀活動有關的文物，已將北寧官賀民歌團升級爲北寧官賀民歌劇院（2013），以及投資購買給這一家劇院一些專用的音響、燈光設備。

根據民間的確認，北寧有四十四個原始的官賀村，北江（Bắc Giang）有二十三村，2016年這六十七個原始官賀村都被列入保存及發展文化遺產的名單。對於目前的北寧（至2017年12月），原始官賀村有四十五個〔因爲春鄔（Xuân Ổ）村分成兩半，而這兩半都保存著原始官賀的各種要素〕以及實踐官賀的有三百二十九村，約八千人參加。根據官賀學者黎名謙（Lê Danh Khiêm），直到官賀獲列名，學者及北寧文化機關已收集錄帶包含近七百首傳統官賀，二百一十一唱腔（唱調）[4]。目前，官賀研究及收集家已經收集到四百種唱腔，近千種官賀歌詞，而此工作也繼續獲得重視[5]。根據北寧的文化研究與管理者，保存官賀的基本因素就是恢復傳統官賀的演出，因爲那是官賀民歌的基礎，是古官賀的精髓，各唱段、古腔調、玩法、交流方式、唱腔展示、競賽以表演官賀人的才華，在繡檳榔、泡茶、烹飪、吃法、穿法的精緻等，都在更唱中明顯地表現。了解此事，北寧已注重在原始官賀村，保存及恢復更唱的形式，特別是在各種節慶上，比方說Lim會[6]，文化部門已有研究、指導以及選擇適合的家庭來協助更唱，2017年Lim會已經選出十個舉辦更唱的家庭，吸引很多喜歡官賀的人前來參加。

在恢復官賀的空間，北寧省已詳細規劃北寧市，和龍鄉，北寧官賀開創者文化群體，面積爲247,394平方公里（按照北寧省建築署於2013年11月29日第182/QĐ-SXD決定）以及在這個地區正在實施重建，建設各個服務官賀工程。省也投資建設二個官賀民歌唱棚子在Lim山丘上〔仙瑜（Tiên Du）縣Lim鎮〕，爲了服務每年在Lim會上歌唱交流的活動，一個屬於官賀區的特別節慶空間。目前，省也進行建設兩間古官賀住家（nhà chứa），在仙瑜縣Lim鎮壟江（Lũng Giang）村以及北寧市萬安（Vạn An）村，目的爲保存官賀文化空間以及恢復官賀的更唱，經費爲一百六十億越盾。根據阮春忠（Nguyễn Xuân Trung），文化、體育及旅遊署的副理事長表示：

4 〈官賀保存及發展——已走過的路程〉，《文化遺產雜誌》第3期（16），2016年。

5 根據阮春忠，文化、體育及旅遊署副理事長，2017年3月。

6 Lim會（Hội Lim），Lim是位於越南仙瑜縣（Tiên Du）的一個小鎮的名稱，「會」是民俗活動。Lim會是指在Lim舉辦的官賀民俗活動。

「我們會恢復在主要官賀村的住家，這些住家會像以前的，然後我們會投資椅子、櫃子、相框或者是長椅讓我們在展開接待交流客人時可以像以前的方式。完成這兩個住家，在幾年後會繼續在代表的官賀村恢復八至十間住家，在這些住家裡，官賀活動就會有空間而且還可以恢復古更唱。」

官賀強力恢復的其中一個表現就是成立了官賀俱樂部及實踐官賀人的數量。根據北寧省的調查結果和統計：1962年，有七十二位藝人，其中有五十位曾經在1945年8月前唱過官賀；1972年，在北寧省的二十七個官賀村還有大約一百位藝人已經參加過十九世紀末二十世紀初的官賀活動；2003年，單獨北寧省有五十九位藝人，有六位已經獲政府封爲有生命的人文寶物；2008年，實施統計官賀文化遺產，在四十九個古官賀村有1,417人從十二到九十八歲都是實踐官賀的人。北寧省有三十個官賀俱樂部，北江省現有四個官賀俱樂部[7]。

根據北寧的文化、體育及旅遊署以及文化中心，全北寧省（含一城市、一鎮及六鄉）有一百二十一個官賀俱樂部，其中北寧市有五十個俱樂部；仙瑜縣有三十九個俱樂部，也就是有最多官賀俱樂部的地方。2017年，根據省文化中心的資料顯示，俱樂部的數量已迅速增長，北寧省目前有十二家鄉縣官賀俱樂部，以及七十一村區俱樂部，含二千位連哥連姐以及喜歡官賀的人經常來參加，仙瑜縣也有四十二個俱樂部以及本個舉辦北寧官賀民歌的服務處。最多人參加的俱樂部是九十七人，最少是八人。對於主要官賀村的俱樂部只唱官賀，一些其他官賀村的俱樂部基本是唱官賀，但也有唱其他種類的民歌。

對於四十五個官賀俱樂部屬於四十五個原始官賀村，北寧省投資給每個俱樂部一套設備，包括：一台音響、兩台大喇叭、一隻麥克風、一台DVD機、一台二十一吋的電視以及一些實踐官賀的設備。

---

7 北寧官賀民歌非文物文化遺產統計，越南文化藝術院出版社，2008年，在補助資料的名單。

其他的俱樂部按照城市、鎮、鄉、村的條件而有適合的投資，社會化的來源也只要爲了維持俱樂部的活動，有一些俱樂部因爲獲得很多人民的贊助，再加上每晚表演的收入而具有豐厚的活動經費。

與很多民歌不一樣，官賀俱樂部的形式不僅在北寧省本地熱門，而這種形式也跟著京北人的腳步普及到全國以及很多國家。北江省目前有超過二十三個官賀俱樂部，具有超過三百個會員。此外，在國內很多省分有官賀俱樂部如：林同、同奈、平陽、海防等，尤其是兩個最大的城市：河內與胡志明市。在河內很多有名的官賀俱樂部如：金馬（Kim Mã）村〔巴亭（Ba Đình）〕的官賀俱樂部、京北大學生官賀俱樂部、豪南（Hào Nam）、（Ô Chợ Dừa）的官賀俱樂部等。在胡志明市有Mười Nhớ、Trúc Xinh、Còn Duyên、Hương Sen、Tiên Sa、Mùa Xuân、Tình quê hương等官賀俱樂部。在國外，除了京北同鄉會，也有在捷克、俄國、波蘭等官賀俱樂部。

㈡ 官賀民歌傳授事宜

針對官賀民歌，傳統的傳授工作是眞傳、口傳的形式，直到現在這種形式還是占優勢的。然而，在恢復的過程中，官賀大約在二十世紀90年代獲得迅速的保存及發展，特別是在官賀獲列名之後，這兩種傳授方式更爲多樣、豐富化及正統化。北寧省在2009年至今所實施的兩個大提案的主要內容中都有提到關於傳授工作的內容，其中的提案爲2013-2020階段，北寧無形文化資產官賀民歌及歌籌的保存與發揚其價值，包含一個小計畫重點爲注重於北寧官賀民歌的傳授。

1. 在社區中的傳授工作

秉持著重點投資與社區中傳授作業以及擴大傳授範圍，文化、體育及旅遊署已舉辦一個專業培訓班（十天），培訓藝人有關北寧官賀在家庭及社區中如何傳授的一些技能及內容，在縣、鄉、城市的範圍內舉辦十四個官賀民歌傳授的班級，在北寧省團開設一班以及由自願署的青年團在省的一些署、部門教學。

在四十五個原始的官賀村，傳授工作經常實施，主要是一些藝人或連哥連姐有好的唱腔，有表演的經驗，傳授給其他人。至2017年，北寧省具有三代會唱官賀的村莊已達到三百九十二村。因爲口傳性質以及靈活的傳授方式，所以有時候雖然不開班，但藝人還是會傳授給孩子、孫子以及在家裡喜歡官賀的人，因此，傳授工作及學習官賀的在全省地區越來越發展。

官賀俱樂部可以視爲保存官賀民歌最好的模式，包含流傳、實踐及傳授，因爲這種模式聚集了社區內喜歡、掌握及實踐遺產的人。按照不同的俱樂部而舉辦每週、每月或是在各節慶、事件上的傳授班。以多樣化的形式結合這樣的實踐，因此在俱樂部的傳授，目前很普遍而且獲得很好的成果，促進北寧社區的唱官賀活動。

北寧的官賀傳授工作的社區也出現了一些模式，如每週日針對五歲至十二歲小朋友的官賀班，由佛積廟（chùa Phật Tích）的住持舉辦，或是在內睿（Nội Duệ）仙瑜的小孩官賀俱樂部，對象是七歲以上的小朋友。

2. 省的專業藝術學校的傳授

官賀自從獲UNESCO的列名，省的UBND以及文化、體育及旅遊署允准北寧省的文化藝術及旅遊中級學校成立獨立的科系，專門教北寧官賀，聘請來自各官賀團、官賀劇院的藝人回來教學。教育及培訓部已經批准北寧官賀民歌藝術表演的代碼（2011年）。根據阮文彊（Nguyễn Văn Cương）校長，學校也建立完整的官賀民歌教材（2011年）。除了既有的師資，學校也邀請藝人每月一次來教導學生一些關於古官賀（自2013年）。在培訓的過程中有兩次實習（期中與期末）。學校把學生帶到原始官賀村，讓學生能與藝人認識、實習以及生活在原始官賀的環境內，讓學生能熟悉環境、飲食、生活方式等。

除了正規的招生培訓，自2013年，學校也開始招生及培訓人才，舉辦傳授官賀給有學習需求的學生，如小學、國中。學校也給政治大學（國防部），北江、海洋、興安、平陽、胡志明市，給省、鄉和高中學校有需求的公務幹部、人員開設了一些培養音樂知識以及如何唱官賀的班級。尤其，2016年學校已配合第二教育經常中心（Trung tâm Giáo dục thường xuyên số 2），舉辦官賀教學給中心全部的學生。學校也建立了針對不同對象的官賀教學教材，其中包含做給幼兒園的教學DVD和CD。

3. 在學校中的傳授

北寧UBND於2011年5月18日實施第63/2011/QĐ-UBND決定關於2011年至2015年階段，在北寧省的學校中教五歲至高中三年級的學生唱官賀民歌。北寧教育及培育署已立計畫，指導各單位嚴格地執行把北寧官賀民歌帶進學校。至今，百分之百在地的學校都已展開官賀民歌的教學。幼兒園的五歲學生可以聽北寧官賀的歌或故事，小學及中學的學生每節會按照已批准的教程來學唱一首。各學校可以靈活採用不一樣的傳授方式，比方說：按照節來教；把教學所需的歌曲錄成CD，並在早上、休息的時候播放；設計數位教材讓學生可以自學等，尤其一些有本事指導其他人的學生，一些學校還請藝人來傳授給學生，尤其是戶外教學。

爲了把官賀帶入學校，北寧的教育及培訓部門已推動很多輔助的活動，如：在校成立官賀俱樂部以及維持經常、有效的活動，目前全省已有多達一千五百個官賀俱樂部；舉辦各縣鄉鎮市俱樂部的同樂會；把官賀節目納進由教育部門舉辦或協辦的文化文藝活動等等。

4. 藝人工作

爲了表揚藝人的創作才能，保存、實踐及傳授北寧官賀民歌的功勞，省的UBND於2009年7月7日公布第93/2009/QĐ-UBND決定，關於「頒發北寧官賀民歌人民藝人榮譽的標準」。按照規定，2010年UBND已經頒發「北寧官賀民歌藝人」（第一梯）給四十一位代表藝人（含藝人列名獎狀及五百萬越盾的獎金）。在第一梯次的四十一位中，至今有十九位已經過世，其餘有二十二位年事已高（八十歲以上），身體也較弱。2015年，北寧有五位藝人獲國家主席頒發優秀藝人的榮譽。

省UBND已於2014年12月31日提出第47/2014/QĐ-UBND決定，關於實施對北寧官賀民歌藝人的待遇政策，在北寧官賀民歌劇院服務的藝人、演員、樂師以及服務人員的補助制度。第40/2015/QĐ-UBND決定有關實施審核北寧省無形文化資產領域的藝人封號（其中包含北寧官賀民歌）。這些決定已闡明工人藝人的標準以及藝人的權利與義務。有如，在無形文化資產領域的藝人就會獲得省UBND主席的證明以及一次的獎金等同於政府規定的基本薪資的七倍。除此以外，獲得官賀藝人的榮譽還獲得額外的待遇，如：每月獲得補助金相當於基礎薪資的一倍；獲得省的每年健保的經費補助；過世時可領如同政府公務員的喪禮費用補助。

㈢ 官賀民歌的推廣及發揚

在一次與我們交流的時候，北寧省文化、體育及旅遊署的副理事長強調：「單獨北寧省，我們很自豪地說，各居民社區對北寧官賀民歌都很自豪及對北寧官賀民歌的保存及發揚有責任。」[8]在北寧省的實際田野調查時，我們發現這裡的居民都知官賀、愛官賀，以及對自己家鄉的遺產很自豪，我們認爲這就是推廣、發揚官賀民歌最有效的方法。因此，傳統官賀民歌已得到自然地推廣及發揚，然而，自從官賀民歌獲列名後，此工作已經有系統、有策略的實施，以及推動多方的參與。

北寧省的電台經常在電台上針對官賀做宣傳。在新聞節目上，電台也已經規劃及播放出幾百條新聞，宣傳關於省的指導，領導在遺產區的規劃、建設、保存、製造空間、歷史文化遺跡、文化體制、節日

---

8 2016年3月的訪問資料。

結合官賀的文化活動的紀錄片；宣傳各種出版品、傳授活動、表演比賽以及官賀的獨特價值。

2009年，電台已製作《民歌情深》（Đậm đà khúc hát dân ca）的節目，後改名爲《官賀民歌歌唱比賽》，吸引幾千人從各地來參加。自2009年至今，電台已製作將近一百個在電視上的官賀教學節目。

此外，北寧的廣播及電視台已發行很多節目、雜誌來推廣官賀民歌，如：七十二個「官賀文化」的節目，介紹官賀文化的獨特價值。電台也製作了《49村官賀的紀錄片》的節目，介紹各村的歷史、傳統文化。直到2016年，電台已建立二百零八個「文化聚點」（Điểm hẹn văn hóa）專輯、一百零四期「文藝雜誌」、十二個關於「回到官賀之地」（Về miền quan họ）的節目以及五百多則新聞、短片來宣傳官賀民歌。

自官賀獲列名後，北寧已建設兩個大宣傳看板（二百平方米）在省的邊界〔亭榜（Đình Bảng）坊、慈山（Từ Sơn）區，和進（Hòa Tiến）區、嫣峰（Yên Phong）縣〕的國道1與國道18，來推廣「北寧官賀民歌－人類代表無形文化資產」。爲了迎接北寧官賀獲UNESCO的列名，北寧已成功的舉辦2010年Festival，結合了北寧被列名爲人類代表無形文化資產的事件。2011、2012、2013年，北寧連續舉辦「回到官賀之地」的文藝活動，舉辦2014年北寧節慶。這是一些大規模投資的文藝活動，在精細的安排下，按照北寧官賀民歌的活動規矩、音樂節奏、歌詞來編輯，並成爲各節目的獨特主題。這些節目都有VTV1，VTV2、VTV4、河內電視台、北寧省電台以及其他縣市的電視台所直播。

在地方推廣宣傳以外，省也讓官賀藝人去參加交流、介紹推廣北寧官賀民歌的計畫，如參加2014順化節日（Festival）；參加2014年由文化、體育及旅遊部在大叻舉辦的「民族文化的民間演唱及民族服裝的表演」；在一些國家表演，如：寮國、韓國、中國、捷克、法國等。

文化、體育、旅遊署以及有關的機關已出版兩片DVD，主題爲《回到官賀之地》（第一集、第二集），含二十四首特色的北寧官賀，發行幾千張唱片，向各地來北寧的旅客推廣官賀。

省也指導省內的各個傳統節慶中有關官賀文化活動的舉辦，尤其是Lim會，此節慶以及其他的傳統節慶已成爲上千遊客文化聚點的到來，欣賞北寧官賀民歌，也爲這種特色文化遺產的推廣有宣傳的空間。

北寧也舉辦了初春官賀民歌歌唱比賽（每年）。至2017年，比賽已經舉辦過二十六次，含古官賀、原始官賀及官賀歌唱的比賽項目。

北寧省已指導建設「北寧官賀民歌」之網站來提供有關社會官賀文化生活的查詢需求。最近（2017年8月），在北寧中心舉辦船上官賀民歌歌唱的節目（每月一次），這空間很快成爲文化聚點，吸引很多的遊客及居民。

北寧官賀民歌獲列名之後的推廣及發揚的工作，不僅獲政府有系統地執行，也有居民社區及熱愛官賀的人民的大力推行。整個鄉村裡都有官賀俱樂部，鄉鎮也很積極地宣傳、推廣，透過社區中的表演，各事件、地方節慶以及人民的生活活動，如：結婚、喪禮、祝壽、喬遷祝賀等。此外，在北寧還出現很多「訂單」（đặt hàng）的官賀組、隊表演。根據我們的考查，目前在北寧這種形式已經很常見，而且很搶手，組裡的成員都有不錯的收入。

一種有效推廣、發揚官賀民歌且正獲大力推廣的，就是在國外的官賀實踐、推廣。最近得到媒體的報導，分別是：2016年6月，加拿大大使與在河內的加拿大大使館人員的影片，一起唱官賀那首〈人啊，人留，別走〉（Người ơi, người ở đừng về），有如一句再見，當大使在任期結束，上傳後迅速吸引很多觀眾。2016年底，BBC電台（英國）製作一部紀錄片，訪問吳氏歷（Ngô Thị Lịch），北寧省，Diềm村最高年齡的官賀藝人之一，因爲她對官賀民歌保存之貢獻。2017年年中，京北同鄉會在德國舉辦官賀俱樂部交流日（6月

9-14日），已吸引十個來自德國、波蘭、捷克的官賀俱樂部，共二百人以上前來參加。此外，還有很多官賀的活動由京北社區以及在國外的越南人團體舉辦，如：在美國加州南部，由北寧同鄉會自2007至今年每年度舉辦的北寧春會，包含很多有特色的北寧官賀民歌表演晚會；在捷克的布拉格（Praha）會場的「回到官賀之地」（2011年8月28日），由京北同鄉會在捷克舉辦；由在法國的越南藝術文化院，越南文化中心配合北寧以及北江兩省的文化、體育及旅遊署在法國的越南文化中心處所，舉辦的照片以文物的展覽主題爲北寧官賀民歌－人類代表非文物文化的展覽，已展示來自國內外私人及機關所收集的五十張稀有及罕見的照片，播放與官賀文化有關的影片、演講以及舉辦官賀民歌表演，向UNESCO報告及介紹給民眾，在法國的越僑，在巴黎自2012年1月18到30日以及法國的一些城市；2017年2月6日基輔（Kiev）城市京北同鄉會在官賀晚宴舉辦初春見面會充滿家鄉情，2017年3月26日，在波蘭華沙（Warszawa）的越南人舉辦文藝夜「回到官賀之地」，演出以聚集來自越南及波蘭的藝人等。可以說在國外的官賀介紹、展覽、表演，正是一種很有效的形象推廣及發揚，讓這種有特色的遺產能推廣到世界各地，讓官賀更爲普及，也讓官賀民歌的保存，不管是在廣度還是深度都獲得強力的推廣。

可以說，北寧官賀民歌自從獲UNESCO列名，北寧已盡全力來保存、發揚此遺產，讓官賀民歌得以迅速地恢復、廣泛地推廣，官賀的實踐也在社會生活中更爲活躍，官賀強調了北寧本身文化色彩，爲這個城市的發展製造一種重要的文化動力。然而，在獲得成就的同時，很多問題也產生，一些不希望的問題也浮現了，官賀已經在各種因素中產生了變化，從唱詞、唱法、評量標準到服裝、音樂、表演性到對答、應對交際等。官賀儘管獲強烈的恢復，然而古官賀玩法的古風俗、規定已經逐漸消失，取而代之是發展及迅速推廣的官賀表演形式。認清這些問題也是一種保存及發揚官賀民歌有效的方式，以幫助官賀維持及豐富化，製造給官賀在現代社會一個穩定的活力。

三、北寧官賀民歌自獲UNESCO列名之後的保存、發揚以及相關議題

㈠「玩官賀」還是「唱官賀」、「看官賀」

北寧官賀民歌是一種民歌的類型，但不僅如此，官賀還是一種玩法，活動方式包含一切於總體嚴格結合的規定、風俗、信仰。提到「玩官賀」，人們就會想到古官賀、原始官賀以及官賀人豐富情感的玩法，這種玩法不僅是歌詞、對唱、更唱、會唱形式，而且還要有時間、空間給歌唱活動，各種風俗如：結幫（kết bọn）、睡幫（ngủ bọn）、結義（kết nghĩa）、交流；有信仰如奉唱、cầu đảo唱、解難唱；有服裝、飲食、交際語言等。而這種玩法已帶來吸引力、獨特性以及文化美點，讓北寧官賀民歌獲得UNESCO的列名。然而，在當代社會官賀的玩法已面臨很多挑戰，在新官賀迅速發展的同時面對失傳的危機。新官賀有很多名字，如：官賀歌唱，舞台官賀、台官賀、專業官賀、改編官賀。實際上，新官賀很早就在官賀之故鄉出現，然而自從官賀獲得列名後，北寧的目標是發展官賀、推廣官賀，把官賀廣泛地帶入社會生活，新官賀有動力及環境來發展。我們有機會見面、聊天的很多藝人、學者以及對官賀熱情的人都認爲，彷彿至今在官賀的家鄉，大家也「唱官賀」及「看官賀」比「玩官賀」來得多。官賀被搬上舞台表演，在先進伴奏音上表演，而且被製作成短劇，使用很多方式來改變，都是由專業的演員來表演，官賀也出現KTV的官賀、混搭式（Mashup）官賀、等。這一切都導致新官賀越來越與古官賀不同。根據北寧的實際資料，我們已經對古官賀及新官賀做對比，並得出其差異爲表3-1：

表3-1

比較項目	古官賀	新官賀
時間	集中在春季及秋季的節慶。	一年內的各種節慶。
空間	在村裡、家裡的各種節慶，唱伴之間有一種親密感，沒有聽眾。	舞台，有聽眾，不僅在官賀村表演，而且還在很多地方，如飯店、各種宴會、政治事件。
形式	唱時沒有伴奏音，兩人合唱，對唱是主要（一對男性與一對女性，也有時候是一群男性與一群女性），強調應變的唱法，呼應。	有伴奏的唱，表演形式多樣（獨唱、兩人合唱、多人合唱，結合舞蹈或是背景短劇的歌唱）較少有對唱或是應變的唱法、呼應。
版本	傳統的版本。	版本已經按照很多方式而改變（用舊的唱調，但新的歌詞，改變唱調及歌詞，創作新的「官賀式」歌曲）。
目的	保存官賀活動、官賀玩法。	宣傳、廣泛地推廣官賀。
服裝	傳統。	革新、改變、混合風格等。
對象及欣賞方式	對官賀有感情的人，對官賀有了解，直接參加官賀的活動，製造官賀的玩法。	多樣化的對象，不需要對官賀有了解，不直接參加官賀的活動，主要只是看官賀。
實踐對象	藝人以及有官賀的好唱腔者（主要是高年齡者）。	演員（年輕者占優勢）。
風俗	保留特別的風俗如：結幫、睡幫、結義，官賀社區、官賀村之間的交流，已經結義就不會結婚，交際的語言優雅、封閉、謙虛、禮貌等。	已經無法保存獨特的風俗。

綜觀上述所提出的基本差異點，我們可以看到新官賀彷彿更符合與當代的社會，呼應著管理文化者所秉持的大規模推廣、發揚官賀的

希望，以及在學校、社區及舞台表演的官賀傳授工作。現代人彷彿更適合於有伴奏音的官賀、演員表演的官賀、改變的官賀。

以新的歌詞來唱官賀吸引了很多創曲人、藝人、表演的演員以及欣賞者，因爲他們認爲：「這個（新官賀—*NTPC*）較容易學而且也比較容易演出，如果是學一些古官賀的話就很難學，現在也很少人在學，儘管學會了也不知道在哪裡唱，給誰聽。」[9]而且有一些官賀改變得很好聽，而且會被很多人誤認爲那是古官賀，如：〈Người ơi người ở đừng về〉改編自〈Chuông vàng gác cửa tam qua〉〔作者春思（Xuân Tứ）〕、〈Sông Cầu nước chảy lơ thơ〉改編自〈Nhất quế nhị lan〉〔作者梅卿（Mai Khanh）〕等。

可以看得出我們目前在社會生活中正在實踐的官賀，儘管是在古官賀村也主要是新官賀，這件事情得到古官賀村的藝人、學者、管理者及一些關心官賀者的確認。根據一位在市求（Thị Cầu）村的官賀藝人表示：「當獲得UNESCO的列名，很多人只會唱而不會玩，有時候只會按照唱片、電台唱幾句基礎的，而不會玩法，很多時候沒有官賀人的氣質。唱官賀不難，但玩官賀確實很難。」[10]

也許是因爲新官賀如此地發展，所以目前北寧官賀劇院分成兩團：第一團是保留原始的官賀；第二團是改編的官賀。然而，儘管是原始的官賀團，也有一定的靈活性，讓表演更加符合與舞台上的表演特質：歌詞簡單化，節奏加快，刪除奏音詞、連音，較少震動音及nảy hạt，有伴奏音，表演的服裝也得到改變，更符合於演員的特徵以及表演的舞台等。而針對第二團，官賀表演如同唱歌曲，只會把giọng vặt或是giọng giã bạn搬上舞台，而規矩腔調有如消失。目前不僅在官賀劇院甚至在古官賀村，規矩腔調已經越來越少人表演，很多年長的藝人已表示Hừ la腔已失傳，而La腔儘管還沒到失傳的地步，

[9] 訪問：女性，五十八歲，原為北寧省文化、體育及旅遊署的幹部，2016年5月。
[10] 2015年8月訪問資料。

但也很少人會唱而且也沒有人想學，來讓藝人傳授。

在保存官賀民歌的努力中，北寧省以及官賀村，對官賀用心的人，都很努力地保存古官賀的腔調，使用很多種方式如：恢復官賀住家——古官賀實踐空間；特別關注藝人——特別是年齡較高並還記得很多古規矩的腔調；恢復更唱的形式、結義的形式等。然而，實際上可以看到並沒有改善，古官賀仍然漸漸地被埋沒，官賀的玩法只在回憶中存在，新官賀迅速地發展並吸引諸多的聽眾、觀眾。

導致這個現況的原因有很多，因爲現實生活出現很多新需求、不同的審美觀及多樣化的選擇。以前，連哥、連姐忙碌著去參加節慶，目的爲可以一起唱官賀，爲了尋求快樂而且可以在很抒情的空間內互動，不須注意到聽眾。但是，目前的官賀節慶已經變得很擁擠，更多外地的遊客，官賀的活動好像只剩在舞台上的官賀表演（眞正的方形舞台、在節慶中的各帳篷或是在船上唱），主要目的是爲了服務來參加節慶的觀眾。也因爲這樣，沒有其他的辦法，只能在伴奏音上唱官賀以及用音響來擴大聲音。在一篇文章中，作者勞倫・米克爾（Lauren Meeker）已針對Lim會的現代官賀跟很多音響在一起做描述：「現代舞台官賀演出的音響、村的音響、Lim山丘上棚子的官賀音響、在有唱官賀船上的音響及Lim山丘上的音響等，哪種音響都播放官賀，因此導致一個很混亂的畫面，以及文化的『擴大性』、遺產的被管制性、『聽遺產』、『看遺產』，並把歌聲從連哥、連姐本身區分開來等。這些也提出了一系列按照目標對官賀遺產恢復的問題，官賀也有『眞實性』、『原始性』，官賀村人彷彿在自己的遺產中被『邊緣化』；地方性與全球性、看官賀及玩官賀，聽官賀，傳統及現代，進步在改變中的『舞台』進行商討過程。」[11]

11 勞倫・米克爾（2010），〈在世界文化舞台上找占位——官賀村的節慶〉，收於《越南傳統的現代與動態：人類學的接近方式》兩集（胡志明市：國家大學出版社，2010年），頁529-549。

與此同時，北寧目前正處於都市化及工業化的中心，儘管是全國面積最少的省分（面積822.7平方公里，2016年人口1,153,600人），然而北寧目前有二十四個工業區和各大集團的工廠，如：三星、佳能等。而全省的四十五個古官賀村主要屬於北寧市及仙瑜縣，也就是省裡具有最多工業區及都市區的地方。因此，官賀村的抒情空間已經不存在，寬闊的官賀住家在每戶家庭中土地壓力之下，已經難以存在，官賀活動也被工業化生活，參加者的工業作風所影響。不僅這樣，全球化的過程也促使西方音樂方式與官賀混合，如：使用電風琴、鋼琴、吉他、電子鼓等來爲官賀伴奏，而且這種有伴奏的官賀越來越普遍，以及獲得年輕人的喜愛。

有一個情形是古規矩的官賀玩法需要空間、時間、經濟能力、按照耕種季節的生活節奏、村內封閉的生活等。然而，現代社會已經無法配合那些因素，因此官賀的玩法一定會改變，而且漸漸地只會存在於記憶中。現在儘管是恢復、有舉辦更唱、有對唱的規定及舉辦交流，但幾乎都是「演」，只是形式上對唱而已，形式上好像是這樣，但實際上與以前官賀的結義、交朋友差很遠，有如一些仙瑜縣Lim鎮官賀俱樂部的成員跟我們分享的。

對官賀用心之人以及我們都不能否定北寧的政府及相關部門在保存及發揚官賀民歌的積極性，然而目前的現狀也可以看得到古官賀，官賀的玩法彷彿已經處在臨界，因爲藝人年齡已高、人在世、人去世，官賀的古腔調很少人會唱及被唱，官賀的空間、時間、規定、腔調、活動方式已經被改變、官賀人的生活節奏，生計也與以前不一樣，一切的恢復也無法獲得以前原始的樣貌。因此，新官賀、「看官賀」、「唱官賀」在現代生活中的普遍也是很容易理解的事情。很多年齡較高的藝人或是愛古官賀的人表示出對這些事情的滿意及擔憂，然而目前在官賀的家鄉，在原始官賀村彷彿已經接受在新官賀日益普遍的趨勢中，古官賀及新官賀共同存在的現況。

㈡ 官賀的「商業化」

實話說，很難有一個界線來辨認怎樣的官賀生活方式被歸類爲「商業化」，以及怎樣又是「社會化」，再爲官賀生活提出有效的經費贊助，並把官賀帶入文化、社會生活。凝視目前官賀生活自從獲列名之後可以很明顯看出這種遺產的活力，官賀俱樂部、官賀組以及官賀表演的數量急速增長，人民在探討、欣賞及實踐這種遺產越來越多，各級機關、社會組織也已經強力地投資給官賀的保存、推廣、發揚，讓官賀可以達到全球性。也就是因爲這樣不斷地推廣，導致官賀的商業色彩越來越明顯。

透過在北寧研究的那段時間，我們看到官賀是極少數實踐它的人獲得好的收入。在政治事件、文化以及生活儀禮、家庭或家族事件，不管是在地還是外地的，邀請唱官賀的需求都增加。在餐廳、飯店也經常請官賀來爲客人服務，讓官賀的藝人、俱樂部或是官賀組都忙碌於表演。

觀察仙瑜縣的一些官賀俱樂部的活動，我們得知這個俱樂部的表演行程已被預訂得很滿，如唱慶祝喬遷、祝壽、慶祝孩子大學考獲高分、慶祝升遷、慶生、結婚紀念日、公司開張等。這些請官賀的人，不僅在仙瑜縣，還有在河內、海洋、海防、河南等，尤其是現在在北寧，有很多結婚典禮會請官賀來表演，不管是在村裡舉辦的婚禮，還是在餐廳、飯店的婚禮。各種慶典上的一個共同形式是按照時間、歌曲或整個表演節目來付酬勞。一位官賀俱樂部的老闆跟我們說關於不同對象的酬勞會是如下：官賀藝人，特別是有名的藝人已經得到提名，就經常得到紀念日或是各種會議、政治或政府舉辦的研討會之邀請，而酬勞是滿多樣性的並按照主辦機構的能力，但平均一首是一百萬越盾。在各種節慶上唱，酬勞會按照表演時間而不同，然而平均爲六十萬之一百萬越盾／演員／次。在婚禮上表演的話，通常是按照整個節目下來而給酬勞的，邀請方不管是要求古官賀或新官賀都會得到各俱樂部的熱情服務，酬勞會按照婚禮的大小而訂價，如果在一個平常的宴會唱一次就大約五六百萬越盾。一位在仙瑜官賀組的領頭說，他們的那組剛在大宇（Daewoo）飯店給一個慶祝升遷的宴會（2016年5月），酬勞爲一百萬越盾／人，而且他還說他的組經常有工作，而且他的收入剛好可以支付生活，讓他可以繼續從事這份工作。

觀看形式上，官賀民歌俱樂部的數量如目前這樣多，並尚未算唱官賀的組／隊〔有地方稱爲官賀衝擊隊（Đội xung kích）〕、領導、管理者以及不少人民，對我們的保存、保留、推廣、發揚官賀民歌會表示樂觀的態度，然而在觀看目前這些俱樂部或官賀組／隊的主要活動就會得知並不是那樣。在北寧省及Tiên Du縣的很多官賀俱樂部的主要活動就是每週、每月見面、排演、彼此精進，而且最重要的是爲地方及外地表演而準備。有人提到「跑場」（chạy sô）的術語來針對這裡的一些官賀俱樂部／隊／組。這些官賀俱樂部／組／對目前主要是去一些婚禮、慶祝新家、店家／公司開張、祝壽、會議、研討會、地方節慶，也有時候是在附近的縣市或是服務外國旅客而表演。春季是「跑場」最熱門的時間，有些俱樂部統計在春季的一點五至二個月，已經表演大約二百場，酬勞是四億越盾左右。按照每個邀請者的要求，各俱樂部／隊／組的樂師及演員會唱古官賀、新官賀，或是穿插著嘲劇（chèo）、奏文（chầu văn）或是一些帶有官賀情調的新歌曲，而伴奏也會很靈活，是各種民族樂器或是電風琴，但一定會有先進音響的輔助。因爲目的是唱來服務各種節慶、事件，所以這些俱樂部／隊／組除了關注唱腔，還會注意到演員、樂師的服裝、打扮以及表演的方式，投資伴奏的部分以及關心到觀眾的愛好，了解他們喜歡聽怎樣的唱法來做出適當的調整。新官賀加上伴奏一定是比較受歡迎，甚至聽眾要求唱古官賀的時候，這些古官賀也會使用新的表演方式來唱。

在俱樂部／隊／組這樣的各場表演，除了之前已商量好的酬金，有時候演員、樂師還會收到聽眾給的賞金，特別是在餐廳、飯店、宴會，賞金通常是直接在表演中拿給唱者、樂師，因此會造成不好的觀感。再加上，唱的唱，吃的吃，從喇叭發出的唱聲、說笑聲、杯子衝撞聲，這種種呈現出一個不符合於這樣優雅、博學的官賀民歌氣質，導致官賀成爲一種娛樂形式、商業化性質。

也必須注意到聽眾喜歡官賀的事情。當聽到好聽的歌就會賞錢（民間稱爲賞）給連哥連姐，不是現在才有而是以前就已經有，如同一個很美的風俗。那時候，官賀他們坐在一個比較窄的空間，在一間房間或廟宇的竹席上，聽眾還少，而現在空間已變大，聽眾也多，當連哥連姐唱的時候要放下帽子讓聽眾放錢進去，或者在舞台上表演時要自己拿著或者放在檳榔的盤子裡，那麼一來，賞錢變得不美了。這也讓現在的官賀生活的商業色彩變得更加明顯。

也許「官賀商業化」的問題是在官賀節慶中引起最多的討論，尤其是在Lim會，於1月13日在北寧省仙瑜縣Lim鎮內睿區和聯暴（Liên Bão）區。這是一個具有代表性的節慶，結合官賀活動，如連哥連姐、唱官賀的團體之間的交流、村內的更唱，船上唱官賀，在Lim廟的庭院唱，以及在各官賀住家在節慶的舉辦空間。然而，唱官賀在Lim會目前已經沒有各位連哥連姐所盼望，等到節慶當天就可以一起唱官賀的浪漫形象。而官賀被安排在大舞台上結合開會（Khai hội）、滿會（Mãn hội）的節慶，然後每個官賀俱樂部就會被安排在小屋（目前已經建成棚子），在Lim山丘周圍的村落以及在村落中的官賀住家等。然而，不管在哪裡唱都會結合音響、現代樂器以及酬勞、賞金、贊助金等。各棚子會安排較近來讓這個音響的聲音可以到另一個棚子的音響，有些棚子是唱古官賀，有時候還會唱其他民歌。値得一提的是，這些音響的品質沒有很好，所以會出現讓參加節慶的人覺得不舒服的聲音。棚子裡也很努力地對唱，以及跟觀眾做交流。但是，又因爲這樣而導致表演變得很亂以及缺少美感。連姐表演完，客人就會賞錢，或者是客人拿連姐放在盤子上有繡鳳凰花瓣的檳榔，也會付錢，這些已變成一個很不美的形象。

在Lim會多年熟悉的形象中，在船上唱官賀，並用帽子來裝岸上聽眾的賞金，已經引起報章上的爭議。也許因爲這樣，在2016、

2017年，舉辦單位不允許在Lim會上以這種方式來唱官賀。然而，另一種形式又出現，同樣引起憤怒，就是穿著官賀服裝的連哥連姐排隊，並以高價販賣唱片、收集官賀歌曲的書籍，邀請遊客交流，來提醒遊客買唱片、買書。

最近幾年，在Lim會出現出租官賀服裝的服務，此類服務因應了旅客的需求，然而目前還是很亂。2017年2月9日我們曾經目睹，在Lim會中有關於出租官賀服裝的不好形象。一些普通品質但很多顏色的服裝擺成堆，沒有換衣服的地方，也沒有幫忙穿衣服、圍頭巾的人，年輕人也不在乎這些事情，而只在乎出租服裝後拍照（價格爲2-2.5萬越南盾／15-20分鐘）。

除了在Lim山丘上唱官賀，在舞台上、船上，在各節慶Lim山丘周圍的村落也會舉辦在官賀住家更唱，特別是近幾年官賀住家得到重建的投資經費。但是，在官賀住家，連哥連姐也會站在放錢箱子的旁邊表演，上面寫著「希望大家支持」，以保存官賀文化遺產。不僅如此，在官賀舞台上，官賀的棚子在Lim節慶中也被很多小吃攤、有獎遊戲以及鬥雞攤包圍，這些都是2017年Lim會中被媒體報導出來的事情。這種淩亂、市場、商業的性質、毫無要求等，已奪取了在傳統Lim會中官賀民歌重要的抒情空間。

可以說目前官賀民歌已經從唱著玩到表演，從見面爲了唱，與朋友同樂，轉向服務性質，從高雅的官賀活動轉向市場的官賀生活等，導致商業化的性質越來越明顯，以及有不少不雅的形象發生，讓愛官賀的人覺得擔憂及不滿。

㈢ 簡單化官賀傳授事宜

雖然官賀傳授一直獲得北寧省以及相關部門定爲保存、發揚官賀民歌的重要項目，而且自從官賀民歌獲UNESCO的列名，這項目也獲得大力的推行。然而，這種傳授並不是何時都順利，而是已出現很多問題。社區中的官賀傳授一直以來都有實施，然而主要是自發性，具有不同的宗旨、目的，然而在這種教學方式，明顯可以看得到其鬆散及不穩定性。不能否認的是在村內有很多藝人、唱官賀的人，自願傳授給下一代自己的技能，但並不是每個人都想學、都愛學，以及有唱腔能學。再來，在社區的傳授通常是藝人以古方式來傳授官賀，因此年輕一代也很難學會。當他們的生計及工作都已經改變，而難唱以及需要很多時間來練習這些事情，並非適合於現代年輕人的生活節奏。在Diềm村，一位年長的藝人擔憂：「我的村是這樣，唱官賀很抒情，玩得很嚴肅。我教了幾十年，沒得一分一毛，但我還是很樂意，那是我自己的心血，很喜歡，但要嚴肅不是隨興，我聽到會覺得不滿意，以前我們是很嚴肅在玩，政府應該要更注意官賀，我們不久後就會死了。」[12]然而，藝人的人數，比如說在Diềm村的已經沒有那麼多了，全省也只有幾十位，而且不是每一位都有能力傳授，這些「活著的人文寶物」正漸漸把官賀回歸祖先，而且在社區中的直接傳授古官賀的唱腔不久以後就會成爲回憶。

在俱樂部／隊／組中的官賀傳授也看到很多關於目的性和輕率性的問題。官賀俱樂部／隊／組的傳授主要依表演的實際服務需要，他們主要以新的方式傳授官賀。除此以外，他們也教如何在舞台上表演，如何與伴奏音結合，怎樣與聽眾打招呼或送客，按照不同的節慶、見面日或是慶祝會、應酬應該唱哪首歌來吸引客人。總體而言，在官賀俱樂部／隊／組的傳授帶有很明顯的實踐性質，呼應眼前的表演目的。因此，古官賀的色彩、規矩的唱腔或是裡面的文化因素幾乎還沒有獲一定的注重。利潤、酬勞的因素在這樣的方式下大量的影響官賀俱樂部／隊／組中的教學工作。

在各學校的官賀普及事宜還有很多限制，根據很多老師的評量，實際上還未獲得很好的成果。因爲在傳授音樂及官賀的程度師資部分還存在問題，不是每一位音樂老師都有好的唱腔可以唱官賀以及傳授給學生，而官賀師資在學校中的分布也不可觀。再加上，限制也出現

[12] 2016年5月訪問資料。

在協助教學的硬體設備，官賀民歌教材的缺乏或是各教材還缺乏統一性，因此主要是取決於年輕教師的熱情。

除此之外，還有透過文化系舉辦的各傳授班級，這些班級的共同點都是短時間、粗糙的課程、有限的經費及很難可以舉辦正式的表演、比賽等，所以得不到好的結果。這些班級的學員基本上只熟悉十幾首歌，可以唱幾種腔調，而較難的腔調，要求技術的唱法或官賀文化就無法在短時間內及簡單的傳授而學會。

在專業藝術學校，北寧文化、藝術及旅遊中級學校，把官賀傳授當成一個正式的科系也遇到不少難題。因爲是學校的一個科系，正式的科目，具有一些標準，因此師資部分不能請到一些藝人，如：吳氏歷、阮氏槃（Nguyễn Thị Bàn）、謝氏型（Tạ Thị Hình）來正式傳授，只能在戶外教學時，學校會把學生帶到那幾位藝人那邊，好讓他們額外指導學生。學校的教程還沒有音符記錄，只有歌詞，因此教與學都不簡單。由於經費有限，所以學校也很難有條件請藝人或是把學生帶到實際生活中，或在官賀村生活，以便更加理解官賀的情意或者正視官賀玩法及文化因素。根據校長的表示，全校的招生，就讀官賀民歌的科系以及畢業後的工作都遇到很多難題。他表示，北寧是所學地，家長希望孩子注重在大學就讀具體的科系而不希望他們學官賀。學著玩是可以，但爲了成爲一份工作，他們就不支持。學唱就要經過苦練，學生要經過三年的刻苦學習才可以畢業而且才能從事這份工作，但實際上只有二分之一的大學生能畢業。畢業後最直接相關的工作，就是學生只能回到官賀劇院以及縣的文化中心或文化處工作。這些地方不是每年都有編制，因此學生大部分都會在表演公司或旅遊文化服務中心工作。學生在學校時得到三年規矩的訓練，但又很難可以一直與官賀有聯繫，或是繼續培養官賀的知識；尤其是古官賀，因爲他們工作的環境很少有機會來專心唱官賀，如果有也都是表演新官賀。

根據一些官賀藝人以及一些官賀領域的學者、管理者表示，目前傳授官賀的環境（社區、俱樂部、專業學校、藝術團等）都是好的，有一個很重要及有益的環境而傳統官賀已做到（儘管不是使用傳授這樣的字詞），但目前已經淡化，就是官賀交流環境。把各組、各隊官賀聯繫起來，各官賀俱樂部及官賀村聯繫起來，以及喜歡官賀的人聯繫在一起，只有讓各組、各隊、各俱樂部、各村、各世代培養出感情，那麼官賀才能達到最好的傳授：自然及有效。

㈣缺少官賀中的「連哥」

這個現況可能只出現在官賀民歌。連哥在古官賀活動中是非常重要，他們持著結交的主動角色以及在唱法中，如折腔（bẻ giọng）、修調（nắn điệu）。而且官賀的本質就是連哥、連姐之間的對唱，是這組官賀組的男性跟另一組官賀組的女性的對唱，因此男、女，也就是連哥、連姐的數量要差不多。然而，目前的現況是連姐很多但是連哥很少，有些地方連哥是很稀罕。北寧文化、體育及旅遊署的副理事長阮春忠表示：「北寧官賀民歌的本質就是要兩人合唱、對唱，目前各女組，連姐發展得不錯，但是相反地，男組，我們觀察到還不多，比女組少。」[13]在《人民報》的一則新聞，摘錄裴仲賢（Bùi Trọng Hiền）學者的意見爲：「實際上在北寧官賀村，有很多高年齡的連姐唱得很好，熟悉幾百首美妙歌詞的歌曲，但又沒有一組年齡上相當的連哥來對唱。『連哥缺』已成爲目前官賀的『棘手』問題。」[14]一些學者、管理者、影片製作人也抱怨說重新建設官賀的更唱很困難，因爲很難能找到相當的連哥來成爲連姐的伴唱。

我們以考察北寧藝術文化及旅遊中級大學北寧官賀民歌系，就讀的男性學生最多只占30%，有一屆只有10%。官賀俱樂部以及官賀村也有同樣的情形，找到好的連哥非常困難。睿東（Duệ Đông）村Lim

---

13 2016年5月訪問資料。

14 洪明（Hồng Minh）和玉暹（Ngọc Xiêm），〈還有嗎，古更唱？」一文，發表在《人民電子報》2009年2月12日，http://nhandan.com.vn/vanhoa/dong-chay/item/14803802-.html，索尋日期為2016年12月11日。

鎮官賀俱樂部的主任跟我們分享說：「俱樂部有五十位成員，有十幾位是中年男性，有五位青年男性。男性忙著工作，所以比較無法參加。其他俱樂部也一樣，女生比較多。」[15]

這個現況可以用一些原因來解釋，如：目前生計已經改變，北寧人民幾乎不做農了，男性還是要擔起家庭經濟，因此他們傾向於出去做生意或是成爲地方工業區的工人。他們沒有很多時間而且也被其他家庭、社區的娛樂所占據，所以較少參加官賀的活動。有一個我們實際觀察到的理由是目前新官賀占優勢，在很多村，包含古官賀村或是在官賀俱樂部，官賀玩法或是傳統官賀彷彿變得很模糊，官賀單純成爲在舞台上表演的形式，因此這樣女性占主要位置也是可以理解的。我們正在「看官賀」是透過錄影錄音的片子、官賀的歌曲、官賀的表演短劇、專業的官賀舞台等。唱官賀的人因爲要化妝得很漂亮，好讓在舞台上很亮眼，有情調的表演、有樂團的協助等，因此女性比男性更符合於這種表演方式。實際上，女性表演官賀永遠比男性多，女性也比男性願意刻苦耐勞地學官賀，而且學完後在舞台上表演的機會也比男性多。也許還會有很多原因來解釋這個現象，但透過我們實際的研究，我們覺得這是一個很値得提出的議題，如果這個現況一直維持，那麼更唱、對唱形式的埋沒及消失的危機已經存在。

除了我們在上述所提到及分析的問題，實踐北寧官賀民歌自UNESCO列名後也存在其他的問題，如：實踐官賀的「行政化」，集中投資官賀導致其他無形文化資產遭受不平等的對待，利用官賀去「做其他事情」（ăn theo）或是假官賀等，然而這些問題並沒有像筆者之前所說的那四個問題那麼嚴重。

官賀與北寧省的人民的玩法、生活結合。在北寧的文化影像，官賀永遠有一種獨特的位置，成爲文化特色，成爲這一塊土地及人民的一種標誌。列名北寧官賀，UNESCO已經列名一種玩法、一種文化

15 2016年5月訪問資料。

總體、一種抒情人文性質的生活方式，也因爲這樣保存及發揚這種文化遺產就需要適合的策略及方法。不能否認的是，自從官賀民歌獲UNESCO的列名，北寧已經展開一個同步有效的策略來保存及發揚遺產，因此獲得一定的成功。UNESO的列名以及北寧的努力以幫助官賀復生以及蓬勃地發展，同時也幫助各部門、團體、企業以及相關機關對官賀以及其他的遺產更加關心，幫助社區以及北寧的每一位人民更加意識到文化遺產，尤其是官賀，增加他們對於國家、家鄉、祖先所留下來的傳統文化寶藏的珍重與自豪。

此外，官賀的列名也讓社會中的各階級更積極及自願地參與官賀民歌，以及全部遺產的保存及發揚的相關工作。如今在北寧省熱烈地實踐官賀，也搭起了社區、國內外的橋樑。在保存及發揚官賀民歌遺產，在努力讓官賀成爲每位人民都能熟悉的，讓官賀能成爲重要的文化動力來發展經濟、社會的同時，也出現了很多挑戰性。而這些挑戰可能會導致官賀民歌遺產的變形，導致官賀變得沒有活力、不穩定性，儘管是獲整個社會的保護。指出北寧官賀民歌遺產自獲得列名後的問題，各種不期待看到的面向，此篇文章並沒有要否定北寧已經獲得成就，而只是希望帶來在官賀民歌遺產自獲得列名後，此保存及發揚過程的更全面、更多樣、更客觀的角度，邁向有效、科學及穩定性地保存及發揚官賀民歌遺產。

参考文獻

Quốc hội Việt Nam. 2001. *Luật Di Sản Văn Hóa*. Hà Nội: Nhà Xuất Bản Chính Trị Quốc Gia.

Đặng Văn Lung, Hồng Thao, Trần Linh Quý. 1978. *Quan họ-Nguồn gốc và quá trình phát triển,* Nhà xuất bản khoa học xã hội.

Hồng Thao. 1997. *Dân ca Quan họ*, Nhà xuất bản âm nhạc.

Hồng Thao. 2002. *300 bài dân ca Quan họ Bắc Ninh,* Viện nghiên cứu âm nhạc.

Kỷ yếu Hội thảo khoa học. 2004. Phát triển âm nhạc truyền thống ý nghĩa văn hoá và thành tựu nghệ thuật, *Bộ Văn hoá - Thông tin, Hà Nội.*

Lauren Meeker. Tìm kiếm chỗ đứng trên sân khấu văn hóa thế giới – lễ hội làng Quan họ. In trong *Hiện đại và động thái của truyền thống ở Việt Nam: Những cách tiếp cận nhân học*, Nxb. Đại học Quốc gia Tp. Hồ Chí Minh, hai tập, 2010, tr.529-549.

Lê Danh Khiêm. 2006. Bảo tồn và phát triển Quan họ - những chặng đường đã qua, *Tạp chí Di sản văn hóa*, số 3 (16).

Liên hiệp các hội khoa học kỹ thuật Việt Nam. 1997. Hội thảo khoa học Khảo cứu văn hoá Kinh Bắc, *Viện Nghiên cứu hợp tác KHKT châu Á - Thái Bình Dương, Hà Nội.*

NG. H. 2004. Cần Khôi Phục và Phát Huy Giá Trị Văn Hóa Hội Lim (We Must Restore and Develope the Value of the Lim Festival). *Văn Hóa Chủ Nhật,* 1041: 3.

Nguyễn Chí Bền. 2003. Di Sản Văn Hóa Phi Vật Thể, Từ Sưu Tầm, Nghiên Cứu Đến Bảo Tồn và Phát Huy. In *Văn Hóa Dân Gian Việt Nam: Những Phác Thảo*, pp. 618-34. Hà Nội: Nhà Xuất Bản Văn Hóa Thông Tin.

Nguyễn Văn Phú, Lưu Hữu Phước, Nguyễn Viêm, Tú Ngọc. 1961. *Dân ca Quan họ Bắc Ninh,* Nhà xuất bản Văn hoá.

Nguyễn Văn Phú, Lưu Hữu Phước, Nguyễn Viêm, Tú Ngọc. 1972. *Một số vấn đề về dân ca Quan họ,* Ty Văn hoá Hà Bắc xuất bản.

Nhiều tác giả. *Kiểm kê di sản văn hóa phi vật thể Dân ca Quan họ Bắc Ninh*, Viện Văn hóa Nghệ thuật Việt Nam xb, H, 2008, trong danh mục tài liệu bổ trợ.

Phạm Trọng Toàn. 2001. Mấy nét về văn hoá âm nhạc Quan họ, *Tạp chí Văn hoá Nghệ thuật số 3.*

Trần Linh Quý, Hồng Thao. 1997. Tìm hiểu dân ca Quan họ, Nxb Văn hoá Dân tộc-Sở VHTT Hà Bắc.

第四章

現代越南儒教的實用主義

陳文團[1] 著，蔡氏清水[2] 譯

1 GS. TS. Trần Văn Đoàn，國立台灣大學哲學系退休教授，曾任長榮大學神學院院長。

2 Thái Thị Thanh Thủy，國立成功大學台灣文學系碩士，成大越南研究中心越南語講師。

一、前言

本論文主要的目的爲探討越南[3]南部從1954年至1975年期間的越南儒家的實用特性，尤其是阮登塾（Nguyễn Đăng Thục）的作品中[4]跟其他作者如阮憲黎（Nguyễn Hiến Lê）、簡之（Giản Chi）的作品的一部分[5]。

通過分析他們對儒學的講解，我們可以看出實用理論是我們幾乎不注意到的。在他們的講解中，儒教是像工具一樣被使用的，而越

---

[3] 在越南的思想中，一般來說，儒學和儒教之間沒有很清楚的區別。詩人陳濟昌（Trần Tế Xương）有提到「儒家之學」，像是一個為了當官而學習的科舉制度：「儒家之學已經不行，十人去學九人放棄。」陳廷佑（Trần Đình Hượu, 1999），《越南近代文學與儒教》（*Nho Giáo và Văn Học Việt Nam Cận Đại*）（福安：教育出版社，1999年）。和潘代尹（Phan Đại Doãn, 1998），《潘代尹主編的越南儒教的一些問題》（*Một Số Vấn Đề Nho giáo ở Việt Nam*）（河內：國家政治出版社，1998年）。有提及到儒教和儒學，但也沒提出一個清楚的定義或是它們之間的差別。我們依據歷史學家陳仲金（Trần Trọng Kim, 1971），《儒教》（*Nho Giáo*）（1943再版，西貢），和潘佩珠（Phan Bội Châu）的《孔學燈》（*Khổng Học* Đăng）不分開孔學、儒學和儒教，不過在《越哲論習》（*Việt Triết Luận Tập*）（Tập 1, Washington, D.C. - Los Angeles, 2000）及*The Transformation of Vietnamese Confucianism*（Washington D.C.; The Council for Research in Values and Philosophy, 2005）這兩冊我們會將儒學和儒教做個區別而理解儒家在廣義方面的意思，其不只包含官場中學習儒字（漢字）的那些人而已。

[4] 阮登塾（Nguyễn Đăng Thục），本來是一位化學工程師（法國里耳大學）。他自己研究東方哲學，曾是西貢文科大學東方哲學講師。他也是萬幸大學（1975年後閉校）哲學系的創辦人，同時也是首任的系主任直到1975年。他為人所知是在文科大學提倡哲學課程中的東方哲學先驅者之一，另外，還著有越南思想研究的《東方哲學歷史》（*Lịch sử Triết học Đông phương*，5冊）（西貢，1956-64年；再版：胡志明市出版社，1991年）與《越南思想歷史》（*Lịch sử Tư tưởng Việt Nam*，6冊）（西貢，1967-70年；再版：胡志明市出版社，1992年）這兩套代表的書籍。

[5] 阮憲黎（Nguyễn Hiến Lê）（1912-1984）留下一百二十件作品與譯品，是一位自學的學者。阮憲黎（Nguyễn Hiến Lê）與簡之（Giản Chi)〔別名阮友文（Nguyễn Hữu Văn），1904-2005，曾是考生〕編撰《中國哲學大綱》（*Đại Cương Triết Học Trung Quốc*，1963年）這套書。再版：Los Alamitos，Ca.: Xuân Thu，無年份。

南儒教這時期的精神具有實踐性（實用性）、婉轉、合時、合人心（興趣、利益）等，這些在實用主義（pragmatism）中都能看到的特質。

爲了證明自己的看法，本人用以下的論據來構成論點：

第一部分是簡要地解釋實用觀念（而大多數越南學家對其都偏於消極的理解）[6]。這部分其實不必要。不過，因爲這是一個已經很嚴重地被誤解的觀念，因此我們一定要討論到（讓讀者有一個更客觀、公平的看法）。實用主義雖然很新（由美國哲學界從十九世紀末葉發展起來），但其實很老舊。實用觀念原本深植於人們的本性，尤其是移民者，他們總是經常要直接面對天災、旱災、瘴氣、毒水等的挑戰，特別是來自自己同類的威脅。

第二部分是要分析阮登塾（Nguyễn Đăng Thục）（爲1975年前被越南南部學術界很尊敬的一位學者）的儒學經典的詮釋方式（轉義、解釋和理解），以便找出這實用的性質。本人集中於阮氏的兩套巨著，分別爲《越南思想歷史》（六冊）和《東方哲學歷史》（五

---

6 新聞界、傳播界以及哲學外行者常常誤解實用主義為「實用的生活方式」，即是「一種趨時、牟利、淺近的生活方式」。這是一種不分青紅皀白、膚淺、誤以為主義（學說）亦是生活方式的想法。他們也曾經認為存在主義（existentialism）亦是「勢利、自私、冷淡的生活方式」（依他們理解是放蕩、放任）。有一段時間，許多教存在主義哲學的教授曾被1975年之後的宣教幹部控訴他們是散發「放蕩、反動、資本」的哲學。

阮文忠（Nguyễn Văn Trung）教授（原西貢文科大學系主任）曾經是這種批鬥的受害者。很可憐，他因為這種「罪」而坐牢！

阮晉雄（Nguyễn Tấn Hùng）教授（峴港大學）也許看出這問題，所以曾提議將「pragmatism」這一詞翻譯成越南語為「行動主義」或「實踐哲學」。請參閱阮晉雄（Nguyễn Tấn Hùng）在《哲學雜誌》（*Tạp Chí Triết Học*）的〈關於有根源自外來語的哲學、政治、社會的一些術語〉，2009年。引自：www.vientriethoc.com.vn/vientriet=articles_details&id=9178cat=518pcat=

可惜的是，阮晉雄（Nguyễn Tấn Hùng）教授所建議的兩個術語不完全反映出實用的意義。也就是說，那是英語已經有的行動主義包括「actionism」或「philosophy of action」這兩個詞語，而實踐哲學在亞里斯多德（Aristotle）的時代就已經存在了，那是「practical philosophy」或「practical sciences」。

冊），當「改革」政策被實施時，最近，其已「得到」政府「允許」（和主動）再（出）版。

第三部分是未來十幾年的越南儒教發展方向的預測。我的淺見是，越南儒教很難脫離實用的看法，就算他們想理想化或絕對化儒道的時候。因此，儒家們要追求的事情是給實用建立一個科學的基礎，得以最有效地、公平地將其應用在律法上以及生活道德上。越南將以發展不過還很牢固、進步但不脫離根源、多元化仍維持自己的越南和儒教的根性爲目的。

二、實用、實踐與實行

㈠越南的生活方式

首先，爲了避免筆者將實用主義強制加給阮登塾（Nguyễn Đăng Thục），像將一副犁強壓在一隻牛的前面的誤解，筆者要說明如下：閱讀阮氏或越南儒士們的作品時，我特別注意他們的理解方式。在越南北部的儒教研究界，如高春輝（Cao Xuân Huy）、阮克院（Nguyễn Khắc Viện）、陳文朝（Trần Văn Giàu）、陳廷佑（Trần Đình Hượu）、武挑（Vũ Khiêu）、章收（Chương Thâu）、阮才書（Nguyễn Tài Thư）、光淡（Quang Đạm）、潘代尹（Phan Đại Doãn）等與近期的其他人[7]，我們可以很容易地看出來他們思想中的

---

7 我們所了解的儒家是廣義的，那是一些直接或間接受儒家影響的人士。就連「批評孔子」的那些人士也可能是現代儒家的一種。毛澤東（Mao Trạch Đông）是一個典型的例子，胡適（Hồ Thích）又是另外的一個例子。依賴權柄、秩序，自認為自己或自己「士」的階級可以代替老天執行天命（替天行道），這都是漢朝後儒家的特性。儒教表明對儒學權柄幾乎有絕對的信念，卻缺少對這教條性的批判。最多、最強烈批判儒教的教條性包括陳濟昌（Trần Tế Xương）、阮勸（Nguyễn Khuyến）、潘佩珠（Phan Bội Châu）、潘周楨（Phan Chu Trinh）等這幾位儒士，他們已不參與權力的機構。「八月革命」之後，因將智識分子（地主等等）「徹頭徹尾挖除根」（斬草除根）的主張，剩下的儒士們也被驅除出權力機構。直到最近，

實用的特性[8]。將儒家看作一種工具，依環境、需求而使用儒教，注重效果勝過儒教的本質，或者以道德來解決事實的問題，如政治、經濟等的方式，這些都是在儒教研究界中可看出的共同點[9]。

我的淺見是，如此理解儒教的方式不是受馬克思列寧主義的影響，但已反映出越南實用思考的方式。而這思考方式從我們實用的生活方式中形成。其造成越南人的一種普遍的思考。因此，雖然跟隨著兩個完全不同的意識形態，在1975年之前，越南南北的研究界對儒教的理解從本質上沒有任何的對立。兩方都具有實用的性質，他們很輕鬆地接受，將其看作自己生活的本質。他們只是在目的與利益上不同而已。

㈡ 實踐與實用

正因爲看得出這問題，我必須對實用主義加以注意。目的不是將實用主義強壓在越南人的頭上，相反地，我要使用這主義來弄清楚越南已存在的實用思考。

之前，我曾經研究很多約翰・杜威（John Dewey, 1859-1952）的作品[10]，尤其是他的教育哲理。然後，透過尤爾根・哈貝馬斯

我們才看到於智識分子的分散、沒系統的儒教復興。值得一提的是，就連正在「批評孔子」的時候，批評者仍無法脫離他們所批判的宋儒思想。他們將崇拜儒教的態度轉成另外的主義，而比他們剛推翻的儒士們更要「教條」和「權威」。他們仍然鼓吹「忠、孝」但只換一個對象而已。在中國，「儒士們」崇拜毛主義或鄧氏、習氏。總體來說，是任何類似的主義，這說明他們尚未脫離「腐儒」、「儒官吏」等的枷鎖。

8 武挑（Vũ Khiêu）主編，《儒教的過去與現在》（*Nho Giáo Xưa và Nay*）（河內：社會科學出版社，1991年）。阮才書（Nguyễn Tài Thư），《儒學和越南儒學》（*Nho Học và Nho Học Việt Nam*）（河內：社會科學出版社，1997年）。也請參閱陳文團（Trần Văn Đoàn），The Ideological Essence of Vietnamese Confucianism., *International Journal of Philosophy*, Vol. No. 2 (2004)。陳文團，Confucianism in Vietnam. Trong Antonio Cua, ed..*The Encyclopedia of Chinese Philosophy*（London-New York: Routledge, 2003）。

9 請參考陳文團（Trần Văn Đoàn），*The Transformation of Vietnamese Confucianism* (Washington D.C.: The Council for Research in Values and Philosophy. 2005)。

10 John Dewey, 1916. *Democracy and Education*；1925. *Experience and Nature*.此外，Morton White,

（Juergen Habermas, 1929-），是對現時人文社會科學有廣大、深刻地影響的一位哲學家，我也注意到喬治．賀伯特．米德（George Herbert Mead, 1863-1931）與威廉．詹姆士（William James, 1842-1910）[11]。不過，直到理察．麥凱．羅蒂（Richard Rorty, 1931-2007），是一位自居（也被公認）爲新實用主義（neo-pragmatism）代表的哲學家對話，了解他對知識、道德、形上學的觀點[12]，筆者才特別鑽研這實用主義。使我們非常驚訝的是，主張實用的學者跟越南儒家之間的相同之處。另外，須解釋的是，將實用這議題排在本論文的第一部分只是一個方式（雖然沒有系統，但應該有效果），有助於越南讀者更客觀地掌握問題而已。依照方法來說，實用特性會是分析的結果。不過，由於政治的因素，實用哲學（跟所有西方的哲學，除了馬克思、列寧之外）已經被扭曲地視爲「美國資本哲學」的代表「主義」。其被標籤於一些不適合、錯誤，甚至很危險如反動、墮落、頹廢等的詞語[13]。筆者刻意提出一個對實用很客觀的看法，讓讀

1943. *The Origin of Dewey's Instrumentalism.* New York: Columbia University Press.與Robert B. Talisse, 1991. *A Pragmatist Philosophy of Democracy.* Ithaca: Cornell University Press. On line Edition.

11 Juergen Habermas,1981. *Theory of Communicative Action*, 2 vols. Frankfurt: Suhrkamp.英文版由Thomas McCarthy, 1987. Boston: Beacon.跟Juergen Habermas, 1976. *On the Pragmatics of Social Interaction*一樣。英文版由Th. McCarthy, 1979. Boston: Beacon.

12 理察．麥凱．羅蒂在國立台灣大學的哲學系與中華翰林院的歐美所（Academia Sinica, Viện Nghiên Cứu Trung Ương）、中央研究院1995年4月的演講。當時，我被邀請擔任主持人和評論他三篇論文的其中之二。出版於*Euro-American Journal*（Academia Sinica）（1996-7）。再版於Richard Rorty, *Truth and Progress: Philosophical Papers* III (Cambridge: Cambridge University Press, 1998)。

13 直到1990年代，越南北部的哲學研究界一般還是將哲學分成兩部分：正統部分是跟馬克思列寧主義和對立部分為資本哲學。請參考阮仲準（Nguyễn Trọng Chuẩn）主編，《半世紀在越南研究與教授哲學》（*Nửa Thế Kỷ Nghiên Cứu và Giảng Dạy Triết Học ở Việt Nam*）（河內：哲學院，2001年）。阮仲準（Nguyễn Trọng Chuẩn）教授公認（頁17）：「授課內容和一些研究問題幾乎只被集中於馬克思主義哲學，而且馬克思主義以外的哲學若有少數的提及的話，就主要是批判或駁斥。」同一書，研究者阮豪海（Nguyễn Hào Hải）在寫關於《哲學教

者不會因偏見而誤解。悖論（而馬克思、列寧的專家不注意）的是宣判實用主義，同時以馬克思、列寧理論作爲唯一的主義，如主導、指南針來解決所有問題，這方式其本身已經反映出實用的思考方式[14]。

實用，其實不是美國的哲學或美國這國家自己的特性，也許是人類的「先驗」本質〔依照伊曼努爾・康德（Immanuel Kant）的哲學意思〕，尤其當人類必須在一個不定、不安、限制的世界存在。經驗造成知識，教育人類而不是那些先天思想指導人類的生活。爲了生存而適應、變動或改變都是移民者的必要的特性。那麼，我們看到，當大多數的人都是移民者或游牧者，在秦朝前的東方哲學中已經呈現著反對教條性；接受婉轉性。我們也看到適應性原本是在農業社會「有怨難訴」的老百姓的共同點，他們必須埋頭苦幹、看別人臉色、看天、看地、看人（三才）。

就連孔子和老子，在他們的思想中我們也可以看到實用的看法。舉例來說，年邁時，孔子對很多事情感到遺憾，尤其是他對《易經》尚未透澈地理解這事情，就是宇宙與萬物的變動的道理。他曉得，不掌握《易經》的原理就沒人可以確定的結果[15]。而且他還認出《易經》的工具性。老子看得遠一些，當他看得出道中的「無」，《易經之原理》。道本來無常，因此無人知道[16]，別說是可以確定結果或看出道的必須的結果。如此，老子已間接否定「原教旨」主義（fundamentalism）的教條性、獨尊性，是之後唯理主義、唯驗主義的基礎。換句話說，孔子和老子已經對大自然知識和人類科學有一種

育政策》（頁575）寫道：「關於現代西方資產哲學，一開始就被視為馬克思列寧主義的敵人，因此被派遣的任務為：必須批判以及掃除該哲學在越南所有的殘餘和影響。」

14 阮仲準（Nguyễn Trọng Chuẩn），如上述，同頁20-21：「哲學部門得到的成果的其中之一……。這有很重要的意義，因為所有那些是黨的革命政策以及革命理論深入於幹部和群眾的基礎，成為科學的信念，物質的力量可以在侵略的戰爭中打敗敵人，保衛祖國並在和平中獲取巨大的成就。」

15 《論語》述而第七・第十六章：「子曰：『加我數年五十以學《易》，可以無大過矣。」

16 《道德經・第一章》：「道可道，非常道。」

實用的看法。

㈢ 實踐的科學

若二千年前，一位「聖」和一位「仙」接受宇宙的變動莫測，那麼相反地，西方科學界從古希臘至今一直追求不變、固定以及堅固的原理。主張「原教旨」主義（fundamentalism）如勒內・笛卡兒（René Descartes, 1596-1650）的哲學、艾薩克・牛頓（Isaac Newton, 1642-1726）的機械學等等都是這確信的必要結果。他們相信絕對的空間和時間，他們相信不變的定律，而且他們已經非常成功。牛頓（Newton）的成功在於將宇宙視爲一股機器的觀念，並很機制地自身運動（mechanism）。因此，科學界尤其是主張統一理論（unified theory）的人士相信，總有一天，他們可以找得到宇宙永恆的規律。但是，劍橋大學的物理學家史蒂芬・霍金（Stephen Hawking, 1942-2018）認爲，至今，統一理論已經失敗。尚未有人能掌握「老天的腦部」（上帝的思想）[17]。

雖然不想接受，並努力去尋找一個可爲結果保證絕對的規律，科學界也要承認的是，尋找一個絕對的結果有如將東海戽竭或海底撈針的事情[18]。特別是，在科學中，人類是一個有界限的生物，我們要接受限制的後果。那就是，我們只能了解道理的一部分而不是全部。換句話說，結果完全附屬於人類有限的本質、生活條件、時間、空間和其他我們無法預料的條件[19]。

---

17 史蒂芬・霍金（Stephen Hawking, 1988），《時間簡史》（*A Short History of Time*）（倫敦：Bantam Books, 1988）「若我們可以找出一個統一理論（a unified theory），也許那就是最後的勝利——因為這樣我們才知道上帝（知道上帝的腦海裡在想什麼）。」（書中最後一句）

18 史蒂芬・霍金；同上。

19 讓—弗朗索瓦・李歐塔（Jean-Francois Lyotard）《後現代狀況：關於知識的報告》（*The Postmodern Condition – A Report on Knowledge*, 1979）；格奧弗瑞・班寧頓（Geoffrey Bennington）、布賴恩・馬舒米（Brian Massumi）翻譯（曼徹斯特：曼徹斯特大學出版，1984）。第一部分：The Field: Knowledge in Computerised Societies。

㈣ 實用的基石

其實，因果原理其自身也並非一定是對的。因不一定造成果，雖然從果的角度，我們可以略知一二有關因的。這樣的看法，起初看來是跟建立在普遍性（universality）和必要性（necessity）的形上學的看法背道而馳。因此，「有因必有果」，而且其後果可以應用在道德上，如「善有（也許）善報」，「惡有（將會）惡報」，「有其父必有其子」或「雛鳥不像大鳥的羽毛也像大鳥的翅膀」等，這些都得建立在形上學必要的原理上。也就是說，「有煙必有火」。其實，具有「先驗」特性的道德規律（transcendental)（建立在經驗上不過被視爲「先天」的原理）像「飲水思源」、「吃水果記得種樹的人」、「食樹護樹」等[20]，沒有絕對的普遍及必要，如形上學的學者所認爲[21]。

從上述的觀察，實用的看法不完全遵守形式理論（formal logic），不跟隨唯理論（rationalism）的看法，要求遵守同一原理與不矛盾（康德），也不跟隨唯心主義（idealism），將果視爲從因的必要的發展（黑格爾）[22]。在現代哲學中，這實用的看法被發展得很精細，如我將會說明在下一段關於實用理論的主張的一些標題。

㈤ 實用主義

實用主義開始於亞里斯多德的實用哲學，並發展超越該哲學。依

20 不過，若實用思考是越南的本質，那麼我們如何解釋得通越南人也接受因果理論像需要遵守的一個絶對真理，譬如忠孝的道德規律體現在上述的那些俗語、成語。我們將會加以解釋關於我們稱為「有目的的先驗合成」這問題，如在越南湄公河三角洲的三教同源、高台教和好教等宗教現象。

21 在約翰・杜威（John Dewey），《經驗與教育》（*Experience and Education*, 1938）這作品中，杜威主張依據一個相對、自由、婉轉（relatively unstructured, free and progressive）的結構來提升教育。

22 理查德・羅蒂（Richard Rorty），《客觀性、相對主義和真理：哲學論文 I》（*Objectivity, Relativism and Truth: Philosophical Papers I*，劍橋：劍橋大學出版，1991）。

據亞里斯多德的《尼各馬科倫理學》（*Nicomachean Ethics*），任何行動都必須有目的的。目的有很多，除最後的目的，其他都具有工具性。這目的是可達到其他目的工具，而更高、更大、更美、更好、更有效的……，因此要判斷一個行爲好壞與否，我們必須判斷其目的以及我們要達到此目的所使用的方式。若此行爲的後果跟已先預設的目的相同，那將會證明我們的行爲或行動具有對、眞、好（right, true, good）的性質。

亞里斯多德的困難點爲我們如何知道先天的目的比生活更早存在。伊曼努爾・康德（Immanuel Kant, 1724-1804）使用先天（a priori）、後天（a posteriori）和先驗（transcendental）這三觀念來解決該困難。哲學家的論證是，我們所提到的這些目的其實具有先驗性的。這正是我們經過好幾代累積的經驗來建構的目的，但行動時，其出現像先天般且帶領我們的思考跟行爲。若是純粹的先天，我們就不能通過理智〔而只能藉由對於上帝（天主），自由與靈魂不死的信念〕來了解。要是完全由經驗的後天，那麼目的一定是後來而不是先存在的[23]。實用理論應用了康德的立論，但主張，若經驗可以改變、增加或減少，同時經驗還是依賴生活的話，那麼很難有一個普遍、必要的知識像約翰・洛克（John Locke, 1632-1704）或大衛・修謨（David Hume, 1711-1778）曾經相信的那樣。也從此，不能建立「義務論」（deontology，像康德的主張）以絕對的方式決定人類社會的道德行爲，也不能設立決定道德於一些必要的規律〔如傑里米・邊沁（Jeremy Bentham, 1748-1832）和約翰・史都華・彌爾（John Stuart Mill, 1806-1873）的功利主義（utilitarianism）〕。當然，我們也不能接受經驗主義（empiricism）認爲經驗具有相對普遍性質像洛克和重要（而不必要）像修謨（Hume）的論述。因此，（新）實用主義有以下的這些看法：

---

23 為了讀者方便，請參考裴文南山（Bùi Văn Nam Sơn）的精闢翻譯版，康德（I. Kant），《純粹理性的批判》（*Phê Phán Lý Trí Thuần Túy*）（西貢：文學出版社，2004年）。

1. 後果或結果，而不是前提，才是決定對或錯的要素（consequentialism）[24]。
2. 對或錯、好或不好的結果從答案來判斷。能解答的問題（實踐或理論）〔卡爾波普爾（Karl Popper, 1902-1994）的問題的解決辦法〕，能完全或只是一部分的解決問題與否，那才是科學的目的。這正是實用科學（practical sciences）的哲理。一個正確的知識是有效果、可用實驗的方式解決問題或不斷地批判、找出錯誤（trial and error）和建構新的答案的知識[25]。
3. 人類的問題發生在實際上，即是在生活上，在生活與理想之間（約翰・杜威）。理想其實是一個圓滿生活的遠景或一個難題的有效解決方式。這是一個現實的主張〔威廉・詹姆士（William James）〕但是不唯物。理想很重要，但需要現實化和實行。結果需要能夠跟理想衡量，更接近理想就更進步[26]。
4. 隨著生活環境、生活時間和大自然條件，生活不停地在改變。這是實踐（realism）的問題。如果不能或不被應用在實際生活上並能解決眼前或將來會發生的問題，那麼理論將會只是空洞的理論而已。
5. 因此，人類的問題包括⑴不變的事物、⑵跟著環境、時間、生活條件改變的事物，⑶和發生在預料或社會、大自然的規律之外的

---

24 斯蒂芬・達沃爾（Stephen Darwall），《效果主義》（*Consequentialism*，牛津：Blackwell出版社，2002年）。

25 卡爾・波普爾（Karl Popper），《猜想與反駁：科學知識的增長》（*Conjectures and Refutations: the Growth of Scientific Knowledge*，倫敦：Routledge出版社，1963年）。
依卡爾・波普爾（Karl Popper）知識得以發展是基於對先前理論的批判。因為任何科學理論的本質都可能有錯誤（fallible）。連一些像牛頓的機械（mechanism）的理論，雖然尚未完全地被推翻，但是只是接近真理而不能說其是真理或逼真（verisimilitude）。請注意，波普爾從來不承認他是跟隨著實用主義。他反對實證主義（positivism），他自認為自己屬於「理性批判」的學派。

26 陳文團（Trần Văn Đoàn）的*The Ideals and Social Progress*。

事物[27]。

6. 由於問題會改變，所以需要方式也跟著改變。因此，我們不接受一個唯一的、永遠的方式在實際生活上。知識自身也只是一個工具而已。
7. 實用性（pragmatics）在人們生活中得以確認，如詹姆斯・T・奧斯丁（James, T. Austin）的實踐或理想的語言結構中；杜威（Dewey）的教育、政治體制中；哈伯瑪斯（Habermas）的宗教形成與信念中、相通中，甚至在藝術中。
8. 因此，結果具有試驗性（experimental）而不是最後的結論。

從上述的議題我們可看到，實用性自身包含婉轉性（flexibility, relativism）、不教條（non-dogmatic）、現實性（realism）、自我反省性（自我批判）（self-critical）、試驗、實驗性（experimental, testable）、進步（progressive, liberal）或是選擇綜合性（selective synthesis）等[28]。

---

27 Karl Popper, 1969. Thesis on Social Sciences. In Theodor Adorno. *The Dispute of Positivism in German Sociology*. Thesis 6.

28 根據維基字典，實用主義受法蘭西斯・培根（Francis Bacon, 1561-1626）的影響，認為知識自身已經是權力（ipsa scientia potestas est），又受大衛・休謨（David Hume）的影響，認為知識和行動具有自然的本質（naturalistic account of knowledge and action），另外還受托馬斯・里德（Thomas Reid, 1710-1796）的直接現實理論（direct realism），伊曼努爾・康德（Immanuel Kant）的理想主義（idealism），格奧爾格・威廉・弗里德里希、黑格爾（George F. Hegel, 1770-1831）的時代精神論（temporality），約翰・史都華・彌爾（John Stuart Mill）的唯名論（nominalism）或是喬治・伯克利（George Berkeley）主張廢除一些不清楚的觀念（unclear concepts）所影響。總而言之，實用主義包含工具主義（instrumentalism）、激進經驗主義（radical empiricism）、確證主義（verificationism）、概念相對論（conceptual relativity）。實用主義也有些部分基於功利主義（utilitarianism）。請參考www.wikipedia.org/wiki/Pragmatism。

三、阮登塾對於越南儒教的實用性之講解

如上述，開頭於實用主義不等於筆者將一副犁放在牛身上，而主要目的只是讓讀者容易理解阮登塾（Nguyễn Đăng Thục）對實用的解釋而已。我集中在這位淵博學者的《東方哲學歷史》（*Lịch Sử Triết Học Đông Phương*），特別是討論儒教的部分和《越南思想歷史》（*Lịch Sử Tư Tưởng Việt Nam*）這兩套巨著[29]。他所有對儒教的解釋可包括以下這幾方面：

㈠ 分析實用主義解釋的方式

在這兩套巨著中，我們看出越南學者的一個代表共識的解釋方式就是：

1. 儒教的工具性

阮登塾理解儒教像是一種工具超過一種形上學的理論。儒教像是一些交際、處世的規律或是「皇命」，尤其是「鄉俗」的基石。正是如此，阮氏對《大學》（*Đại Học*）中「修身」的解釋，同時也是方式、一個「工具」、一種「生活方式」等等，其本身跟修佛或修仙也沒什麼兩樣。他引用受儒教影響將修身視爲是一種德性的歌謠：「在哪修行比得上在家修行／奉養父親、尊敬母親才是眞修」（LSTTVN, I. 410），並將「這輩子修行是爲了下輩子」跟修佛劃上等號（LSTTVN, I. 410）。而這樣的修行方式不拘泥於「外觀」

[29] 雖然我曾經批評這兩套書籍是缺少科學方法，論點尚未穩妥等等。但是，我一直對阮氏肯定和欽佩其付出的心血以及工作量。他對尋找越南哲學與建立東方哲學的功勞是值得珍視的。跟金定（Kim Định）一樣，他被視為這領域的先鋒者之一。請參考陳文團（Trần Văn Đoàn）的〈關於編撰越南哲學思想歷史的若干思考〉，《思想》（*Tư Tưởng*，2003年第1卷第8期，頁23-24）。

（LSTTVN, I. 411）。正因如此，他以「修仁積德」（佛教、民間道德）的意義來解釋「修性修心」（儒教）。

2. 實際生活與實踐規律

阮登塾依據越南人的生活方式來講解儒學思想，有時依據民間的觀點勝過博學。因此，他不注重自己所講解的儒士們的忠實性。由於越南人的生活方式是看重和合，特別是人和，因此阮氏以「天時地利人和」的原理來理解儒教的道德規律。那就是更「合時」、「合人」、「合環境（道）」的道德觀點。他寫道：「該態度是一個實現、很生動地進化的過程，而不是一個限於框架的推論系統，因此從精神到物質，從實際到理想是整個運動的過程，邁進現實生活的婉轉、適應於環境而不是智識的一個合理概念。」（LSTTVN, I. 409）

3. 不遵守一致性與不矛盾的原理

也因爲「易合」這性質，所以他們在解釋方式上不一致。同一個行爲、同一個情況但有不同的處理與判斷。同一個作用、影響因個人、時機並隨著關係或身分而被解釋成不同的好或壞。阮登塾認爲這不一的特性值得注意，因此其篤定「道教、儒教、佛教、天主教、祖先教（祭拜祖先）、諸位教，這全部容易地一起生活，和睦相處，互相扶持在於越南民族心靈……。」（LSTTVN, I. 409）

4. 情義和道義而不是唯理

一種不脫離情、義、民族和宗教信念的解釋。阮登塾認爲，越南人生活在情義氛圍之中，因此他們了解儒教像是被建立在情義上的道義規律。三綱是被建立在父母與孩子、君主與臣民和老師與學生的感情之間。對此，一些像忠、孝、義、禮、仁等的道德，其實都出發於情義的規律並用來維護這些情義。他引用男女唱和交流的句子來證明：

清楚三字的詩句：
忠字、孝字、情字這三字
忠字是對父親
孝字是對母親
情字是對你我倆……

——LSTTVN, I. 416

5. 融合或折射，混合與再建構

這是一種不分別時間或空間的同步性（synchronic）的認知。像許多研究家如陳廷佑（Trần Đình Hượu）所說，這是一種多方面的「混合」體驗和認知[30]。陳氏的看法其實早就被阮登塾於二十年前（1970年代）當其解釋三教同源時已經提出。同不一定像數學的同一原理要同一，而像「一起」的同源這意義。或像馬丁·海德格（Martin Heidegger, 1887-1976）對眞理的解釋，其具有「屬於一起」、「屬於彼此」（belonging together）的意義[31]。因此，這同步性必須經過有折射、混合、融合及再結構（重組）的過程。儒教引進越南不像在純一環境的光線的一條直線，而在另一種環境，就像大氣層進入水一樣，折射的角度〔像潘玉（Phan Ngọc）在解釋文化融合〕大或小依賴著其本質或生活的本身。

第二階段是混合。這是「不像玉米，也不像地瓜」的（辯證）階段。該階段有些內在的衝突（例如民間生活方式與儒家生活方式、封建思想與社會理想之間），不過經過一段時間「一起生活」或「爭

30 陳廷佑（Trần Đình Hượu）《有關越南家庭的一些社會學研究》（*Những Nghiên Cứu Xã Hội Học về Gia Đình Việt Nam*）（河內：社會科學出版社，1992年），頁37。引用於潘代尹主編，〈越南儒教的一些問題〉（*Một Số Vấn Đề về Nho Giáo Việt Nam*），《儒教影響下的越南傳統家庭》，頁137。

31 Martin Heidegger, *Identity and Difference*. J. Stambaugh翻譯（New York: Harper & Row, 1969），29 vtth.

執」之後，出現了一種融合。連一些老舊的思想，雖然被「欺壓」仍可以存在並與一個新觀念融合。反之，連成爲「主導」的時候，在一個連續的過程中，正統的思想仍接受一些老舊的價值或一些新的事物。從這樣的融合（fusion）出發，越南人再建構儒教。例如，再建構儒教於宗教生活中，相信佛教的輪迴和道教等方面。阮登塾寫道：「儒教、道教、佛教，雖然觀點不同，但都有共同的目的，因此他們可以相互地形塑成一個有足夠人類的需求：意志、情感、理智這三方面的世界觀，也就是眞善美。」（LSTTVN, I. 447）

6. 實踐的優先特性

理論其實不重要，不過行動與後果本身使理論容易被接受。換句話說，理論被使用像一種解釋、合理化行動。因此，同一個理論有許多不同的理解方式，不只在於不同的學者，還在於每一位學者的本身，而且還基於被提到的事情、行動或人物。同一個殺人的行爲，有人被看成英雄，有人則被嫁禍、審判爲恐怖罪。同一個僭權的行爲，有人可以得到「從事革命」、「愛國」的名譽……，另外一個人則被扣帽子，強加上「背叛」、「使社會混亂」等罪名。所有上述的特性構成筆者所說的越南儒教中實用思維的方式。

阮登塾強調，這正是越南人的生活方式。因此，要了解越南人的思想，我們需要「出發於農民集體的共同意識，其表現不只在於語言、歌聲而還在男女之間的對待、相處之道，在春秋交際時節的聯歡或團圓」（LSTTVN, I. 32）。

㈡ 實用的思考方式

分析過阮登塾對儒教的實用解釋，他以越南思想或生活方式來講解關於先賢與孔子的理論，我們可以看出上述的六個主要的觀點。在這部分，我們想強調的是，爲何阮登塾有一個不一致的解釋，不遵守科學原則是注重一致性或後果與理論之間的相同的原因，尤其是，各種不同的生活方式與不同的理論之間的隨和之融合。我們認爲這樣的解釋具有實用的性質：其實對儒教具有實用的性質的解釋發生在越南二十世紀的儒家智識分子的想法、理解和生活的實用思考方式。該實用的性質體現如下：第一，阮氏仍相信儒教在現代化與西化時代是一個有用的工具。第二，他將儒教提升爲意識形態，是用來修身（道德）、社會管理（政治）或解釋人類、社會等的典範。第三，他將儒教視爲一個用來確定和了解越南的思想的公分母（跟一些其他像佛教、道教和基督教的分母）。第四，儒教與其他生活方式融合的分母造成一個新分母，我們暫時稱之爲越南儒教。越南儒家可以同時是一個佛教徒、基督徒、道家或無神論唯物主義者。越南儒家仍提高忠、孝、禮、義、信這些道理……，但他們對這些道理的理解更加寬廣，例如，孝於民、孝於國、孝於朋友……。同樣地，忠不只忠於君，還有忠於民、忠於國、忠於群體……，大義是忠於民、孝於民高於忠於君或孝於父母。阮廌（Nguyễn Trãi）曾經是一個例子，阮攸（Nguyễn Du）也如此表現，阮公著（Nguyễn Công Trứ）也不例外。這正是我們在實用理論主張的特點中得知，依這理論，連高超的理想，其本身已具有工具的特質。目的不能脫離方法，道德是目的同時也是工具。

㈢ 儒學研究界的實用思考方式：阮憲黎（Nguyễn Hiến Lê）和簡之（Giản Chi）

類似地，我們也在阮憲黎和簡之的講解中認出這些特殊。因爲本文的中心在於阮登塾的作品，所以我們只稍微談過阮憲黎和簡之的看法而已。阮憲黎對中國哲學的認定如下：

> 具有實踐性；
> 注重人與天之間的關係；
> 看重直覺（頓悟）勝過論證。
>
> ——《中國哲學大綱》（Đại Cương Triết Học Trung Quốc（以下簡稱爲《大綱》）第1冊，頁120

藉由上述認定，阮氏肯定的是「人生與政治超過宇宙和知識這兩項」（《大綱》第1冊，頁120）。因此，「中國人認爲立德貴過於立功，立功又貴過於立言」（《大綱》第1冊，頁120）。他提出結論，「因此他們注重實際、倫理、政治，認爲所有的思考、探索必須以提升人民的精神與物質生活爲目標」。（《大綱》第1冊，頁120、705）

四、現今的越南儒家們與實用思考方式

從分析越南人的實用思考方式來看，我們不會驚訝，當看到許多越南北部的學者都有這樣實用儒教的理解方式，尤其是在今日的中年人。如陳玉王（Trần Ngọc Vương），是河內國家大學的文學教授，也是陳廷佑（Trần Đình Hượu）的門生，也有同樣的觀點，認爲儒教具有工具的性質[32]，就算今日這工具被稱爲道德「第一次被提出於集體情感並適用於那些集體情感的道德」[33]。此外，陳氏也看出儒教具有婉轉性的處事性質。他寫道：「在儒教失去意識形態角色之前，當中和之後，其在於自身和其他學說之間不被追殺、不發生一場巨大的思想鬥爭，因此儒教的退出過程進行得很平靜。」其只是自無名化，而不需要躲避或隱蔽於任何對手[34]。

陳氏所言大部分是正確的。儒教雖然被「迫害」於文化革命時期（1966-1977），但和明命時代禁止與殺害基督教徒相比，沒那麼慘重。連秦始皇時代，焚書坑儒的殘忍行爲也只是具有一時、沒有系

[32] 陳玉王（Trần Ngọc Vương），〈歷史變遷中儒教的命運〉《從文字座標角度看越南實體》（*Thực Thể Việt Nhìn Từ Các Tọa Độ Chữ*）（河內：知識出版社，2010年），頁138-139。

[33] 陳玉王（Trần Ngọc Vương）同上，頁143。

[34] 陳玉王（Trần Ngọc Vương）同上，頁144。

統的特質[35]。主要的原因，也許在於對儒教的政策與儒教道理之間不同的看法。不止於此，對儒教的「迫害」正是透澈領會儒教的那些人。毛澤東、劉少奇、周恩來，無一不透澈領會儒教的教育，至少也在他們的生活方式上。

在越南，我們也看到一種類似的處理。經過很長的一段時間發動批評孔子、抹殺儒教這運動的那些人，仍無法脫離儒教的核心，尤其是科舉系統基於「官大，學問也大」的權威的思考方式。從封建時代的隨意解釋方式也容易變成民主思想。如忠、孝兩詞仍是價值的圭臬，並且封建時代的鐵律至今仍是鐵律。人們只要改變忠與孝的對象而已。孝本來只對父母，現在還爲了人民；忠本來只忠於皇帝，那現在還忠於國家（胡志明思想），或跟接近於「忠於黨」。不過，怎能忠孝於人民若沒有任何情義或任何關係？尤其是沒有人能了解「人民」這詞爲何義？最後，人民被與領袖同化，孝於領袖即是孝於人民。同樣地，怎能忠於國家，當國家只是一個籠統的概念？人們容易忠於某人勝過忠於某個概念。對自己的夫人、夫君的忠誠是一個具體概念，已經不容易履行，更何況對婚姻觀念的忠誠，實在很難。因此，繞了很長的一段路，最後又回到出發點。忠於領袖、孝於領袖跟忠於皇帝、孝於皇帝有什麼差別？

土改時期對父母、長輩們批鬥的情況是這種草率的解釋方式所導致的一個嚴重的錯誤。人們認爲忠於國、孝於人民比忠於主人、孝於自己的父母更高。而且人們自合理化自己弒父母、殺害老師、殘殺同胞、違反人權的滔天罪惡與他們對國家的忠誠「道德」，是一種被君臣與獨裁者壟斷的空洞的觀念。類似地，人文佳品運動的鎮壓和革命文化其實只是一種半瓶醋的儒教結果，放棄儒教本質而只留下其的工具性。爲了保護正統性（如漢儒）人們要消除諸子百家的意見。爲了

35 根據胡適的話，秦始皇命令活埋四百多位算命師。請參考胡適的《中國哲學史》（*Trung Quốc Triết Học Sử*），黃明德（Huỳnh Minh Đức）翻譯的越南語版。

保護對馬克思列寧理論的狹窄知識，像素友（Tố Hữu）等人，他們已經壓制、折磨曾經是自己的同志。這樣做，他們已犯下像秦始皇般殘暴的錯誤。

但說到底，這解釋方式，其實也由實用動力的差遣，他們認爲任何理論都只有工具性質而已。領導們曾經相信馬克思列寧主義如同新的工具，更有效果……，而且認爲廢除儒教的價值將會使改革事業更快速、更有效果。但是，跟著東歐和領導馬克思列寧主義的國家慘敗瓦解，跟著中國和越南所有領域的遲滯，人們開始懷疑馬克思列寧主義。同時，雖然經濟上的遲滯，但中國卻比較有韌性、持久地掌握領導權，人們認出在儒教中使用權威、獨裁（authoritarianism）的主張和經濟發展之間是沒有對立的。曾經「成功」於維持獨斷的權衡，但同時也將弱小的新加坡國家變成值得欽佩的小龍的李光耀之經驗，已經說服了中國和越南再恢復儒教的價值。在越南，胡志明思想，一位受儒教影響勝過於馬克思列寧主義的影響已經被提升爲國學。

因此，恢復儒教不是恢復道理的價值，而是其工具的角色。但是，儒教的道理是什麼？豈不是「修身、齊家和平天下」的工具角色[36]？說到底，人們尚未找到比儒教更有長久效果的工具，尤其是在保護制度與權柄方面。在被拋棄、邊緣的一段時間之後，儒教被「再建構」。曾經批判儒教的學者，也正是由他們認出儒教的優越性，不，他們不是屬於時機主義的人。別這麼想，因爲他們還是忠誠於儒教的實用性質，若了解實用具有爲了達到目的而使用效果方法這意義。儒教，若是一個有效果的工具，那麼在任何時代，其仍然保有價值。或者如果該工具失去了效力，其將被淘汰。

如此，爲了達到很高的效率，就一定要改進該工具。從人類只有雙手的力量到有一隻牛和一副犁，這就是一種進步。從牛走在前

36 陳文朝（Trần Văn Giàu）的〈越南儒教〉，發表於胡志明市第一次關於儒教的研討會的開幕致詞（1998）。

面，犁跟在後面，到人在開拖拉機，到現今拖拉機會自動耕田、收割、包裝等，那就是現代化或機器化。現代化儒教是新加坡、香港、台灣二十世紀末葉的一個口號，現在已成爲中國、越南的一個新口號[37]。跟這實用的趨向，儒教將變成更有效果的工具。在每一個人裡面都有一部「道德的機器」自動發生和指揮人們。這或許是李光耀的看法，當他在1980年代於新加坡發動給剛成長的小朋友教授儒教（和其他宗教）的課程。這或許也是越南儒家們想要追求的趨向——一波現代復興。

37 其實，中國的儒教復興已在1980年代末期得到鄧小平的支持。但是，要等到二十世紀初，我們才看到現代化運動正式地被鼓舞。每年在北京都有舉辦「北京論壇」以及「上海論壇」，其中經常提及「儒教現代化」的主題。原哈佛大學儒教的教授杜維明（Đỗ Duy Minh），曾參與新加坡、台灣等地的「儒教現代化」運動，被派擔任這重責。杜氏現在為北京大學高級人文科學院院長。

第五章

從區域到世界：越南文學現代化的過程

阮登疊[1] 著，蔡氏清水[2] 譯

---

1 PGS. TS. Nguyễn Đăng Điệp，越南社會科學院文學所所長。

2 Thái Thị Thanh Thủy，國立成功大學台灣文學系碩士，成大越南研究中心越南語講師。

一、現代文化——從區域到世界過程的產品

在幾千年歷史當中，越南經歷了兩次文化大轉變：一是從東南亞文化轉變成東亞文化，二是邁入世界範圍的過程。第一次轉變是具有區域性的，其中深受中華文化的影響。中華文化自古代時期已擁有碩大的成就，其影響到許多國家如日本、朝鮮、越南。在越南，受印度文化影響較少，大部分在於中南部地方。後來，越南文化主要是受中華的影響，連佛教思想亦是折射自中華的文化及宗教。在這樣的精神生態譜系之下，越南中世紀的作家、詩人們都透澈「文以載道」、「詩以言志」的精神，他們的創作都遵守一些嚴謹的藝術規範，他們的作品充滿著典故。許多地方都有孔子廟。但是，身爲一個獨立國家的作家，越南中世紀的作家們，一方面以中華文學作爲金科玉律，另一方面一旦遇到可以證明大越文化是很優越的機會，他們總會想辦法肯定越南文學是平等、不亞於中華文學。在發展與肯定主權的過程中，字喃的誕生正是證明民族自尊精神的努力。與大越文化發展茁壯的同時，字喃越來越能夠肯定自己在人民生活，尤其是精神生活上的角色。

即使第一次文化轉變已經給越南文學和文化帶來許多輝煌的成就，但綜觀來說，其還是中世紀的一種「閉鎖」的思維，交流很局限之產品。

直到十九世紀末二十世紀初，經接觸西方與法國文化之後，越南文化才有超越區域，邁入世界範圍的機會。這是一個越南邁入現代具決定性的轉捩點。在於當時的歷史環境，東與西交流的這種轉變，經過三個階段：第一階段是被強迫，第二階段是和解及第三階段是經過文化交流來形成各種藝術的結晶。總而言之，不管快還是慢，或受影響的程度不同，亞洲國家現代化的過程都跟學習西方、效仿西方發展模型的過程有著密切的關係。這就是具有規律性的轉變。只不過，

該規律進行時會主動（如日本的情況）或被動（如中華、越南的情況）而已。

以前，對於法國侵略越南的解釋，許多研究者只強調軍事被侵略的方面。但從另一方面來看，軍事失敗之後，越南人已經將亡國的悲劇轉成振興民族文化、更新國家以及改變社會類型的機會。這首先表現在於文化教育的領域，再來是社會類型的模型使其符合於現代時期。在這轉換過程中，越南人的智慧聰穎在於嚮往現代的途徑上仍然保留著自身的特色。

不過二十世紀初的文化交流趨勢也造成文化的破損、斷層，明顯是在思想、觀念、文字等方面。這種破損、斷層，一方面對語言文化的歷史來說是一個轉振點，另一方面，則是越南對以往許多束縛的解放，快步邁入現代時期。初期的階段，雖然越南文學現代化，連中華也是，都以西方文化類型爲圭臬，不過每個國家對該文化類型卻有自己接受與創造的方式。經過世紀初三十年的「交替時期」，1930年至1945年期間，越南文學發展有了突破，帶領文學直接步上現代藝術的軌道。只不過，到這時間點，文學現代化過程還不算是完善，還須跟後來兩次文化交流繼續在整個二十世紀中發展。

1945年至1985年的階段，越南文化、文學跟世界交流的過程具有特殊性，因爲這是冷戰時期，世界屬於分極的狀態。該時期，在越南出現了兩種不同的文化類型。越南北部的文化、文學被置於共產黨的領導之下，文化交流主要是和蘇聯、中國或是社會主義的國家，以蘇維埃的文化、文學爲發展模型。與此同時，越南南部都市在1954年至1975年期間的文化、文學主要接受了西方文化。意識形態、社會制度以及文化影響導致越南南北的文學有很大的不同，甚至有對立特點的主要因素。

1975年後，越南國家統一促使越南南北文學也跟著統一。尤其是在1986年之後，越南現代文學與世界接軌的過程進行更有規模、深度且全面。與之前相比，尤其是從2007年，越南正式參加WTO組織，越南意識到自己亦是人類的一部分，了解到與世界接軌是時代必要的趨勢。這趨勢讓越南必須設立市場經濟機制、建立法治制度以及擴大民主等等。在關心保存民族文化特色、國家主權、社會福利等的同時，越南還會跟世界各國一起解決很多具有全球性的問題，如：氣候變化、生態安全、種族衝突等等。於是，跟世界接軌、交流不等同於放棄保存民族的特色，而這次現代化的過程跟二十世紀初的現代化的過程有所不同。如果，二十世紀初的現代化是等於西方化、法化的話，那麼1986年之後，越南跟世界接軌的過程變成多方面、多領域。這讓越南不會局限於任何文化的影響，也因此讓越南當代文學更加豐富、多樣。現代藝術與後現代藝術的影響有助於越南文學不但只扮演觀察的角色，還出現為參與的資格。因此，越南一方面積極翻譯與介紹很多世界文學的著作，另一方面也開始建立向世界推廣、介紹越南文學、越南文化的戰略。如此，跟1986年改革開放的同時，現代化被形容成一個雙軌的過程：一邊，向世界學習；一邊以主動方式來保存、發揮民族特色，拒絕文化壓迫。1986年之後的接受人類文化過程，不僅停留在接受西方文化或在傳統的意識形態上接受文化，而是依越南人的觀念吸收全人類的精華，秉持尊重彼此的主權、友誼、合作的精神來跟世界各國做朋友。這使越南文學跟世界接軌更快速、更有效率。

二、創作團隊以及文學享受的群眾

跟中世紀文學相比，現代文學有很多不同，而第一個不同是創作的主體。

中世紀文學的創作的主體是封建智識分子和有讀書的和尚階級。而中世紀文學主要使用的文字是漢字。漢字也是在國家公文中正式使用的文字。隨著漢字，到十三世紀，越南字喃誕生了，然後其一步一步地發展，而阮攸（Nguyễn Du）的《金雲翹傳》（《翹傳》）（*Truyện Kiều*）算是字喃達到了高峰。不過，在官方生活中，漢字的統治地位仍不改變。在如此封閉的空間裡，作者們都只會嚮往中華的視野。又在一個資訊未發達的時代，交流的環境很不方便，因此在主體創造和主體接受之間的關係也受到了限制。大多數人民都文盲，所以不能閱讀文學，尤其是用漢字書寫的文學。人民想要閱讀字喃文學也不容易，因爲要讀懂得字喃要先懂漢字。要等到十九世紀末二十世紀初，民智被提升，學習國語字的風潮被推動的時候，漢字的角色才眞正地衰退而慢慢地被代替。1913年4月由「完善殖民地教育的理事會」（Conseil de Perfectionnement de l'Emseignement Indigène）在越南中圻各個「法—越國小」和補校公布了取消學習漢字的決定。1919年，最後一次舉辦漢學考試，完全結束舊教育制度的地位。現代文學的主體創造已經不是儒學家而是西學的智識分子。給「新詩」（Thơ mới）帶來了勝利首先是曾經在《東洋美術學院》就讀的詩人世旅（Thế Lữ），再來是春妙（Xuân Diệu）、輝瑾（Huy Cận）等的不折不扣的西學分子。首倡「自助文獻」（Tự Lực Văn Đoàn）是從法國留學回來的一靈（Nhất Linh）作家。儒家們、村學究們要在現代文化的環境中存在必須自我改變才能適應。吳必素（Ngô Tất Tố）、潘魁（Phan Khôi）等作家正是這改變類型的代表。西方的人生觀、宇宙觀和教育、生活方式以及美感等方面已經讓人們逐漸地改變千年來習慣的思考方式，充滿自信邁進新時代。

在這同時，當婦女創作、寫報紙的時候，現代文學見證了平權。封建時代中，婦女的角色極爲卑微。儒家思想和封建社會制度不允許婦女參政、讀書、發表政見，能作詩、寫作的婦女數量很少。胡春香（Hồ Xuân Hương）、段氏點（Đoàn Thị Điểm）、青關縣夫人（Bà Huyện Thanh Quan）等的現象是非常稀有的。到了現代時期，婦女的角色已有了改變。現代化的過程已經擴大民主環境，教育系統改變已經帶來婦女可以受教育的機會。潘魁曾經在報紙上公開呼籲男女平權。許多女性智識分子面貌已出現，她們開始拿起筆來，當作參加社會的意識，如湘浦（Tương Phố, 1896-1973）、淡芳女史（Đạm Phương nữ sử, 1881-1947）、黃氏寶和（Huỳnh Thị Bảo Hòa, 1896-

1982）、英詩（Anh Thơ, 1921-2005）等等。雖然黃氏寶和（Huỳnh Thị Bảo Hòa）的作品《西方美人》（第2卷第15回，西貢保存出版社，1927年。）藝術筆法尚未新穎，但她被視爲頭一位寫小說的婦女，她對第一階段的國語散文有很大的貢獻。阮氏萌萌（Nguyễn Thị Manh Manh, 1914-2005）藉由勤於刊登作品來鼓吹「新詩」（Thơ mới）而被讀者記得。淡芳女史（Đạm Phương nữ sử），是一位出生於望族名家且精通東西方文化的婦女，被排在世紀初著名的作家、詩人、記者等的行列中。

可以說，在社會要求平等運動發展的時代，婦女的參與和書寫已經對越南現代文學帶來一個頗爲重要的因素。遊記在以往都被認爲是男性專屬書寫的類型，而現在被婦女在她們「轉變」的途徑上也來挑戰。從是書寫的對象「婦女她們已經變成書寫的主體」。1945年之後，女性作家陣容越來越多，尤其是當她們有著社會的後盾。首先是婦女會，再來是越南作家協會的協助。

如上述，中世紀的交流環境，接受彼此有很大的局限。一方面是因爲還沒有出版，一方面則是大部分群眾都是文盲。但是，到了現代時期，國語字被普及的時候，民智提升，加上有了報章雜誌和出版的支援，文化享受環境被擴大，質與量兩方面都得到提升。在現代化的第一階段，欣賞文化的主要對象是市民階級，尤其是青少年、學生跟大學生，他們對新思想、新生活方式非常敏感。西學的智識分子具有新的人生觀、新的藝術觀已經改變了論述文學，給讀者帶來符合其嗜好和美感的精神糧食。

二十世紀初，越南文學最大的改變是隨著自我（individual）的展現，自我展現已經成爲現代文學包括浪漫文學以及「新詩」（Thơ mới）的藝術結構的核心。到了現實文學潮流，其作家們已進行了兩次改變：第一次，放棄中世紀文學中充滿象徵性的敘事、線性和駢偶的風格；第二次，放棄浪漫的詩法，優先於寫眞、尊重「人生事實」。雖然，本質上跟浪漫文學一樣，現代文學也跟隨著個人對生活的看法。現代時期是個人和現代教育環境的時期，因此，現代文學正是個人自我的發言、個性創作的解放意識以及對各個藝術傾向的尊重。

個人意識是一個歷史的範疇。西方的中古時期，人們一直被箝制於教堂思想與上帝的教條。神權的思想在本質上拒絕了人類的科學技術的成果。不過，隨著資本主義的出現，個人意識已特別被看重。甚至發展到極端的程度，其將會成爲個人主義。中世紀時期的文化環境，人們被限制於一些制度與穩定的社會關係之中，習慣於具有規範性的契約文化。到了現代時期，歷史的變故已經將他們丟出那些穩定的關係之外。鄉村文化與對田野的興趣已經逐漸地讓位給街頭文化和對都市的興趣。個人主體現在既有自信又對歷史感到不安。歷史的運動和外面的新思想到了越南就被接受於許多不同的途徑：法國文化、中國新書以及藉由東遊運動當橋樑的日本民主精神。除了西學的知識分子以外，識時務與入世的儒家們也是積極介紹外國文化、思想的人士，他們的目的在於提高知識、提升民智和建立民主環境。《東洋雜誌》（*Đông Dương tạp chí*）、《中北新文》（*Trung Bắc tân văn*）、《南風雜誌》（*Nam Phong tạp chí*）、《知聞》（*Tri Tân*）、《青議》（*Thanh Nghị*）等這些報紙有了阮文永（Nguyễn Văn Vĩnh）、范瓊（Phạm Quỳnh）、潘魁、丁家楨（Đinh Gia Trinh）等的參與，已經對論述文學從中世紀轉變到現代提出新環境的貢獻。

三、市場經濟、都市化與文學翻譯、出版與報章雜誌的角色

市場經濟跟隨著資本主義的誕生。在原理方面來看，市場經濟不是資本主義可獨占的財產，而是人類共同的成就。市場經濟將文學變成貨物，其中作者是生產者，而讀者則是文化消費者。市場經濟也對擴大文學市場，使文學創作成爲一項工作，使作品的價值變成錢幣等有貢獻。這是對現代文學的形成，使現代文學跟傳統文學有著區別的重要因素。

一旦出現文學和文化的市場，當然不能不提及出版與報章雜誌。出版與報章雜誌不僅製造供應的來源而且還刺激了消費。另一方面，正是出版與報章雜誌，從擴大文學市場變成促進文學的專業性，將文學活動成爲一項工作的主要因素。這是前現代文學中前所未見的情況。

現代時期也跟隨著都市化，而文學中的都市感官成爲分別現代與傳統文學的標準。在中世紀時期，都市地方大部分是行政、政治的中心；做生意、買賣等常是設在市鎮、鄉鎮等的範圍或是爲文化、政治中心服務。這是村民自我壓倒市民自我的時代。身爲農業文明的產品，傳統文學主要是跟隨著鄉村的文化。而在現代時期，工業文明則扮演主導的角色，當然也會跟隨著都市與都市化。在越南文學中，最明顯的都市感官出現是在武重鳳（Vũ Trọng Phụng）的創作裡，他寫了一系列的報告文學，特別是《紅運》（*Số đỏ*）這作品。若要選擇一位具有越南現代文化濃厚都市感官的代表，那麼非武重鳳莫屬。因爲在越南河內二十世紀初時期，在進行得如火如荼的都市化環境中，他是直接地體驗、見證以及書寫的人。

在對抗法國與美國這兩次抗戰中，越南北部不存在所謂的市場經濟。這「票證」時期的特點不但表現在生產領域、物質需要品的分配，還有表現在精神文化領域上。出版網絡由國家管理，教科書出版的目的是教育愛國精神以及革命英雄主義。1954年至1975年，在越南南部雖然有市場但本質上是在西方與美國保護下的消費社會。在這樣的環境之下，私人的出版社、報章雜誌雖被承認，不過還沒眞正成爲實質的力量。進入二十世紀的80年代，於「改革」（đổi mới）的主張，越南正式建立與承認了市場經濟。這正是出版昌盛的時期，尤其是各個媒體公司的誕生以及出版社會化的活動。依照市場的規律，文學亦是貨物，而消費者決定作品的價値。市場經濟支配供求產品過程，調整各藝術的類型，市場經濟亦是讓娛樂文學有傾軋以往被崇拜的文學產品的機會的肥土。市場必然會使讀者分化，同時商業化傾向也會增加，對文學生活帶來消極的影響，不過其不能撤消有眞實價值的文學作品。

四、現代的藝術詩學

關於詩學，現代文學完全脫離了中世紀文學的一切藝術規範。

關於藝術觀念，中世紀時期，文學最高的目的是教訓。該時期的作者、詩人們將文學視爲有載道和表達意志的任務。越南中世紀文學思想的基礎基本上是儒家思想[3]。「聖人」的著作具有金科玉律的意義，爲後代的作家們做榜樣。爲了這目的，中世紀文學當然會製造一切藝術的規範來服務教化與載道這功能。作家們個人的看法沒有發展的機會。到了現代文學，藝術跟隨著個人感官的觀念也正是個人對世界的看法。

關於藝術思維，中世紀文學將作者看成一個「小化公」，其作詩、書寫是爲了跟「大化公」（造物者）競爭。若在西方的亞里斯多德（Aristotle）的文學模仿現實的觀點對前現代文學有長期地影響，那麼在東方，「間接的描述」和使用象徵的筆法特別被看重。在藝術規範被建設很嚴格的時代，中世紀的作家依照現有的藝術規範，跟著Girmunxki的「工匠」原則來創作。到了現代藝術，解放規範的需求和提高個人位置與社會民主的環境相關聯。民主是現代藝術和社會生活很重要的一個範疇，民主也是作家表現個人思想的反思、展開藝術的對話的前提。

關於藝術類型，中世紀的文學，文學有功能性以及文、史、哲不分的思維已造成模糊的界線，幾乎沒有純粹的文學。另一方面，中世紀的雙語性質也跟隨著類型分類的現象：一邊是「外來類型」（包括詩、賦、傳、記、詔、書、檄、誥等）和另一邊是「內生類

---

3 中世紀文學也包含受佛家和道教影響的傾向。除了高僧們一部分的禪詩之外，大部分的趨勢乃是三教合一，其中儒教的角色仍比其他兩教突出，尤其是在後階段。

型」（包括各種民間文學類型被提升成博學文學）。順序方面也很清楚：詩、賦被提高，小說和戲劇則被認爲「下等」，外來的類型（常用漢語書寫）比內生類型（用字喃書寫）有較高的地位。到了現代時期，文學舞台上的主角正是小說和散文。此類型位置的轉換體現了現代藝術思維一個重要的改變：放棄如修辭技巧、象徵等寫法走向現實，這也跟隨著中心與外圍關係的改變。

現代文學和中世紀文學類型的區別已經被楊廣咸（Dương Quảng Hàm）在《越南文學史要》（*Việt Nam văn học sử yếu*, 1943）提及到，包括以下五點：⑴在新文學裡，散文有重要的位置，而在傳統文學，這位置則屬於詩、賦、韻文、駢文和其他功能類型；⑵新文學注重日常生活活動，有別於傳統文學提高各種高尚的題材；⑶新文學注重現實，有別於傳統文學提高理想方面；⑷新文學提高民族傳統文學，有別於傳統文學都在學習中華詩學；⑸新文學簡易，自然有別於傳統文學的豐富典故或華麗詞藻。

總而言之，文學現代化的類型方面同時進行著三個過程：第一，一些不再符合的類型（如誥、照、表、檄、雙七六八等）的消失；第二，一些新的類型（六八詩、話劇、自由詩、散文詩等）的出現；第三，在傳統類型的基礎上，改變類型內容。與類型發展過程的同時，還有類型交錯的現象。當然，該交錯的現象屬於現代藝術思維的開放性質之內，跟中世紀文、史、哲不分的現象有所不同。

關於文學語言眼觀，文學現代化過程跟隨著從漢字到字喃，又從字喃到國語字的轉換。這可說是越南文化生活在邁進世界範圍趨勢的兩個很重要的轉捩點。

在中世紀整整十個世紀的文學，最突顯的是雙語現象。雖然越南語具有悠久的歷史，不過在尚未有文字的時候，越南人不得不使用漢字。事實上，正在使用漢字的時候，越南人一方面會用這種文字建立自己的思想、學術等，一方面肯定愛國精神以及民族的自尊與驕傲。這本來具有情勢性但還是極爲合理的選擇，因爲其正是一種對漢文化強迫反抗的形式。身爲一種外來語的漢字無法記錄與徹底地表達越南人的心思跟情感，而字喃就可以充分地滿足越南人該需求。事實上，越南各代政權已經努力使用「雙重」看待的方式來融合漢字與字喃這雙語現象。漢字跟隨著官方語言，是正人君子的聲音，占有正統的位置。字喃則跟隨著平民階級，有謙虛的位置，又是老百姓的聲音。不過，逐漸地字喃有了重要的位置，甚至已經開始出現在胡朝（1400-1407）和西山朝（1788-1802）的行政公文。逐步地，字喃被著名的知識分子、詩人如阮廌（Nguyễn Trãi）、胡春香（Hồ Xuân Hương）、阮攸（Nguyễn Du）等精湛地使用，創作出卓越、出色的藝術作品。

若字喃是從民族意識與文化保護精神誕生，那麼國語字則因具有快速普及的功能而受到了響應。其實，西方的傳教士用拉丁字母在編撰國語字的時候，他們只嚮往自己要傳道的目的而已。殖民政府也想藉由國語字來強迫法國文化價值根植在越南。但對越南人來說，選擇國語字被視爲提升民智；有助於快速、有效地振興民族的途徑。

實際上，二十世紀初期不少使用國語字出版的報紙仍有加上漢字，像是最後的「留戀」。與此同時，二十世紀初期還有一部分使用法文來書寫的文學。這是法文在各個保護學校開始被用來教育的時期，也被一部分智識分子使用，他們首先使用法文是爲了跟法國人工作，再來是因爲愛慕法國語言和文化而創作文學，包括文章和議論文。不過，這範圍較小，比不上使用國語字書寫的文學之普遍。從漢字、字喃改變成國語字是一個很大的轉捩點。國語字有助於人們容易接觸西歐文化，不過它亦促使容易忘記和脫離中世紀十個世紀建造的傳統文化。這是越南與其他東亞同文國家如日本的假名或朝鮮的諺文的差別。這些國家沒有經歷文化的斷層，因爲他們國家的文字在漢字的基礎上連接了傳統。但是，歷史原本沒有「如果」一詞，而國語字文學越來越發展已成爲現實。更重要的是，國語字文學已經有了成就。在越南南圻國語字文學起頭蓬勃，有了阮仲筦（Nguyễn Trọng Quản）、張永記（Trương Vĩnh Ký）的參與和報章雜誌的後盾，首先是《嘉定報》（*Gia Định báo*）、《南圻管區》（*Nam Kỳ địa phận*）、《農賈茗談》（*Nông cổ mín đàm*），然後前往北部也取得很多成就。國語字對文學的效果表現在許多方面，其中最重要的有：1.國語字具有易學易寫的優勢，使許多清貧出生的作家也可以創作（他們不需要花時間學習漢字和字喃）；2.讀者的數量變多，因此文學的普及程度也隨之拓寬；3.國語字跟日常生活的語言很親近，因此表達社會生活，甚至最細膩、最細微的事情的可能也更容易。

現代文學的發展跟隨著報章雜誌、出版和翻譯的「接生婆」的角色。報章雜誌的語言通過其訊息傳播速度和寫實性對文學語言產生了影響。因此許多作家同時也是優秀的記者，如吳必素（Ngô Tất Tố）、武重鳳、蘇淮（Tô Hoài）、武朋（Vũ Bằng）、潘魁等的現象不是偶然的。許多作品在尚未集合成書籍之前就已經在報章雜誌上刊登。

現代語言的眼觀也被接力於文學翻譯。首先，翻譯是文化推廣以及普及國語字的方式。這是很多中華古籍被翻譯的時期。其有助於因之前對漢字文盲而不能閱讀的讀者，現在有機會能夠閱讀到中華文學的傑作。翻譯漢字文學的同時是以文化推廣爲方式來翻譯西方與法國文學，協助讀者對遙遠陌生的人、事、物或文化有了新認識。很明顯地，在現代初期報章雜誌和翻譯扮演了重要的角色：其一方面對完善類型系統的貢獻，另一方面更改了語言，擴大作者與讀者之間的互動，使他們調整思維、看法以及工作態度和藝術的享受。

1945年後的翻譯活動跟隨著有很多變動的政治環境的文化交流。不過，無論在任何階段，報章雜誌和翻譯都對文學語言現代化的過程有很多值得肯定的貢獻。

從二十世紀開始至今，跟世界接軌和文學現代化的過程，已經促進了越南現代文學的批評與理論的形成與發展。超越文學傳統的一些充滿感性地分析與批評，越南現代文學的批評與理論已快速地接受了世界文學批評與理論的成就，將文學批評與理論成爲一門科學。隨著上世紀的現代化方向的不斷地改革創新，至今越南文學充滿了新自信，已經邁入跟世界文學接軌的時期。

參考文獻

Dương Quảng Hàm. 1968. *Việt Nam văn học sử yếu*, Bộ Giáo dục-Trung tâm học liệu xuất bản. In lần thứ mười. Sài Gòn.

Đỗ Đức Hiểu. 2000. *Thi pháp hiện đại*, Hà Nội: Nxb Hội Nhà văn.

Hà Minh Đức (Chủ biên). 2002. *Nhìn lại văn học Việt Nam thế kỷ XX*, Hà Nội: Nxb Chính trị quốc gia.

Hoài Thanh Hoài Chân. 1988. *Thi nhân Việt Nam*, Hà Nội: Nxb Văn học.

La Khắc Hòa Lộc Phương Thủy Huỳnh Như Phương (đồng chủ biên). 2016. *Tiếp nhận tư tưởng văn nghệ nước ngoài, kinh nghiệm Việt Nam thời hiện đại*, Hà Nội : Nxb Đại học Quốc gia.

Nguyễn Đăng Điệp. 1994. *Thơ Việt Nam hiện đại tiến trình & hiện tượng*, Hà Nội Nxb Văn học.

Nguyễn Đăng Điệp (Chủ biên). 2017. *Văn học Việt Nam trong bối cảnh đổi mới và hội nhập quốc tế*, Hà Nội: Nxb Khoa học xã hội.

Nguyễn Đăng Mạnh. 2006. *Tuyển tập* (3 tập), Hà Nội: Nxb Giáo dục.

Phạm Thế Ngũ. 1965. *Việt Nam văn học sử giản ước tân biên*, tập III, Sài Gòn: Quốc học tùng thư. Phan Cự Đệ (Chủ biên). 2004. *Văn học Việt Nam thế kỷ XX*, Hà Nội: Nxb Giáo dục.

Phan Ngọc. 1998. *Bản sắc văn hóa Việt Nam*, Nxb Văn hóa thông tin, Hà Nội.

Phong Lê. 2013. *Phác thảo văn học Việt Nam hiện đại (thế kỷ XX),* Hà Nội: Nxb Tri thức.

Trần Đình Hượu. 2007. *Tuyển tập* (2 tập), Hà Nội: Nxb Giáo dục.

Trần Đình Sử. 2005. *Tuyển tập* (2 tập), Hà Nội: Nxb Giáo dục.

Trần Quốc Vượng. 2000. *Văn hóa Việt Nam tìm tòi và suy ngẫm*, Hà Nội: Nxb Văn hóa thông tin-Tạp chí Văn hóa nghệ thuật.

第六章

《風化報》的插畫藝術：自1932年至1936年

黃明福[1]、陳氏詩茶[2] 著，陳玟羽[3] 譯

---

1 PGS.TS Hoàng Minh Phúc，越南文化藝術院研究員。

2 NCS.Ths Trần Thy Trà，越南文化藝術院博士生。

3 國立成功大學台灣文學系碩士生。

一、前言

隨著越南法屬時期資本主義的制度的建立，我國報章雜誌在十九世紀的後六十年開始出現。超過一個世紀的存在及發展，越南報章雜誌已經有一段豐富的發展歷史，帶來許多獨特的色彩並常依附著歷史的變遷。報章雜誌的問世在思想傳布、資訊傳播及大眾教育方面功不可沒，在二十世紀初，它啓迪民智、引進新的事物、並逐步脫離落後的階段。風化報的出版在越南1930年至1945年報章雜誌發展的階段中，已在語言、文風、思想和藝術的發展，占有一席之地。《風化報》是幽默諷刺但仍帶有時事類的報紙之一，《風化報》中以一些幽默好笑但具爭議的插畫風格，來描繪舊習、社會底層人物，並征服了讀者。報紙中的插畫並不只擔任解釋內容、使讀者更清楚的角色，更是《風化報》獨有的風格。這也使其進入報章雜誌歷史中，如同李爈（Lý Toét）、社鼓（Xã Xệ）、邦病（Bang Bạnh）一般，透過畫家們的雙手及才華來反映當代社會面貌。《風化報》的插畫藝術研究中的一些特色受到肯定，在1932年至1936年四年中發行一百九十期的報紙中已經肯定了插畫師與文學家、詩人、記者齊頭的地位。

二、《風化報》的出版背景及活動宗旨

《風化》週刊在河內出版，由范有寧（Phạm Hữu Ninh）[4]和阮春梅（Nguyễn Xuân Mai）作爲第1期（1932年6月16日出版）到第13期（1932年9月8日出版）的主編。由於文風較爲古老，所以沒有什麼讀者，週報面臨挫敗及停刊危機，阮詳三（Nguyễn Tường Tam）[5]

4 范有寧（Phạm Hữu Ninh），校長及升龍私塾學校的創立者。

5 阮詳三（Nguyễn Tường Tam, 1906-1963），筆名一鈴（Nhất Linh）、東山（Đông Sơn）生

便協調買下《風化報》並自第14期（1932年9月22日出版）開始至第190期（1936年6月5日出版，同時也是最後一期）擔任主編。阮詳三〔筆名一鈴（Nhất Linh），擔任總經理、管理、策劃、編排〕和陳慶資（Trần Khánh Giư）[6]〔筆名概興（Khái Hưng），負責小說〕、胡仲孝（Hồ Trọng Hiếu）[7]〔筆名秀（Tú Mỡ），負責詩歌和嘲諷〕、阮次禮（Nguyễn Thứ Lễ）〔筆名世旅（Thế Lữ）〕、阮詳百（Nguyễn Tường Bách）、阮詳錦（Nguyễn Tường Cẩm）、阮詳龍（Nguyễn Tường Long）[8]〔筆名黃道（Hoàng Đạo）、四漓（Tứ Ly）負責辯論、法論、工人教育〕、阮詳麟（Nguyễn Tường Lân）[9]〔筆名石藍（Thạch Lam），負責短篇故事〕成立編輯群[10]。印刷大廈在杭敦路（phố Hàng Cót）與板北路（phố Cửa Bắc）的交界路口[11]。1932年9月22日，《風化報》出版第14期並成爲越南報章雜誌

於海洋省（Hải Dương），是作家、記者、畫家。在1932年時擔任《風化》週報的主筆，成立自立文團（Tự Lực Văn Đoàn），在1936年《風化報》停刊後，一鈴持續參加《Ngày Nay報》的編輯團隊。

6 陳慶資（Trần Khánh Giư; 1896-1947），筆名概興（Khái Hưng）、KH、蕊玲（Nhị Linh）、（Nhát Dao Cạo）、韓代豆（Hàn Đãi Đậu）和半岩（bán than），生於海防省（Hải Phòng），一同創立《風化》週報並負責小說。自立文團的創始成員（1933），《Ngày Nay報》主任（1935-1936）。

7 胡仲孝（Hồ Trọng Hiếu, 1900-1976），筆名秀（Tú Mỡ），生於河內（Hà Nội），自1936年起任職於《風化報》、《Ngày Nay報》及自立文團。

8 阮詳龍（Nguyễn Tường Long, 1906-1948），筆名黃道（Hoàng Đạo）、四漓（Tứ Ly）、詳雲（Tường Vân）、桃名福雲（Đạo Danh Phúc Vân），在海洋省出生，和兄一鈴、弟石藍一同發行《風化報》、《Ngày Nay報》，並為自立文團主任。

9 阮詳麟（Nguyễn Tường Lân, 1910-1942），筆名石藍（Thạch Lam）、越生（Việt Sinh）、善士（Thiện Sĩ），生於海洋省，自1931年起在河內撰寫報導，在《風化》週報負責短編小說編輯（1932-1934），在《Ngày Nay報》擔任管理（1935-1936）及主筆（1936-1940），並為自立文團的一員。

10 《風化報》的編輯群正是自立文團。

11 法屬時期，杭敦路（phố Hàng Cót）被稱作Rue de Takou，板北路（phố cửa Bắc）被稱為Carnot，大廈位在兩條路的交界處，一段時間就遷至館聖路（phố Quán Thánh/Avenue du

歷史中第一份諷刺報紙。

《風化報》的創刊目標是打擊越南社會陳腐的問題，並提倡當代浪漫風潮下嶄新的生活態度，以諷刺作爲武器。藉由幽默的故事來批評流弊、控訴不公、諷刺權貴，並提高人類個人自由的渴望。反映經濟生活、政治及社會觀點，並成爲這個階段的越南藝術文化。透過這樣的方式，展現民主精神、新中產階級平等。《風化報》第13期便寫下這段宣傳：

> 用幽默的方法來面對重要議題：
> 社會、政治、經濟，把我國的現況說清楚。
> 有十五張畫、許多有趣的故事。
> 誰需要看報！
> 誰喜歡讀報！
> 就該讀風化。

三、風化報的插畫師團隊

1925年，東洋美術高等學校成立，可視爲第一間培養各畫師的基礎正規學校。在當時的社會背景中，自由精神、反抗及西方革新等都影響了這個階段畫家們的創作風格。若是說一些封建時代的畫家崇尚自然並作爲創作主流，那麼新時代的畫家便是崇尚人類並將其作爲創作中心。當代美術推崇人類的眞、善、美，並提高個人感覺。對於《風化報》來說，插畫是一個很重要的內容。報社的主人一鈴，身

grand Bouddha）80號。《風化報》的在西貢的分公司則位於La Grandière路〔現為李自重路（đường Lý Tự Trọng）〕。

兼作家及畫師，他不只關心內容更注意整份報紙的形式，這一點是《風化報》與當時其他報紙截然不同之處。一鈴和四濟與其他大多是出自於東洋美術高等學校的畫家〔如阮家智（Nguyễn Gia Trí）[12]、杜玉雲（Tô Ngọc Vân）[13]、陳平祿（Trần Bình Lộc）[14]、阮吉祥（Nguyễn Cát Tường）[15]、黎明德（Lê Minh Đức）[16]、概興〕一同參與報紙插畫工作。

「印刷技術、報章雜誌及印刷工業的出現，成就了新的插畫業的發展。插畫服務了各類創作文學、各類文化、科學、社會等等的書寫。在尚未有影像的時代，整份報紙的圖像就是由插畫展現。」[17]插畫演變爲某些時刻文學作品中的典型，成爲聯結整個內容的角色，在《風化報》中創造最有系統地以圖畫作爲言語的呈現方式，並「插畫使得文學作品的內容更爲生動並增添風采，或是本身就是一幅作品，或使讀者容易看見、理解，並被帶入作品本身」[18]。爲了使報紙更爲生動，一些插畫或被稱爲小畫（tiểu họa）被謹慎地創作，隨著大時代的演變已成爲獨立且具觀賞性的作品。通過調查上述一百九十期報紙中許多不同的專門項目，我們統計並提出一些《風化報》畫家團隊卓越的特點，分別如下：

---

12 阮家智（1908-1993），筆名Rits、Rigt，生於河西（Hà Tây），畫家，《風化報》編輯群成員。

13 杜玉雲（1906-1954），筆名杜子（Tô Tử）、愛美（Ái Mỹ），生於興安（Hưng Yên），畫家，自河內的東洋高等美術學校畢業，1931年起陸續在河內的《人類報》（*Nhân Loại*）、《風化報》、《Ngày Nay報》、《青議報》中任職。

14 陳平祿（1914-1941），筆名Bloc。

15 吉祥（1912-1946），筆名Lemur、CT、AS，生於山西（Sơn Tây），1933年自東洋高等美術學校畢業，1934年負責《風化報》中女性形象的畫作。

16 黎明德，筆名筆山，創造「社豉」這個角色。

17 阮君（Nguyễn Quân），《所見之美》（*Con mắt nhìn cái đẹp*）〔美術出版社（Nxb Mỹ thuật），2005年〕。

18 黃非（Hoàng Phê），《越語字典》（*Từ điển Tiếng Việt*）〔河內：社會科學出版（Nxb Khoa học Xã hội），1990年〕。

第一，他們的年紀都相當年輕。在二十五至三十五歲間成為當代社會具西方學識的知識分子[19]。他們靈活、年輕、狂熱、並對工作有熱血。

第二，大部分在《風化報》的記者、文學家、插畫家都是北部人。《風化報》的插畫空間在二十世紀初位在北圻（Bắc kỳ）、中圻（Trung kỳ）的越南人社群聚落。農人、里長、鄉長、富貴公子及大家閨秀、新知識階級、人民代表等等的形象，描繪文明物質的改變，如在建築中（高樓大廈、馬路、別墅、商店）、交通工具（腳踏車、汽車、火車）、通訊方式（寄信、郵票、電話），或審美觀的改變，如服裝（長袍、連身裙、女性浴衣、西式襯衫、西裝），等等，都被帶進報紙當中。

第三，參與《風化報》的畫家都受過制式教育，具有學識及一定繪畫程度。大多數的畫家都在東洋美術高等學校學習，在創作之外亦以參加插畫書報作為志業。畫家們在工作上的認眞負責，對轉載小畫成為具可獨立觀賞性的作品上有不小的貢獻。

編輯群中許多人也喜愛繪畫，《風化報》中的插畫是由文學家執筆，如概興、黃道等。他們運用自己的筆觸來作畫，並加入許多在當時百廢待興的社會中所見所聞的反思。這點和當時正統畫家的作品有所不同。風化報社的知識基礎相當深厚，並有具有一定的基礎能力創造出許多有價值的文學作品、插畫作品給讀者。

第四，《風化報》關心整個團隊的發展，時常舉辦有獎金的插畫比賽以發掘具有才華的新夥伴，如孟卷（Mạnh Quỳnh）、陳安（Trần An）、筆山（Bút Sơn）[20]等，當中有一些畫家是文學家、記者，如概興、黃道。提拔人才的工作，自畫家、寫作者、報導者或只

[19] 1919年，當我國教育中的漢字被國語字取代時，我國的教育制度已被建立，並且於1918年在南圻停止鄉試制度。1930年代至1940年代，教育體制已發展穩定，受西方學術教育的平均年齡大約在二十至三十歲。

[20] 1934年創作「社鼓」的畫家。

是因爲興趣而參加考試者都有，這些都使得報紙日漸受到喜愛，插畫形式在筆法及展現風格上日益多元、豐富，見圖6-1。

圖6-1　筆山（Bút Sơn）的作品，《風化報》第89期（1934年3月16日）

四、《風化報》插畫藝術的特色

㈠ 插畫的形式

《風化報》被放在八頁的印刷頁中，配合不同的專欄而以簡單明瞭的形式呈現。排版形式在每一個階段中都有改變。第一個階段是阮詳三剛接手的時候，封面頁大都只有內容，也就是文字占了大部分的版面，插畫不多，即使有也小小的，因此無法爲內容提供更清楚的解釋。插畫頂多出現在一些頁面的角落，或在爲數不多的頁面中位於中間，僅此而已。封面頁包含一些內容：發行日、期數、頁數、售價、發行日期、報紙名稱、主筆及主編的名字、出版地址。這個內容常以較深的顏色印出，與主文區別。下方的部分是民生相關的內容。

自第60期開始，插畫出現的頻率增加。中秋節出版的那一期（1933年10月6日），封面頁是一幅獅子，這由畫家吉祥以筆名Lemur所創作的。自此，《風化報》的封面頁以插畫的方式呈現便成爲慣例。這正是出版排版的一個重大的改變。自第70期開始，不僅是新年特刊、中秋、慶典及議員選舉，封面頁一定是彩色插畫，沒有任何內容資訊，此後便都改變成這樣的形式。封面頁中，一半是插畫，一半是文字。各專欄的排版形式並不固定，但大都遵照一定的規則。一些民生、政論、時事專欄的排版從第一頁到第五頁便按照由小到大（*Từ nhỏ đến nhớn*）、横幅（*Bàn ngang*）、由高到低（*Từ cao đến thấp*）、源流（*Giòng nước ngược*）等的形式排版。除了資訊之外，報紙相當注重考察、訪問的文類，這些文章被刊登在第四頁。一些新詩、短文、笑話，被刊登在報紙的中間，大約從第五頁到第九頁。從第十頁到第十一頁則是屬於小說專欄，自第十二頁到第十四頁就是資訊的專欄以及一週大事，最後兩頁則是廣告頁，見圖6-2。廣告頁的內容也被重複放在各專欄頁的底下。在同一頁裡不同的內容會用框線來分別清楚。在排版方式中，風化報不使用開本（整頁滿版的方式）而是使用留白的方式讓讀者視覺上不疲憊。這種排版方式是主編一鈴留學法國期間，自*Rire*、*Canard Enchainé*、*Gringoire*、*Marianne*等報紙學習並使用的。正因爲這個因素，《風化報》被評價爲具前瞻性的報紙，並且，這種排版方式在同時期的報紙中被奉爲圭臬。

㈡ 編排方法及各專欄出現頻率

每一個專欄常常是連續出現或是間隔一段時間再出現。有持續許多期的專欄，亦有只出現一小段時間的專欄。《風化報》中有許多專欄建立起口碑，被連續刊登，並建立發展的里程碑，例如：自小到大（Từ nhỏ đến nhớn）、由高到低（Từ cao tới thấp）、源流（Giòng nước ngược）、新詩（Thơ mới）、小說（Tiểu thuyết）、科學（Khoa học）、一些豆子（Những hạt đậu dọn）、本週要聞（Những

圖6-2 小說專欄裡《黃菊花》小說的插畫，《風化報》第31期（1933年1月24日）

việc chính cần biết trong tuần lễ này）等等。這些專欄有固定的位置成爲讀者的習慣。這是長期、連貫、整齊的過程，讓報紙達到拉近與讀者間距離的目的。雖然內容已經相當豐富，《風化報》更有許多只出現一個階段的專欄，例如：書攤（Điểm sách）、報攤（Cuộc điểm báo）、滑稽詞彙（Từ vựng hoạt kê）、從報（Lê ta làm báo）、婦女議題（Vấn đề phụ nữ）、建築（Kiến trúc）、問病（Hỏi bệnh）、《風化報》在南部（Phong Hóa ở miền Nam）等等，這些專欄並非創刊即出現，而是順應受關注程度及性質，而出現平易近人且精實的內容，吸引了許多讀者，並創造意料之外的效應。

㈢ 插畫藝術的別出心裁

《風化報》受到注目則仰賴報紙中美麗的插畫，即使插畫帶有濃厚的時事性質且和當時其他報紙的風格不同。一鈴一方面是主編，另一方面又負責撰寫、排版、插畫，並與先前的畫家分配插畫工作。

如果阮家智常創作一些充滿稜角的政治、社會漫畫來表達出直接的態度，杜玉雲則專注在一些時事、社會、柴米油鹽等生活記事。概興則專注在《女性之美》（*Vẻ đẹp riêng tặng các bà các cô*）[21]（圖6-3），集中於時裝、美妝、西式服裝等內容中。其他的畫家如黎明德、陳平祿、陳廣珍（Trần Quang Trân）[22]，則靠著不同的筆觸及多元的材料來發揮自己的專長。畫家會根據專欄的需求或不同頁面的性質，來決定不同的印刷材料、使用素描或鋼筆。例如圖4的插畫特色，描繪出穿著長袍、短褲的知縣，騎著腳踏車邁向終點，第一位選手拿著在到達目的之前已掉落一隻鞋，第三位選手則早已兩雙鞋不知去向，在終點前有許多加油團正歡欣鼓舞著。

獎賞是一頂單薄的帽子——象徵著爵位。插畫的下方是一行字：「在順化體育場上：在演講之後，每一位新任知縣必須赴順化參加最

圖3　吉祥創作作品《新時代才女》，《風化報》第71期（1933年3月11日）

21　自第85期（1934年2月11日）起，吉祥受一玲交派負責《女性之美》（*Vẻ đẹp riêng tặng các bà các cô*）專欄，刊登一些美妝、時裝、服飾等相關內容。

22　陳廣珍（Trần Quang Trân），筆名Ngym、NM，及鄂梅（Ngạc Mai）。

高等的考試，以分出高下。這場考試沒有任何一份報紙記述，因爲只有《風化報》看見而已。」這幅畫反映了當時封建社會中科舉考試以取得官職的情形，即使最後一場鄉試早已在1918年結束。因此，阮家智畫家在第178期（1936年3月13日，圖6-4）的報紙上，描繪出這場考試的空間、時間、緊張，及荒謬。

圖6-4　阮家智的作品，《風化報》第178期（1936年3月13日）

作品的安排必須符合所需傳遞的內容，以及作品在報紙上的形式範圍。不論是哪一張插畫，都在思想內容及藝術形式間有最核心的關聯。這也正是「表達」與「表現性」之間的關係。藝術形式就是「表達」，是質料、是藝術作品的基石。思想內容就是「表現性」，指的是整體作品中—在這裡是報章雜誌插畫—可以被傳遞出來的部分。一幅好的插畫作品將會產生極大的連鎖效應，超越報紙、短文的框架範圍，使作品在不同的面向中具有極大的價值，並且能夠觸動社會的正向。一些插畫家在社會中也具有個人特色及聲望，這點在《風化報》的作品中可以觀察得到。

《風化報》中透過插畫表達的反抗性，帶來了視覺效果，這個效果不是帶來武裝抗爭的價值，而是從製造讀者的歡笑中帶來人文價值。在《風化報》的插畫中，無論是圖畫或是內容，每一幅插畫都在畫家的筆下變得豐富、多元，甚至畫師們也將插畫與報紙的標題結合，在這樣的情形下文字就變成了畫作中的一個元素。插畫的布局也因此在報章插畫中清楚的表現了藝術形式與思想內容之間的關聯。

㈣《風化報》中象徵人物

《風化報》在當時的週報中相當有名，因爲它創造了許多存在於當時的人物，如：李熶[23]、社豉[24]、邦病[25]。根據統計，在1932年至1936年的一百七十七期中，有將近一千幅這三位角色的插畫，到了一百九十期已有五千幅。這些滑稽的人物，沒有誰像誰，每一個都有各自的性格，但每位越南人卻都能將自己投射在這些人物中。李熶的特色是高、瘦、頭髮盤起、鬍鬚粗糙、眉目刻苦、嘴大到耳朵、頭戴頭巾、身穿長衫、鞋子夾在腋下因爲怕磨損、手持雨傘（象徵著角色地位的用品）。在社會發展中，當都市社會日漸發展，李熶也日漸變的孤獨、陌生且格格不入。社豉的形象則和李熶的高瘦形成對比。社豉的存在是爲了和李熶吵鬧逗陣，和李熶同悲同樂。呆頭呆腦、一股傻勁地過著亡國奴的生活以保衛母國。而邦病則是肥胖、頭上只有一根頭髮、兩頰豐潤、穿著長紗。三個角色都有一套獨自的理論，三者並不相像，也不像文化中的哪一個人物。可以說，李熶、社豉、邦病已經成爲三個經典角色，反映了1945年以前越南社會典型的農人形象。

意識到許多社會問題才能創造出李熶、社豉、邦病。事實上這些

23 李熶（Lý Toét），是一鈴筆畫出、秀脂命名的人物，初登場是在第14期（1932年9月22日）。

24 社豉（Xã Xệ），是筆山創造的人物，登場在第89期（1934年3月16日）。

25 邦病（Bang Bạnh），是由杜玉雲以速寫的方式創作，受到石藍在繪畫專欄中評論，刊登在第151期（1935年8月31日）。

人物是民族文化與西方文明傳入之間的融合。李熾、社跂、邦病的嘲諷形象是繼承著透過打油詩、順口歌謠表示嘲諷的方式，在印刷技術日漸普及之後，新的藝術不只透過詩亦可透過幽默的圖畫來展現，這正是使《風化》週報在當時成名的特點，見圖6-5。

圖6-5　《李熾出外省》，《風化報》第48期（1933年5月26日）

五、結語

自1932年至1936年的四年中，《風化報》已經完成越南報紙歷史中的重責大任。在發行的一百九十期中，超過五千篇插畫，刊登在不斷更新內容及形式的專欄，這也創造了《風化報》在報紙、文章、美術的領域中獨有的標誌。這也是開啓文章中新詩風潮的先例，作家群投身於現代文學及新的藝術形態當中：報紙插畫及嘲諷。文章和美術的結合，作家和畫家間共有的一份報紙，不只帶給讀者好的文章、優美的詩句，更帶給讀者歡笑，這樣的快樂是透過報紙中的這些角色以及一些插畫。這點顯示了工作中的謹慎，在藝術創作中和畫家對讀者及出版社的尊重。內容的經營、創作團隊、編排方式及印刷品質整齊讓《風化報》不只優秀，更爲美觀，而在當時吸引了更多的讀者。這正是《風化報》成功之處，同時也打下了二十世紀初越南文藝文化一個階段的契機。

參考文獻

Đặng Thanh Vân. 2002. *Tranh minh hoạ và tác phẩm văn học, sự cộng hưởng trong sáng tạo nghệ thuật,* Kỷ yếu hội thảo đồ hoạ ứng dụng, Nxb Mỹ thuật, Hà Nội.

Đỗ Quang Hưng; Dương Trung Quốc; Nguyễn Thành. 2000. *Lịch sử báo chí Việt Nam 1865-1945*, Nxb Đại học quốc gia, Hà Nội.

Hoàng Minh Phúc. 2015. *Tranh in khắc gỗ hiện đại Việt Nam,* Nxb Thế giới, Hà Nội.

Hoàng Phê (chủ biên). 1990. *Từ điển Tiếng Việt,* Nxb Khoa học Xã hội, Hà Nội.

Huỳnh Văn Tòng. 2016. *Báo chí Việt Nam từ khởi thủy đến 1945,* Nxb Tổng hợp, Tp. Hồ Chí Minh.

Jacqueline Pluet-Despatin, Michel Leymarie, Jean Yves Mollier. 2002. *La Belle Époque des Revues, 1880-1914*, tr.7, Nxb IMEC.

Lê Thanh Lộc. 1997. *Từ điển mỹ thuật,* Nxb Văn hoá Thông tin, Hà Nội.

Nguyễn Hồng Lĩnh; Nguyễn Gia Quý (chủ biên); Nguyễn Thành; Hoàng Giáp. 2004. *Sơ thảo lịch sử báo chí Hà Nội (1905-2000)*, Nxb Chính trị Quốc gia, Hà Nội.

Nguyễn Quân. 2004. *Con mắt nhìn cái đẹp,* Nxb Mỹ thuật, Hà Nội.

Nguyễn Quân. 2010. *Mỹ thuật Việt Nam thế kỷ 20,* Nxb Tri thức, Hà Nội.

Nguyễn Thị Thanh Thuỷ. 2012. Về đặc điểm của tầng lớp trí thức Tây học ở Việt Nam đầu thế kỷ XX, *Tạp chí Khoa học*, số 28, Đại học Quốc gia Hà Nội.

Nguyễn Văn Trung. 1974. *Chữ văn Quốc ngữ thời kỳ đầu Pháp thuộc,* Nam Sơn xuất bản, Sài Gòn.

Pierre Albert, Dương Linh dịch. 2001. *Lịch sử báo chí*, Nxb Thế giới, Hà Nội.

Quang Phòng; Quang Việt. 2015. *Trường Mỹ thuật Đông dương: lịch sử và nghệ thuật*, Nxb Mỹ Thuật, Hà Nội.

第七章

米所寺的千手千眼觀音像之造型：與其他亞洲國家比較

段氏美香[1] 著，阮氏青河[2] 譯

[1] PGS.TS Đoàn Thị Mỹ Hương，副教授、博士，越南國家文化藝術院學術組組長。

[2] Nguyễn Thị Thanh Hà，國立成功大學越南研究中心講師，歷史系博士候選人。

一、關於米所寺的千手千眼觀音像

十八世紀初，越南的傳統手工藝持續發展及普遍在各個地區，國內的貿易也日益發展。貨物經濟使平原地區的每個縣市都有市場。攤販的負責人主要是婦女或窮人，固定的商店不多。然而，十八世紀中葉起，因爲政治動盪，外國商船日漸減少來往，代表商業經濟模式，曾在十六至十七世紀存在與發展的經濟模式已結束。

此時，北部地區常出現農民起義事件，原因於黎朝只是傀儡，眞正掌握政權是鄭主〔鄭楹（Trịnh Doanh）〕在北部，南部由阮主〔阮福闊（Nguyễn Phúc Khoát）〕把持，釀造西山起義。十八世紀末，西山首領阮惠稱王，建立西山阮朝（1778-1802），結束了地主及自由農民之間的矛盾。外國商船的減少也讓曾經是繁榮的商港如東京、舖憲、會安沒落。經濟蕭條、國內戰爭連綿對傳統的手工藝業，越南造型藝術的基礎，影響不少。在這個階段，爲了佛教信仰及民眾的精神依靠，各種千手千眼觀音像仍被製造。實質上，佛教仍繼續發展，但不再是發展佛學的思想、道理，而轉爲「禮儀、儀式、迷信與精神安撫」。在這樣的背景，十八世紀造就了一個爆發的民間造像藝術，燦爛的人道精神，可見於「亮麗且和諧的外在之美」（Phan Cẩm Thượng & Nguyễn Quân, 1989: 200）。最値得探究是造像藝術已朝另外的方向發展，造就這個階段的特徵。佛教十八世紀的新造像藝術風格主要出現在紅河平原，如慈堷寺的南海觀音像、金蓮寺的千手千眼觀音像[3]、驍騎寺的南海觀音像[4]，最受矚目的是米所寺（chùa Mễ Sở）的千手千眼觀音像，是一座木製、貼金的大型觀音像。米所寺位於興安省文江縣米所鄉米所村，於十八世紀興建，受北

3　確定年代在後黎朝時期。

4　屬於西山時期，十八世紀末。

宗佛教的影響。

米所寺座落於紅河岸邊，在堤防裡面及村莊外面，無論水路、陸路都可以到達，漢文名字叫「延福寺」。這不只是拜佛的地方，更是人們前往尋找精神的平靜、發展佛教、使平民百姓更容易接觸佛教道理的所在。據資料記載，這間寺經過多次的建蓋、重修，裡面保留大量的佛像，許多尊佛像很有藝術價值。千手千眼觀音像是一座木雕、貼金的佛像，非常珍貴，值得被列入國家寶物[5]。觀音的造像姿勢是結跏趺坐，觀音坐在金剛蓮座上，包括兩個部分，佛像本身及蓮座。佛像高1.9米，蓮座高五十三公分及花瓣二十三公分。佛像有兩雙主手，一雙結準提手印放在胸前，另一雙則舉起來拿蓮蓬及阿彌陀佛像。

米所寺的觀音像放置在二樓的樓閣叫做觀音閣。佛像放在圓形底部，包括五層，每一層的旁邊以雲朵、菊花、蓮花雕刻裝飾。據本寺的歷史記載，這是一尊由當地人在山區做生意時，訂製後奉獻的。由於沒有明確的製造年份，因此作者只能按造像模式與藝術風格來推測它是製造於後黎朝時代，十八世紀初。

米所寺的千手千眼觀音像的姿勢是結跏趺坐，露右腳腳掌，慈悲的臉以眼神往下看，嘴角微笑。這座像與筆塔寺（寧福寺）的觀音像類似，佛像有兩層正、偏手結合一起。前面的主要的手包括四十二隻，比較大，最主要的一雙結準提手印放在胸前，第二雙以禪定印。另一雙舉在頭上捧著阿彌陀佛像，第四雙往後面放在腰部，手掌合在一起，手指打直向上，第五雙仰放在腳上，手中拿法器。手臂結合成圓形，手指修長、柔軟造成宛轉的律動，從裡往外伸展，兩邊造出對稱狀態。手掌的姿勢都是仰放，有的拿東西，手腕帶著佛珠，手指姿勢沒有重複，非常豐富。

後面的小層手臂共有九百一十隻，接在佛像身後造成一圈光環。

5 據陳林昪（Trần Lâm Biền）先生的評估。

手臂排列高低不同，從裡到外疊成十層，外面四層共四百二十四隻手，裡面每三層有二百五十八隻大的及二百二十八隻小的。每一隻手掌中有一顆白色的貝殼眼睛。光圈頂部有雲朵及阿彌陀佛像和兩個小佛像，最上面有六十八隻手造成扇形往前遮蔽。

相對於越南北部其他的千手千眼觀音像，這座佛像的手掌數量相當大，總共高達一千零二十隻（九百七十八隻小的及四十二隻大的）[6]。上方有阿彌陀佛像在蓮座上，兩邊有侍女待命。菩提葉與雲朵及菊花一起並列，最上面還有許多小手。

此座像的藝術價值及獨特性在於數百隻手重疊排列，造成非常對稱的造型，每一隻手掌又有精緻造作的眼睛。小手排成三層，造出光環圍繞像頭的感覺。由於有觀念認爲千手千眼觀音可以聆聽眾生的哀號並出手救苦救難，亦可以化身成不同的人物來適應不同的環境，這樣的造像可以顯示觀音是一位慈悲的婦女，有千手千眼的「疼愛、忍耐及自我反省」。造像風格顯著文化交流及創新過程，雖然有同樣的佛法觀念但是由於每個地區的文化習慣不同，造成造像風格在每個地區都有不同。

二、越南的千手千眼觀音信仰及概念

從千手千眼觀音信仰可見越南的佛教是一種佛法與當地傳統信仰的融合，一種儒、道、佛三教同源的越南本地化。越南的千手千眼觀音信仰發展也指出，雖然在越南的佛教時起時落，但越南人仍以不同的方式來崇拜觀音，因爲她的慈悲普渡融合於越南人的性格，使他們容易適應環境並且相信道教、佛教的神聖力量。因爲祭拜的需求增加，民眾自行造像奉獻給寺廟造就了佛像造像的發展。「佛教進入村

6 這個資料由筆者自己收集。有其他資料記載為1,113隻小手及四十二隻大手；或1,004隻小手及四十二隻大手。

莊寺廟而不是在宮廷或山上好像很符合當時的經濟狀況及社會組織模式」（Phan Cẩm Thượng & Nguyễn Quân, 1989: 164-165）。

千手千眼觀音信仰與當時航海時代的經濟發展及貿易交流的起落及思維有密切關係：十六世紀，在莫朝時期是國際貿易的前提；十七世紀的國際貿易盛行繁榮造就民間藝術蓬勃發展；十八世紀的貿易落寞使佛教的祭典禮儀發展。以慈悲救苦救難的意義，觀音信仰很快適應東亞各地，如中國、越南、日本、印尼、韓國的社會並受到民眾的接受、信從。可以說，經濟、社會與政治對文化的變化有很大的影響。越南的村莊寺廟及千手千眼觀音信仰也不例外。因此，我們可以從政治、社會與經濟角度來看這個信仰的發展。首先，佛教的起落及觀音信仰都受到時代背景的牽連。佛教傳入越南相當早，但越南人什麼時候開始信仰觀音及祭拜千手千眼觀音，至今仍無法確認。實質上，在一千多年受中國統治，同時也受中國的漢化政策，漢人使用儒家思想、道教等來同化越南人的思想、文化、信仰。雖然沒有機會發展，但佛教仍得到越南人的信從與維持，甚至已經「融合於當地信仰」（Lê Văn Sửu, 1998: 27）。因此，有可能觀音信仰隱藏在其他的民間信仰的形式，然而，這只是一個假設，因爲沒有史料的記載，所以無法確認祂的存在時間。

在越南民間觀念裡，千手千眼觀音已經成爲一個非常親近於民眾的生活。自從祂的出現，並代表救世主的形象，除了當地的民間信仰，祂已經深入每一個越南人的觀念與思想。每一個越南人都將觀音視爲一個會諒解、分享及救世的象徵。觀音信仰發展及千手千眼觀音像出現在所有越南的佛寺裡指出，在越南人的精神世界裡，千手千眼觀音信仰占了很重要的地位。對於這件事，法國學者Léopold Cadière曾經說過：「越南人有非常深刻的宗教精神，他們將宗教與自己的生活行爲聯合在一起，並相信那些超能力一直在他們身邊，以及他們的幸福是根據這些超能力所干涉民間生活的方式。」（L. M. Cadière, Trịnh Hữu Độ, 1997: 4）

有關千手千眼觀音形象，我們可以從祂的說法來解釋：千手千眼觀音。這是觀世音菩薩的化身之一。在《千手千眼觀世音菩薩廣大圓滿無礙大悲心陀羅尼經》所提，千手千眼觀音是密宗裡的六位觀音之一：千手千眼觀音、聖觀音、馬頭觀音、十一面觀音、準提觀音、如意輪觀音。千手千眼觀音是一位有全能的觀音，有千眼表示可以看透眾人的苦難；千手表示可以守護眾人、救難眾生。Lokesh Chandra認爲，至今仍無法在印度地區找到這類觀音的經典或造像，只有在中國找到一份印度和尙於618年至626年間的畫像以及從梵文翻譯爲中文的經典。千手千眼在很多語言裡也都從中文所翻譯而成。由此可見，千手千眼名稱都統一於數量非凡，讓人們容易想像到一種數量超多的壓迫感，因此在造像或畫像的藝術也很不容易。再者，千手千眼的名稱還包含「象徵的作用及神祕的方面可以左右人的超能力」（Jean Chevalier, Alain Cheerbrant, 2002: 860）。千手千眼觀音的權力透過祂的六感的其中兩感，是祂的手（表徵行動力）及祂的眼（表徵理解力）。從此，表徵的世界接力於宗教藝術的創造，宗教的藝術就是模仿現實世界的思維來傳達千手千眼觀音的慈悲。這是東方思想的特徵，可以用人的想像力表現出來卻不會只依靠於神的名稱。因此，在越南、中國、日本、韓國的千手千眼觀音有十一個頭，一千隻手，手掌中有眼睛，或者有四、六、八甚至四十二隻手，坐或站在蓮座上。

佛教、信念與信仰帶給越南佛教寺廟許多有藝術價值的文物，其中，佛陀及觀音像就是全能神的現身。據實際考察，千手千眼觀音像通常高二至三米，在小間寺廟裡，此類佛像占相當大的空間。十五至十八世紀在紅河三角洲的千手千眼觀音像有非常多種類型，有八、十二、十四、十八至四十、四十二或上千隻手，造像風格也很獨特。神祕的觀音有很多頭、手和眼睛，在造像者的才華與手藝下成爲一種獨特的思維，含有民族的特性。

越南北部的很多寺廟裡仍保存各式各樣的觀音，比如準提觀音有千手千眼觀音的造像風格。千手千眼觀音綜合體的造像，有千手千眼，也有準提手印，多頭佛，坐在蓮座上等特徵，都可以在紅河三角洲的寺廟看見。

在研究千手千眼觀音的造像藝術，研究者通常將像的形式分成兩種：兩手與多手。兩手像有送子觀音、坐山觀音、十一面觀音等；多手像有南海觀音、千手千眼觀音、準提觀音，手的數量從六隻至一千多隻。特別是在越南的千手千眼觀音都被統稱「佛婆」。由此可見，千手千眼觀音、準提觀音、十一面觀音被綜合爲南海觀音，「居住在我國海域的菩薩，因此叫南海觀音」（Nguyễn Lang, 1992）。這是一種三教同源被「越化」的現象，所以現在的民間說法都叫多手觀音像是千手千眼觀音，比較接近越南人的說法與想法。

傳統的造像藝術裡，千手千眼觀音的造像或畫像的手大約數十到數百隻，甚至上千隻。對於這項數字，研究者認爲，在四十二隻手，除了兩隻正手放在胸前，另外四十隻應對二十五「有」（三戒中的欲、色、私有可分成二十五種感情的存在），這四十隻乘以二十五剛好是一千。而且在東方文化中的千也是「祕密、未知數」，「含有天堂之意義、無盡的幸福狀態」（Jean Chevalier, Alain Cheerbrant, 2002: 636）。

可以說，越南的佛教藝術集中在寺廟裡頭，寺廟的特徵是不太大，是祭拜佛法的地方。這裡也是善男信女常來的地方，他們來祈求一個更好的生活環境。因此，寺廟裡的佛像尺寸剛好，讓眾人可以從觀察得到領悟。按照經典的規定，準提觀音有三面十八手；坐山觀音坐在山上；送子觀音坐著抱孩子，另一邊有金子鳥；千手千眼觀音坐在一圈一千隻手當中，手掌有眼睛、手拿法器或結手印；佛婆既觀音戴帽子坐在蓮座；南海觀音，有很多手坐在蓮座上，底部有鬼頂著蓮座送觀音跨海。因此，在越南寺廟裡的祭拜觀音都出現在不同的化身之下，如三尊阿彌陀佛、坐山觀音、送子觀音、準提觀音、南海觀音等。越南的觀音信仰已經被本土化，本土的心靈觀念等也影響到造像的方式。從印度傳入到越南的千手千眼觀音也有不少的改變。據中國密宗佛教的經典所規定，除了密宗的六種觀音外，千手千眼觀音、準提觀音、十一頭觀音都有明確的造型規定。但是，在越南的觀音造型卻沒有很嚴謹的遵守佛經的規定，而是我們可以看到千手千眼觀音坐在蓮座上，底部有鬼頂著蓮座，手結成準提手印，頭重疊在一起，如筆塔寺、驕騎寺的觀音等不同造型。越南人的觀念認爲，觀音可以千變萬化，因此不會受任何約束，也表示靈活的創意及概括而抽象的造型模式。這樣的造像模式也被認爲是「隨便」、「重疊」。但是，越南人的思維是人要融合於空間宇宙來適應神聖，所以越南的美術風格是內向，深入人的心而不像占婆人的外向、誇張。由於那些自己的特徵，越南的千手千眼觀音是各式各樣觀音的綜合體。由此，我們可以看見越南的千手千眼觀音的特徵如下：

1. 是密宗各個觀音的綜合體：十一頭觀音、準提觀音、千手千眼觀音。
2. 帶有當地的婦女形象（人則學特徵）。
3. 造像模式豐富，不受經典規則或造型原理的約束。
4. 是越南女生的魅力、母親溫柔的造型，臉蛋的條文與中國、日本的觀音完全不同。
5. 藝術裡隱含陰陽五行哲理。
6. 造像風格：結合越南人的美學觀念及佛教經典的造像規定來造出美麗的佛像。

三、越南千手千眼觀音的造型風格與思維

在越南的千手千眼觀音像大部分都坐在精緻雕刻的蓮座上，雕刻的花紋包括多種如龍、虎、鹿，除此之外還有葉子、花朵、雲朵、水浪，根據每位造像者的自由想像及個人性格來發揮。佛教的主題讓他們可以在寺廟、城隍廟、廟宇、祠堂等自由創作。在這些空間裡，越南婦女的身影都隱約出現在佛像、觀音像中，代表越南的村落、社區的精神。可以說，祭拜佛教的需求增加使寺廟充滿著佛教藝術雕刻文物，幾乎每一座廟都是一個小型的佛教博物館。十五至十八世紀的佛

像造像風格可以從以下三方面來看：千手千眼觀音像在寺廟裡的布置、各種手印及法器、每個階段的特徵。

對於千手千眼觀音像的布置，因爲也受陰陽、風水的東方思維，所以廟宇的建蓋也不能缺乏風水的因素，環境、交通都要讓寺廟的世俗空間與心靈世界融合一體。以米所寺爲例，寺廟是在紅河堤防旁邊，面向河床，所以地基有點矮。有的假設說觀音像要放在觀音閣樓的二樓是爲了避免祂的位置過低，不符風水。或許觀音閣與觀音像的出現時間不同，但這個位置的選擇不僅反映風水的思維，也可見觀音的角色在越南人的心靈是占有崇高的位置。另一方面，也可以視爲這是一座祭拜觀音的寺廟，祈求河上貿易的順暢，因此觀音像要坐在高的位置才可以觀察河上的活動。觀察所有有祭拜觀音的寺廟，我們發現幾乎每座寺廟都在村莊的重要位置以及接近河川。這個可以解釋爲交通運輸的方便及風水得力位置所決定寺廟建蓋的選擇。寺廟裡的千手千眼觀音像的擺設模式有兩種：比較大型的千手千眼觀音像通常會放在中間位置（三寶桌）；比較小型的千手千眼觀音像通常放在寺廟比較高的左上方位置。

據大乘佛教佛經，在上殿會有佛的三身：法身、報身、應化身，而觀音則是佛的化身，因此都擺在上殿的重要位置。在越南的寺廟裡所安排的佛像位置也按照這樣的意義，如下：

1. 最上層是法身佛（三勢佛像：屬於宇宙，包括過去、現在與未來。）
2. 第二層是報身佛（三尊阿彌陀佛像：中間是阿彌陀佛像，右邊是觀世音菩薩，左邊是大勢至菩薩：屬西方極樂）。
3. 第三層是應化身佛（佛在世間的現身，中間是釋迦摩尼佛，右邊是文殊菩薩站在蓮座上或坐在青色的獅子上，左邊是普賢菩薩站在蓮座上或坐在白色的大象上）[7]。

---

7 根據《華嚴經》。

4.第四層是初生釋迦佛及其他神如帝釋天等神像。

以這樣的擺設方式，我們可以看到寺廟裡的千手千眼觀音像大部分擺在第四層，在初生釋迦前面，可能這是專門祭拜觀音的密宗系統的寺廟。也有一些寺廟將觀音像擺在獨立的位置，如米所寺將千手千眼觀音像擺在觀音閣，或有獨立寬闊的空間如筆塔寺等。

關於法器及手印、圓形像的藝術屬於「啞巴」藝術，用形象代替語言，因此千手千眼觀音像的每一個手勢都能表達作者的思維與感情，因此作者需要有熟練的技術才能夠清楚地表達出來。另一方面，由於千手千眼觀音有密宗的要素，其強調禪坐的重要性，透過具體的形象、咒語、手印來加強人的直覺。這是爲何這種造像藝術使用很多手印姿勢、法器，在造像時要非常仔細精緻造就十八世紀的造像藝術非常多元、多樣（Phan Cẩm Thượng & Nguyễn Quân, 1989: 201）。

正因如此，當我們接觸這種千手千眼觀音像，通常都被它的手擺滿整個寺廟的空間吸引。這些手幾乎都結成圓形、柔軟的，手臂是赤裸的，手指修長，每隻手都有一種特別的手印或拿著法器，手腕帶著佛珠等，每一個法器都有特別的意義表達佛法的語言。這種佛像的手印主要包括：蓮花合掌印、禪定印、準提印、加持本尊印、無胃印以及教化印、轉輪王印的變化手印，這些手印的手臂大部分沒有拿著法器。甘露印、說法印也是常見的手印，但在米所寺的觀音像還有特別的手印是手往背後放的普禮印。在實地觀察時，我們發現接合手技術有兩種：在主要的手肘打洞裝上其他手臂及在像身上打洞後裝上手臂，洞的數量按照手的數量平均分配。手臂是赤裸的，手指修長，每隻手都有一種特別的手印或拿著法器，手腕帶著佛珠，著佛珠不但是裝飾品也是掩蓋手腕的連接處。

十六世紀以後的千手千眼觀音像的法器通常有太陽和月亮的象徵放在最高的手，但後來會增加很多不同的法器。十八世紀的像的法器增加很多，幾乎每一隻大手都有拿法器，此時也出現最高的雙手共同捧著阿彌勒佛像（米所寺、筆塔寺的觀音像）。

據《大悲心陀羅尼經》，每一個千手千眼觀音像都有四十二隻主手，每隻手有一種手印，每種手印都有特別的意義，幾乎每隻手都拿著法器只有三種手印：蓮花合掌印、無謂印、總攝千臂手印。在越南的千手千眼觀音像的法器主要是寶螺、甘露瓶、寶塔、葡萄串、金輪、寶境、絹索、五色雲、玉環、寶箭等。

越南人的組裝像身技術表示一種靈活的思維，用很多木塊結合在一起，手的組裝方式也比較簡單，從肩膀往下到臀部，在身側兩邊組合，或在手肘，肩膀後面組合。這樣的組合方式讓像身不會因為手太多而變成怪形，也讓像身更有動態性，更有審美觀。

關於造型風格，如果在十六世紀的千手千眼觀音像的造像特徵是像底精緻的雕刻[8]，像身較粗糙代表抽象、概括性[9]；十七世紀的造像有些模仿中國的模式；十八世紀的風格更是受中國深刻影響如太多細節、多餘的。了解佛像的造像風格與規準，我們可以解碼造型的創意及其所代表的意義，也就可以理解越南人的造形藝術思維。

越南千手千眼觀音的造型思維象徵越南人的造型審美觀及美學創意的關係，包括：平衡性、創意性、近親人性及創意主體性。

1. 平衡性：是綜合性，被累積成為人的審美觀，而雕刻造像主要是視覺藝術，因此心理平衡占主要角色。越南的千手千眼觀音有自己的特徵所以會有特別的布局。它跟其他佛像的差異在於它的手很多，像身很大，又坐在蓮座上，給人感覺不平衡，但這個不平衡感的修復方式是讓蓮座分三層，或蓮座的鬼有堅固的雙手來支撐，有時又加上一些小型的佛像，讓人的視覺感到平衡。造像藝術無法像數學的精確，但它仍保留科學的正確及藝術的美感。
2. 造像藝術還包括其他的要素造成成品的差異，如曲線風格、顏

8 因越南人的觀念，像底象徵著日常生活的渴望及人民對於神聖的信念。因此，在像底通常是與人民親近的花紋（動物、植物）。

9 比較像當時的亭的雕刻模式。

色、空間等。各式各樣的因素歸聚在造像者的創造思想成爲統一性的，從此找出一個方法來造型以及作品的每一個細節。在這篇文章中，作者想要比對紅河三角洲地區的寺廟所有的千手千眼觀音像，尤其是在十五至十八世紀，來看在這些作品中有關空間的創意想法是否明顯？越南人的千手千眼觀音像中，空間是抽象的，沒有近遠定律，也沒有具體的空間。作者認爲，越南的千手千眼觀音像的空間屬超形、超實、抽象的。從手的數量也可看見一個抽象藝術，再者，在寺廟的密閉空間裡，手臂的密集布置造成一個光圈形表示一種完整的布置，每一隻手掌有一個眼睛，手勢也千變萬化像在跳舞般，讓觀眾感到一種又具體又抽象且超實的震動。「它的震動會增加觀音菩薩的平靜與威嚴，而且它也是禪坐的基本。」（Bezacier Louis, 1954: 319）

越南佛教的造型風格一直以來都是結合觀察與深入，從此藉由造型思維創造作品，帶來給神像自己的語言以及自我表現，這就是造像者自認爲「屬」。沒有西方人的立方形狀的研究或模仿樣本，十六至十八世紀的越南人結合造型的想法與信念來造出觀音有著越南婦女的特徵，但卻不是任何具體的人物，而是越南人的眼睛、臉蛋、嘴唇等的綜合體，從此造出一個賢慈的女性，但也能表達觀音的美、威。越南人的造型思維不被他在實際觀察所支配，而結合他對佛教的信念來造出自己的藝術風格。這個明顯在佛教造像，尤其是千手千眼觀音像的造像風格看到的。越南的神像造像思維是結合宗教的信念及裝飾藝術，將數百隻手結合成同心圓的光環從裡往外圍繞，或像翅膀往兩方，而不像西方的三方爲立體。這種思維也影響到觀音像及寺廟空間的結合。越南的千手千眼觀音像主要造型是在前方，但造像風格使用概括性花紋使其有整體性的聯結。每一座千手千眼觀音像也有自己的布置方式，每隻手的姿勢或手的排列成形狀也不一樣。裝飾模式還可以在像的漆色或衣物的擺放看到。衣物的稱對、柔軟的裝飾讓整個像不會太突兀或重大。這些裝飾完全來自造像者的主觀想法。

3. 生活中，每一個藝術作品都帶有眞、善、美，當觀賞者在欣賞它時，會收到它所傳達的審美觀及對現實生活的認知與教育。因此，林語堂曾認爲，一個不近親人情的宗教是一個瘋狂的政治；一個不貼切人情的藝術是一個不好的藝術；一個不貼切人情的生活方式是動物的生活方式……。藝術中的貼切人情主要在於：在呈現與稱讚生活中的美，表現人本來讓每個人中的善性覺醒；提供人對情感的需求、渴望。因此，藝術的貼切人情也可以從越南的千手千眼觀音像來看並且可以相對於它的造型思維做對比。在這裡，千手千眼觀音像會直接影響觀眾的心理、情感或習慣。因此，十六至十八世紀越南人的千手千眼觀音造像藝術有民族性，向善、人本性。越南的千手千眼觀音像思維在於用佛教的眞、善、美造出一個不是一般的婦女形象而是多手多頭的怪人，但還能保證千手千眼觀音的慈悲精神？這是越南的造像者的創意及想像，運用他的思維、想像力及對佛的虔誠才能造出觀音有很多手，很多頭擔任很親切、慈悲讓善男信女們看了就更相信佛教的道德、自我領悟。觀看、祭拜祂的時候還可以嚮往生活中的美好。

   千手千眼觀音的手都像是在向眾人伸手相助，是一個非常符合越南人的信念與情感。手的美在於手臂的圓滿；手勢的柔軟律動。雖然造像的人只按照他主觀的審美與想法，但還充滿著感情以及對人們之美的感受。

   除此之外，千手千眼觀音像的造型風格還隱含藝術的語言，那就是普遍性。紅漆、貼金的佛像放在寺廟的香煙、誦經的空間裡讓人看手勢的若隱若現。而像的造型主要以圓形呈現，比如手臂、花瓣、臉蛋。所有上述的要素都有民族特徵，很明顯地影響到觀眾人格發展。

4. 在傳統的造型藝術，作者的自己風格也讓其作品帶有自己的特徵。他們的作品不僅表達客觀的看法，也帶有主觀的藝術素養。觀音像不但有媽媽的溫柔，還有菩薩的威嚴，那就是此類藝術最有特徵的。這個完全符合藝術創造的觀念，他指出世界有名的藝術家及農民藝術家的順眼順手的「偶然相遇」，就是「把主要的線條留下來，把重要的東西濃縮起來」（H. Matisse）。因此，每一個作品都表達作者的風格。而且，不能否認，在一個作品當中都有包括創造與製造。創造者創造藝術的想法但是也是製造了作品，越南的傳統造形藝術的作者通常是單一個人，雖然他不像西方的專業藝術家，但在某個方面來說，他們的創造能力非常驚人。創造千手千眼觀音像的人可能只是農民，但他們的創造與製作能力已經達到成爲藝術家。有時候，他們只是做複製的製造工作，成爲一個習慣性，但在這裡，我們看到有創新的思想以及智慧與思維，才能創造出有創新的藝術作品。

以前製造一座佛像的過程是由一組木匠，其中的組長決定像的靈魂，他是最後雕刻出佛的臉蛋。如此，越南以前的佛教雕刻藝術主要依照木匠的經驗累積，結合前人所傳承的經驗。所以，在每一座寺廟的觀音的臉神都不同，每個地方的佛像都有當地人的特點，有的是都市的婦女臉龐，有的是鄉下人的臉蛋。每一座佛像都是獨一無二的作品，每個作品都被製造者簡單化、格調化，完全不受自然比例的限制。例如像底蓮座與花瓣的裝飾及比例，造像者已將生活中的事物雕刻於此並固定於圓形的底座，使蓮座堅固而美麗。

除此之外，每一座佛像皆屬單一作品，所以製造者也就是創造者。因爲製造者與創造者的差別在於製造者可能複製一系列作品，而創造者則是做出唯一的作品。以上的分析可見，越南十六至十八世紀的造像者已將自己的思維、情感來創造作品，他們是製造者也是創造者，是木匠也是藝術家。

然而，創造千手千眼觀音像或佛教雕刻藝術的每一個人的個人角色並沒有像一般的造型藝術中的被重視。因此，所有的千手千眼觀音像都沒有記造像者的名字。爲何缺了這樣？因爲越南的社會組織以村爲單位，每一個村是一個生命共同體卻獨立於別的村，村裡的人以村的利益勝於個人利益。而且，千手千眼觀音像雕刻藝術屬於村的空間，帶有民間文化的特徵。村莊的孤立空間使人無法超越那個狹窄的空間以及個人的精神被沉溺於社區共同體。再者，越南人的思維爲農業思維，以季節、週期的封閉模式，因此在造型風格上也是柔軟、律動與重複。在社會上，越南的社會還沒有很分化，所以他們的傳統藝術包括美術都屬抒情類。所以，無法找出誰才是佛像的造像者，除了在筆塔寺有一座佛像上面刻著「張大人奉刻」[10]。Bezacier對於越南的傳統藝術的藝術家所認定爲無名者，他們原爲農民，爲了自己的信念與虔誠所做出祭拜信仰的作品，同時也「透露自己的天賦才藝但不在乎自己是否被看見，也不必肯定個人的努力」。他們都在「沒有超大的藝術作品，越南的藝術有別於其他東方的鄰居國家，也不隸屬於北方強國而有一個獨立的字跡藝術風格」（Bezacier Louis, 1954）。

東方人的想法認爲，藝術家不應該有傲慢的性格，不可以自己認爲高人一等，但要有高傲的素質，要與眾不同，這些可以從他的想法、做法及生活模式看出，這些皆屬於藝術家的個性。所以，雖然越南傳統藝術家沒有留名在世，但仍可讓人看見他的藝術骨骼，有自己的風格及造型思維。這些風格都很容易從紅河三角洲的寺廟中所有的千手千眼觀音像看出，那是越南十六至十八世紀的人的思維與習慣，也帶有越南造型風格的民族本色。

四、越南的千手千元觀音像與亞洲區域中的比較

越南與區域內各國的佛像雕刻藝術關係不是獨立發展，而是一直交流、穿插演進。區域內的各國文化接觸的過程都是「接受」、「排斥」，經過一段時間後才被接受、融入（Tạ Chí Đại Trường, 2006: 31）。在每個國家都有自己的語言、觀念等，造成藝術風格的異與同，尤其是千手千眼觀音的造像風格在每個國家都有相同性但也

10 要確定佛像的造像者有很多不同的意見，有的說佛像上所刻的是造像者的名字，另外則說那是奉獻錢財的人的名字。因此還沒有確切的解答。

有相異。越南的地理位置屬於東南亞地區，但也很接近東亞地區。為了比較對照千手千眼觀音的相同與相異，本論文將越南放在整個手佛教文化影響的亞洲地區，如印度、西藏（中亞），寮國、泰國、柬埔寨、印尼（東南亞）及中國、日本、韓國（東亞）。除了比較千手千眼觀音的造像風格如何地相同與相異，還將觀音像與其他多手的神像如占婆的濕婆神、毗濕奴（受印度文化的影響），而且這個風格影響越南李朝的藝術風格相當多，至黎朝初期才淡化。至今，這些文化影響比較沒有那麼深刻，而且千手千眼觀音只出現於中國、日本、韓國、西藏（受中華文化的影響），從此找到文化交流的價值對於每個國家的藝術及造像風格的定型過程。

㈠ 造像風格的相同點

受佛教思想的影響以及生產來源依靠水源，所以越南與其他東南亞國家有共同點，又位於東西的交會處，接觸世界兩個大文化搖籃——中國與印度，因此，佛像造像及千手千眼觀音像在東亞或東南亞地區都受印度佛教及密宗佛教的影響。在越南或太平洋區域的佛像造像都有展開的手臂像印度教的濕婆神。除此之外，也受中國佛教藝術的影響。每一個國家的造像都有圓形的手臂、偏圓狀的狀塊、陰陽哲理的結合以及佛法象徵的安排。

越南及東南亞各國皆屬於水稻農業文化，生活中的思維與太陽及土地有密切相關。陰陽哲理深入他們的智慧及心靈，成為他們解釋宇宙的基礎。「歷代的東南亞居民都用陰陽哲理來解釋世界，從感受到認知，在生活各方面的空間、時間，物質與精神，智慧與心靈。」（Phạm Đức Dương, 2000: 81）

在東南亞人的心靈生活上，他們崇拜萬物之神如太陽神、水神、火神、繁殖信仰及祭拜祖先的禮儀等。因此，從印度文化的觀音菩薩很快融入本土信仰，成為大部分人民的祭拜對象。另外，東亞或東南亞文化是各國文化的交流交會，無論是因為自由的貿易交會還是殖民統治。但是，在表達形式上，千手千眼觀音像有很多的相同點，造像風格及造型審美觀非常多元。例如，從原始的印度佛教觀念，千手千眼觀音像有坐或站的樣式，手有二、四、六、十二、十六、十八、四十、四十二正手及高達一千隻小手，手勢、手印或法器都有相同點如坐在蓮座上，法器包括念珠、蓮花、絹索、寶書、寶瓶等。

東亞的觀音信仰是一度佛教與中國佛教交織影響的結果，所以東亞的千手千眼觀音像有共同點是都是女神。然而，在西藏的觀音信仰也很發展，但這裡的千手千眼觀音像通常是白色，站在月亮底座，像身上有八種不同裝飾及五層衣物，十一個頭分成三層，每層一種顏色，最高的是紅色的阿彌陀佛，接著二層是綠色的頭佛，衣服有五層，露右肩，主要雙手和蓮華合掌印，其他手拿法器（寶瓶、轉經輪、八瓣蓮花、甘露水瓶、弓）及結說法印。像身外有九百九十二隻小手擺成同心圓，分六層包括三十二、一百四十四、一百九十二、二百一十六、二百四十隻手。在中國、日本、韓國都有類似的千手千眼觀音像包括許多頭以及多手多眼，非常神祕。而手的擺放幾乎都是兩手合在胸前，兩手擺禪定姿勢，其他手擺兩方，手上拿著法器。特別是小手所結成光圈環繞，手掌裡都有眼睛，手的數量高於一千。在中國有一座石做的千手千眼觀音像，有一千零七隻手，或另外一座有二十隻大手、九百八十隻小手刻在後面成光圈。在日本有千手千眼觀音像站著，有上千隻手在後面結成光圈。在越南的米所寺的千手千眼觀音像有四十二隻大手，九百七十八隻小手，筆塔寺的觀音像也有九百零四隻小手結成六至十四層的圓圈。在朝鮮的千手千眼觀音像不大，但也有相當多的手。

㈡ 造像風格的相異

東方的藝術是智、行合一，思維、觀念如何就造像如何，在佛教的造像更加明顯，因為每一個國家或教派都有些不同，造成不同的觀念及描述方式。東南亞的佛教受印度教、大乘佛教及小乘佛教的影響，所以千手千眼觀音像的造像風格也非常多樣，基本上我們可以依照國家的特徵來看，見表7-1。

表7-1　越南的千手千元觀音像與亞洲區域中的對照表

國家	宗派	風格特徵
越南（主要在北部，東亞與東南亞的交會處）	北傳、大乘佛教	一開始受中國與印度藝術風格的影響。 主要原料是木雕、貼漆，注意到小細節如眼角、嘴唇、臉神。 帶有浮雕風格。 觀音是女性。 臉蛋修長、清秀、嘴巴小、嘴唇豐滿。 帶有村莊婦女風格。 手臂造型精緻，手修長，沒有拿很多法器。 像身不太大、簡單，偏於柔軟、律動。 用簡單的陰陽方塊如方形、六角形、八角形、圓形。 不受佛教造像規定約束、靈活、變化、抽象、簡單、格調化。
中國（東亞）	大乘佛教、道教、孔教	一開始受印度藝術影響，對日本、韓國、越南的佛教發展有很大的影響。 種類豐富，包括圓像雕刻、浮雕及繪畫，原料有石頭、黏土、木漆，像身相當大。 造像風格有誇大趨向，顏色燦爛，多頭多手，手拿很多法器。 觀音是女性、臉蛋圓形、衣服精緻，主要注意身上的衣物造型。
韓國（東亞）	北傳、大乘佛教	受中國藝術影響。 造像風格像日本。 觀音是女性、臉蛋修長、下巴豐滿，不太大。 風格簡單比中國更清楚。 裝飾有民族傳統風格。 主要注意手上造型，手拿多種法器。

國家	宗派	風格特徵
日本	北傳、大乘佛教與密宗	一開始受中國與印度藝術風格的影響。 主要原料為木雕。 大型造像、精緻、寫實，主要依靠密宗。 觀音是女性，但是大部分的都是可怕的臉蛋，手拿很多法器。 造像技術很高。
印度（佛教的發源地）	印度教、大乘、小承佛教	原料主要為金屬與石頭，拿多種法器，頭的造像帶有藝術、非寫實風格。 誇大、接近原始的印度教風格。 觀音是男性，眼有些長、凸。 像身消瘦、高、臀部翹起、 嘴巴消大、下唇豐滿、上唇細薄，有鬍鬚，臉蛋稍圓。 姿態靜休、自在。
西藏（中亞）	藏傳佛教、大乘、密宗	原料主要為金屬與石頭。 觀音有很多頭、手，很神祕。 密宗禪定、曼陀羅造型。 造像風格簡單，主要注意象徵意義。
印尼、泰國、柬埔寨、寮國	南傳、小乘佛教	原料主要為金屬、石頭與木頭。 像身、手、腳稍長。 手的數量不多，法器主要為蓮花、寶螺、寶瓶、絹索、念珠等。 像身比例不實， 臉蛋平易近人、稍圓，嘴巴稍小。 很多圓形裝飾。 沒有清楚性別。 受印度教濕婆神造型影響。

從印度來看，觀音像通常是男性外貌或像其他太平洋國家的不分

性別。然而，印度的像身比較苗條或豐滿，但特別的地方在於雖然外型是男性卻非常講究衣物的裝飾，臀部稍微翹起，無論是坐的或站的都比較靜在的姿勢。不同於印度，在印尼的造像藝術卻來自印度教的風格，像型不太大，裝飾細節主要是圓形，與外在空間關係密切、對稱、和諧。東南亞的其他國家如柬埔寨、寮國、泰國主要受小乘佛教及印度教的影響，像身比較苗條、清秀，手腳稍長，常是站著或正在走動的姿勢。

而東亞地區，造像風格影響最大的區域是中國。這裡的千手千眼觀音大部分很大，主要使用木頭、石頭或黏土，使用的顏色很燦爛或貼金，像身上有很多裝飾，衣物緊貼像身且多層，臉蛋圓形，手勢柔軟律動，法器多樣化。在日本的觀音像的造像風格也受此類風格影響，有的臉神很溫柔慈悲，但是有的很兇悍可怕，手上拿很多種法器。大部分的像是站著，造像技術非常好，像型很大，從兩三塊木頭結合而成，造型風格偏於寫實，主要按照傳統密宗的規定。在朝鮮的造像風格雖然也受中國和日本的影響但是比較小型，臉蛋修長、下巴豐滿，風格簡單、清楚。

越南北部雖然也屬於東南亞地區，但比較不受印度教及小乘佛教的影響，而受中國的造像藝術風格比較多。所以，越南觀音像主要的原料是木雕貼金，雕刻集中在臉部的嘴唇、眼睛，臉蛋清秀、稍長、嘴巴小、唇部豐滿，比較像村姑的形象。手臂造型精緻，手指稍長、柔軟，較少法器，簡單而格調，用浮雕方式。象形不太大，細節簡單，偏於律動，以陰陽哲理的概括型，使用方形、圓形、六角形等形狀，沒有被規則約束，很靈活地變化，簡單而抽象。手的接合方式主要有兩種：在主要手的手肘打洞接合，或在像身的肩膀到腰部打洞接合。

五、結語

米所寺的千手千眼觀音造像藝術或所有越南地區的千手千眼觀音像，是越南的佛教造像藝術在當時的造像風格以民間建造寺廟裝飾思維造就自己的特別價值。越南人的造型審美及思維帶有信念、象徵及概闊性。在造像思維已脫離宗教的約束，用自己的想法創意造出不同的千手千眼觀音像，無論在觀音的動作、姿勢、尺寸或甚至是衣物。因此，觀音像與越南民間的生活、心靈相近，結合宗教的造像規定及視覺平衡，使人們在觀看時可以直接享受到神聖的抽象概括意義。

越南人的造像風格帶有裝飾性但是很超實性，以動、靜的結合，實、幻的對立，讓佛像在寺廟裡有統一的聯合性。但是，當這些像被放在博物館或其他的空間，它失去了平衡感。越南的千手千眼觀音造像雖然是超實，但很貼近民眾，因爲它是民族與人種性格的結合，受中國風格的影響卻不會隸屬於任何的風格，而是有自己的民族風格。這些成爲當代造型藝術的指南針，讓觀眾可以看到藝術家的創意也很寫實的，很貼近人心，也是當代越南的藝術的發展方向。

參考文獻

Bezacier Louis. 1954. L'art vietnamien. Paris édition de l›Union française.

Jean Chevalier, Alain Cheerbrant. 2002. *Từ điển biểu tượng văn hóa thế giới*. (Phạm Vĩnh Cư, Nguyễn Xuân Giao, Lưu Huy Khánh, Nguyễn Ngọc, Vũ Đình Phòng, Nguyễn Văn Vỹ dịch). Nxb Đà nẵng.

L. M. Cadière, Trịnh Hữu Độ. 1997. *Về văn hóa tín ngưỡng và truyền thống người Việt*. Hà Nội: Nxb Văn hóa Thông tin.

Lê Văn Sửu. 1998. *Học thuyết âm dương ngũ hành*. Hà Nội: Nxb Văn hóa Thông tin.

Nguyễn Lang. 1992. *Việt Nam Phật giáo sử luận*. Hà Nội: Nxb Văn học.

Phạm Đức Dương. 2000. *Văn hóa Việt Nam trong bối cảnh Đông Nam Á*. Hà Nội: Nxb Khoa Học Xã hội Việt Nam.

Phan Cẩm Thượng, Nguyễn Quân.1989. *Mỹ thuật của người Việt*. Nxb Mỹ thuật Hà Nội.

Tạ Chí Đại Trường. 2006. *Thần và người đất Việt*. Hà Nội: Nxb Văn hóa Thông tin.

Thái Tuấn. 1966. *Câu chuyện hội họa*. Sài Gòn: Nxb Cảo Thơm. (Nguồn: www.ebook.com)

第八章

表演遊戲：民間節慶的象徵

武氏凰蘭[1] 著，蔡氏清水[2]、阮翠薇[3] 譯

---

1 Võ Thị Hoàng Lan，越南文化藝術院研究員。

2 Thái Thị Thanh Thủy，國立成功大學台灣文學系碩士，成大越南研究中心越南語講師。

3 Nguyễn Thị Thúy Vy，國立成功大學台灣文學系碩士生，成大越南研究中心兼任助理。

一、前言

越南人在北部三角洲的民間節慶是一種很特別的社區文化生活形式，具有傳統性及充滿民族特色。在1945年八月革命之前，越南農民整年都很辛苦，過著「面朝黃土背朝天」的生活，他們只能在節慶時間才可以進行信仰、風俗及娛樂各種活動，那是一種解除壓力，讓心靈得到放鬆、平衡的狀態。當參加具有社區文化的特色、神聖之「表演」這一場，在同一時間，透過針對大自然、神靈、社會以及自己本身的各種基本關係的看待，每個人好像可以完全揭示了「人」性。因此，節慶活動在一個神聖、放鬆、自願的氣氛下，對每個人的靈魂淨化、紓解壓力有了貢獻，讓他們的生活更美好、更相信未來，讓自身認識和責任之間得到了平衡。所以，能沉浸在民間節慶的氣氛中已經成爲越南人在舊農業社會一村野文化的心靈、精神生活上不可或缺的需求。羅傑・凱洛斯（Roger Caillois）在「各種原始的文明」[4]中對人們的這種需求曾提出也很適當於早期的越南農民的評價：「更深刻的是，他活在一個節慶的懷念中並期待另一個節慶，因爲對他，對他的記憶及慾望而言，那是他充滿情緒、感觸與本體變態的時間。」[5]可以說這就是過去的民間節慶活動最重要（最關鍵）的角色之一，當這種社區文化生活還「活」在原本產生出其本身的自然、社會、歷史之環境中並擁有農民所開創與留傳下來的天眞、純樸之美。在此背景下，民間節慶也許不或尚未表現出讓社會務必思考「存不存在？」的一些問題，不像今世，當產生及休養其的環境已一去不復返了。民間節慶這期間的主體大部分還是農民，即使很多

4　羅傑・凱洛斯（Roger Caillois）潘芳英、阮氏嫻翻譯自法語版，〈違反的神聖性：關於節慶的理論〉，《文化學雜誌》第1（11）期（2014年），頁74。

5　羅傑・凱洛斯（Roger Caillois），同上引書，頁75。

「村」的地方已經變成「市」，但在居民的根源中還是保留著「根性」的某種部分，不過二十一世紀初的越南農民與從1945年往前的北部三角洲農民之間卻是一個空間及時間較遠的距離。而且從這個距離，社區文化生活開始產生許多問題，其包括對很多節慶或具體是某個節慶中「表演遊戲」（trò diễn）、儀式（lễ thức）的「存不存在」的問題。

身爲民間文化的現象，因此節慶一直以元合形式存在，而在這元合整體角度下，節慶包含許多具有多向和互相關係之系統（系統所屬小系統及微系統）[6]。從民間節慶這重要特徵，可以認爲在節慶中產生的每個要素（節慶舉辦的地點如廟宇、寺廟、神社等，而這些地方也是祭拜神靈之處）或是每個事件（祭拜儀式、表演遊戲、儀式等）它們都有一定的意義，而因爲屬於一個具有連貫性的總體，故才能互相補充各層意義，以便完善主體已經創造及想傳達的「訊息」之意義方面。若能解讀或讀懂這些訊息，我們就會知道民間節慶不僅是人們「表演」以及對大自然與社會肯定自己的存在的地方，而還是很特別及印象深刻地體現古代人對於該大自然與社會的認知，透過許多要素（物體及非物體）並最集中在於各種表演遊戲的儀式。換言之，在表演遊戲或儀式中，古代人對大自然與社會之認知及看待藉由格調、神聖化日常行動已經被「代碼」，讓表演遊戲成爲節慶的象徵以及能傳達節慶所有價值與意義。因此，我們認爲將表演遊戲視爲民間節慶的象徵來了解，可能是一種對於保存該社區文化生活的研究最有效的接觸的方法。在接觸象徵的角度下，於節慶整個過程中，儀式在其位置及角色上將被即徹底又科學地確定，而不受到情緒或感觸的影響，每個具體的表演遊戲的意義將可被了解與解碼，對於每個節慶活動的意義以及所有節慶的價值顯示出較全面及標準的了解。此了解

6 陳國旺（Trần Quốc Vượng），《越南文化探索與思考》的「節慶的概觀」，《藝術文化》雜誌（民族文化出版社，2000年），頁205-206。

會讓我們在今天的社會背景舉辦民間節慶時，尤其對各種受到當時的輿論認爲很反感或對社會狀況已經不適宜的表演遊戲，能夠有個最適合看待的態度。然而，由於民間節慶是許多表演遊戲、儀式等等的集合，所以本論文初步以表演遊戲的特點視爲節慶的象徵來了解，從此嘗試提出我們認爲適合於表演遊戲的研究的各種看待以便進行保存及發揮該社會文化生活的價值。

二、表演遊戲作為民間節慶象徵

㈠ 術語的方面

有些研究者將節慶分成兩個部分或系統：禮儀的部分（系統）以及聚會的部分（系統）。其中，禮儀是「村民向神靈、超然力量表示尊敬的行爲、動作系統」[7]，聚會則是「一個豐富多樣的遊戲和表演遊戲的系統」[8]，「聚會是爲了輕鬆地、盡興地玩耍並不受禮儀、宗教、等級及年齡的約束」[9]。我們認爲上述的分類僅有相對性，僅是在研究上的一個分級的操作，而在實際上「節慶（禮儀—聚會）是一對相互，無法分開的範疇。因爲禮儀中已有聚會的存在，聚會中已經包含禮儀的表現」[10]。因此，不是任何遊戲或表演遊戲的目的只是爲了娛樂休閒而存在於節慶的禮儀系統之外。除了一些我們認爲不多而單純只爲了娛樂、出現比較晚的遊戲或表演遊戲之外，都是僅屬於某個節慶而存在，又常常具有禮儀的意義，並在節慶進行的過程占有中心位置的表演遊戲。依我們的觀點來看，在同一時代方面，這種表演遊戲也是儀式，因爲進行這種表演遊戲時，大家須遵守各項禁忌的規

---

7 民間文化院，《傳統節慶》（河內：社會科學出版社，1992年），頁67。

8 民間文化院，同前引書，頁83。

9 民間文化院，同前引書，頁84。

10 陳霖駢（Trần Lâm Biền），《接近歷史的途徑》，頁597。

定（比如數量、年齡、資格、參加者的服裝、舉辦地點、時間，程序等各個相關的規定）而不能像參加節慶之外的空間的遊戲或表演遊戲時，可以完全自由或隨興。這些禁忌規定也是禮儀表現的一個方面（基於我們理解在此的禮儀是用來分別神靈與凡人，協助凡人能夠讓神靈進入他們的生活的方式）[11]，同時也是幫助人們更靠近神靈的境界，讓人家能分別清楚神靈的世界（是節慶要設定的）與凡俗的世界（日常生活的）。回顧過去，在歷代的角度下，也許這種表演遊戲從一開始就已經在民間節慶出現並以儀式的資格存在，而經過許多文化層面，其或多或少已經被改變。但現在根據表演遊戲存在的面貌（一定不完整的樣子），還可以看到「在不久之前儀式的遺跡已經消失成為過去、已經在參加者的記憶中逃脫的」[12]。因此，在本論文中，「表演遊戲」及「儀式」這兩個詞語在於其他具體的祭拜的儀式或行動之分辨中已被我們使用於同樣的意義。

象徵，簡單的理解，就是事物、圖片、現象等具有除了其固有的意義之外，還喚起另一種意義的能力。也就是說，除了起源的意義是代表其本身，可以通過五感來認知之外，象徵還隱藏著一個或一些具有象徵、隱喻、聯想的意義，能夠聯想到無法只通過理智來認知的其他事物、現象、事件、圖片或其他意義等。按照卡爾．古斯塔夫．榮格（C.G.Jung）表示：「我們所稱的象徵是一個詞語、名詞或圖片，即使對我們日常生活很熟悉的感覺，它們還是包含涉及的關係，加上原本規約、當然的意義。在一個象徵中含著對我們很抽象、未解讀或被隱瞞的問題。當理智要了解一個象徵時，它會涉及到我們理智可把握之外的想法。」[13]

---

11 阮維馨（Nguyễn Duy Hinh），〈節慶的若干理論思考〉《現代社會生活中的傳統節慶》（河内：國家人文社會科學中心—社會科學出版社，1993年），頁227。

12 阮慈之（Nguyễn Từ Chi），《種族與文化研究的貢獻》（河内：文化通訊出版社—藝術文化雜誌，1996年），頁359。

13 Jean Chevalier – Alain Gheerbrant，《世界文化象徵字典》（峴港出版社—阮攸寫作學校，1997年），頁XXIV。

㈡ 民間節慶的象徵——表演遊戲

使用卡爾・古斯塔夫・榮格的象徵如上述的觀念，我們認為民間節慶的表演遊戲本身已經具有很高且不停留在此的象徵性，甚至在某個場合，它們還成為節慶的象徵，因為除了表示實際原本的意義，這些儀式還「包含著一個對我們很抽象、未解讀或被隱瞞的問題」。正是在表演遊戲中隱藏的意義讓人家在第一次接觸的時候就有「抽象、未解讀或被隱瞞的問題」的感覺，從此讓表演遊戲具有多樣性的意義，像象徵一樣，除了「原本」的意義以外，其還有另一個或一些「隱喻、引申」的意義。例如，搶球（或稱為拋球、揚球等）的表演遊戲今日被認為是一種普通體育的活動，目的於展現參加者的強力、智慧及集體精神。但有些研究者卻發現該表演遊戲還具有一些像祭拜太陽的信仰、繁殖祈禱儀式、求雨、求水等的傳統儀式的蹤跡的表現[14]。跟象徵一樣，表演遊戲在主體生活環境中的客觀現實基礎上反映出其渴望，因為象徵從不離開現實，也就是說其必須一直受主體的生存環境的具體條件之約束。不過，這種反映常經過很特殊、另類的方式實現，目的是嚮往神聖、超自然的境界。因此，可以「象徵超越了純粹理智的界限，但不因此而變成荒謬、無道理」[15]，比如，有些表演遊戲對我們來說就很難理解，若我們只認知在現在背景中的它們或無法將其解碼，如繁殖祈禱儀式等，這些看起來感覺很凡俗、褻瀆，在寺廟、神社的神聖的空間常常被禁忌的表演遊戲，倒是能在神靈的「面前」進行，比如在神桌前或正在祭禮時模仿男女的性行為（múa mo Sơn Đồng山同舞蹈）或在hội La（羅的舞會）結束之夜，男女在神社神聖的空間裡可自由「嬉戲」[16]。若沒看到在這些表演遊

[14] 阮慈之（Nguyễn Từ Chi），《從節慶中的一些「表演遊戲」……》，同前引書，頁359-394。

[15] Jean Chevalier-Alain Gheerbrant，同前引書，頁XXVII。

[16] 阮慈之（Nguyễn Từ Chi），《從節慶中的一些「表演遊戲」……》，同上引書，頁359-394。

戲的背後正是越南農民世世代代的渴望，他們想要用表演的行爲向神靈表達及祈求民康物阜，人們和動植物都會「生機勃勃」，那將會覺得這些表演遊戲放在節慶表演中很沒有道理，並無法像對其他儀式一樣肯接受它們平等的存在，好比之前儒家們對繁殖祈禱表演遊戲的態度。

如我們上述的論點，任何節慶都包括一個儀式、表演遊戲等的系統，其中有些很普遍，適合所有節慶的儀式（例如，祭祀儀式、迎神等等），以及有些很具體，適合個別節慶的儀式，而我們認爲這些特別的儀式才是節慶的「象徵」。它們被放在聚會表演的中心，在聚會最主要的日期進行，而且還「握有」爲何整個社區投資很多時間、金錢、力量以「聚在一起舉行節慶」（因爲人們一旦理解這些表演遊戲的意義才會知道人眞正地想「 說」什麼，想向神靈求什麼）的原因。這些象徵創造了每個民間節慶的特色，讓人們透過該特色可以分別出各個民間節慶，「這個節慶和另一節慶的區別透過它們各種表演的表演遊戲及娛樂遊戲的獨立特徵」[17]。那麼，表演遊戲或象徵是某個節慶所屬某個具體社區「唯一」之保證，即使祭拜同一位神靈的許多節慶也會「各打自家鼓，各拜自家神」互不相干。例如，同樣是祭拜Linh Lang đại vương（鈴瑯大王），但đình Nhật Tân（日新亭）（河內西湖郡日新坊）有「排卵」表演遊戲，đình Trường Lâm（長林亭）（河內龍編郡越興坊）則有「蛇脫皮舞蹈」，而thôn Ngọc Trì（玉池村）（現是河內龍編郡石磐坊第七區）有坐著拔河表演遊戲。或是Yên Trạch（煙澤）、Nội Chuối（內焦）和Đọ（度）這三村（都屬於河南理仁縣北理鄉）雖都祭拜Đức Triệu Việt Vương（趙越王）但每村皆有不同的表演遊戲，如民間已「總結」說，Đọ（度）村划船比賽、Yên Trạch（煙澤）村賽馬、Nội Chuối（內焦）村唱歌跳舞*Lải Lèn*。我們也可以看更清楚這一點在同類的表演遊戲，以划

17 《V.Ia.Propp選集》第II集（河內：民族文化出版社－藝術文化雜誌），頁206。

船比賽這表演遊戲爲例（划船、競渡），這是一種在靠近河流或有許多湖泊、池塘的地方很普遍的表演遊戲或儀式。然而，雖然都是划船比賽，但若探討每一個具體節慶的儀式的細節（如船形、比賽規則、比賽時間、參加成員等等）我們可以看到在每個節慶中都有一種「表達」象徵完全不同的方式。這民間思維的豐富絕不偶然，而由象徵特點之規定，主體的環境（自然、歷史、社會）決定象徵如何體現，就算人們只是「很無意識或自發地創造出某個象徵」[18]。對划船或競渡比賽而言，首先於儀式的角度來看，其出現的目的是爲了滿足農民對於水源的心靈需求。不過，這個需求在每個地方是不一樣的（有地方求得水或求降雨，有地方求退水或求雨停），所以相對應於該現實會有適宜的划船或競渡比賽的表演遊戲：若求降雨的划船比賽在耕種的初期舉辦，那麼求退水的划船比賽就會在洪水季節舉辦，求雨停使稻穗飽滿的划船比賽會在雨季末期舉辦等等。同時還有一些人們必須在每個節慶中遵守的具體禁忌才能讓這些祈禱應驗。從此，造成了划船或競渡比賽的不重複以及多樣性（表現的形式、內在的意義），在每個節慶中保證其象徵的角色。

在整個北部三角洲還有很多越南人的民間節慶生活中類似的例子，這些例子讓我們更加清楚地了解表演遊戲的象徵之角色，從此可找到更合適對表演遊戲位置的看待方式，以便保存及發揮這非物質文化遺產的價值。

三、如何看待民間節慶的象徵？

首先我們要肯定的是，因表演遊戲是民間節慶基本的象徵，所以我們須用一種「了解」（對於每個象徵與整個節慶的意義）以及「尊重」（已創造出象徵的主體）的態度來看待它們。這裡的了解體

18 Jean Chevalier-Alain Gheerbrant，同前引書，頁XXX。

現於對表演遊戲的意義、本質有正確地認識或確認，透過科學基礎及實際進行表演遊戲的表徵價值之解碼。同時，尊重文化主體則是將祖先所有創造的自決權歸還給人民，因可存在至今的象徵已經證明越南民間思維的明智、靈活性、合時性是無庸置疑的。擁有這樣的思維及自決權，人民自然會懂得調整方式以便繼續保存（內容和形式）並發揮其祖先已經創造的象徵的價值，正如他們一直以來都自願地、無意識地進行。自我調適來適應新環境（自然與社會）的過程，幾乎是全人類、每個民族或每個人在物質與精神生活上都會表現的本能。從祭品是人換成動物、從陪葬的是活人或眞實物品換成冥器（物品和糊紙人）等皆是人類的信仰、宗教生活中自我調整過程最明確的證據。此事亦隨著具體的歷史條件表現出現代思維的一種理性的轉變，儘管在每個具體的環境中前往此轉變的途徑會有不同的長短。當然，文化主體將會決定自己要走的路程，但不能脫離社會共同的發展。

每個象徵或表演遊戲的誕生都是爲了滿足創造者一定的心靈需求。在越南人的傳統社會中，生活所帶來關係到社區與個人生存的每個緊迫問題都得到雙方面的解決：實踐方面（透過各種生產勞動的活動）與心靈方面（透過各種儀式）。當共同創造及實行這些表演遊戲時，整個社區深有同感，他們希望當已經跟神靈有了「合約」之後將會得到一個美好的未來（風調雨順、五穀豐登、民康物阜等 ）。因此可以說，表演遊戲是社區文化變動過程中產生出的產品，其對創造主體擁有神聖的意義，所以在將這些儀式介紹給社區民眾時，需要非常謹愼地介紹這些儀式，最好能夠提出對象徵具有定向性的眞正的意義及價值的訊息，讓人民對該象徵更有一定的了解，避免產生情緒、感性及主觀的反應，對該文化遺產帶來消極的影響。一個萬萬不可的思維是，即使這些表演遊戲在當代人的眼中有多麼「奇怪」也不可以只強調這些異常，然後將其「變化」成吸引遊客的一種「旅行商品」，像在些節慶時已經發生過的現象。類似地，這些儀式曾成爲單純的娛樂節目表演在舞台上，並脫離神聖的空間與時間，如我們已在祭拜聖母習俗中的跳神／侍神降身的表演遊戲或其他表演遊戲看到的。如此一做，我們已經取消原本會被排到第一位置的神聖心靈層面，讓其再也不會將文化主體的意義及價值保留下來。一旦成爲觀光的一種「商品」，象徵的本身一定會變質，或者經過這些表演節目，社區當初創造儀式的目的（爲了滿足某個一定的心靈需求）將不會達到。那麼，到那時候社區也許沒有繼續保留和舉辦這些表演遊戲的理由了，尤其是在今日社會、經濟的情況下。除此以外，這些表演遊戲有時還引起社會民眾的反感，當大部分人們只接觸到變了樣的表象（包括形式及內容）的畫面。所以，如果要成功地推廣、宣傳節慶和表演遊戲的形象，必須向社會提供此文化活動最正確、最基本的了解，透過各個主體社區在其本身環境中的表現。

四、結語

當確認表演遊戲是民間節慶的象徵時，我們的目的不是在提高其在節慶過程中的位置及角色，跟其他儀式做對比，因針對整體來看，爲了清楚地承載創造主體想要傳達的「訊息」，在某個節慶中的每個因素或每個事件都有著親密的關係，而且還互相補充與協助的。在此，當肯定表演遊戲是民間節慶的象徵時，我們只是想強調，當我們還沒理解這些表演遊戲的本質與意義時，就不能對其隨便、感性地看待，更不能急忙地決定改變或排除看起來已經不大符合於當代社會觀點的表演遊戲。因爲一點也不過分，如果說，將某個節慶的象徵取消、刪除就等同於取消、刪除掉該節慶的本身。

作爲民間節慶的象徵的資格來看，爲了滿足當時人心靈的需求，表演遊戲本身已包含培養、互相補充的各種文化代碼，那也是爲何其至今還被繼續保留及進行之原因。不過，因象徵的多義性導致表演遊戲眞正的意思不是在任何時間都被完整地認知，尤其是經過時間已經被覆蓋了許多文化層面或已經累積許多信仰、宗教的遺跡的表演遊戲。因此，我們需要會解碼節慶裡面由民間所創作出的象徵才會以科學精神看待它們。若會解碼這些象徵，我們將會眞正地可以「解讀」從民間節慶中保留到現在的過去的訊息，從此才能確定哪種因素須保留，哪種因素要全部刪除還是只需要調整（某個細節或因素就好），讓它們更適合當代社會生活，而不會影響到節慶本身的結構及意義，換言之，是不會影響到節慶系統的完整性，或不會使其變質。在這樣的基礎上，我們才能實現在今日社會背景中保存及發揮這種獨特文化遺產價值的目標。同時，也是對過去民間節慶研究過程中所欠缺的部分付出貢獻[19]。

——本文原載《台灣東南亞學刊》2018年13卷2期

19 在許多民間節慶的研究中，我們已經過於注重描述節慶的過程（儘管這是必要的工作），而尚未看出在整個系統中的表演遊戲的重要位置，因此接近具有節慶象徵的角色的表演遊戲過程還沒被提出，同時也還沒注意到解碼這些象徵，因此也不完全了解它們的意義。因此，各研究還沒有理論與實踐上的有效貢獻，也沒有得力地協助管理方面，導致一些反應（社會輿論或與該節慶無關的社區民眾）與窘迫的（從中央到地方的文化管理者）對於一些看似不再符合當代社會的習俗或表演節慶（如刺牛、殺豬或模仿性活動的行為等等）。

第九章

越南北部高山區居民之農業祭典

武妙忠[1] 著，吳氏新[2]、蔣爲文[3] 譯

---

1 TS. Vũ Diệu Trung，越南文化藝術院研究員。

2 Ngô Thị Xinh，國立成功大學中文系博士生。

3 國立成功大學台灣文學系教授兼越南研究中心主任。

一、前言

越南北部高山區被視爲人類的搖籃之一，很早就出現種植業的地方。通過考古的資料，大概一萬年前，「和平文化」（nền văn hoá Hoà Bình）居民已經知道「雜耕初開」，馴化多種種子。可以說，越南農業是從和平文化而孕育，而且在「東山時期」（thời kỳ Đông Sơn）是高峰發展，它造就了當今越南文化的原始基礎。

由於特別的地質造成，所以越南北部高山區的山、溪、河也造成廣大的高原，如：木州（Mộc Châu）、山羅（Sơn La）與一些山谷、盆地如炭媛（Than Uyên）、芒盧（Mường Lò）、芒清（Mường Thanh）。此地方是三十多個少數民族屬於三大語系包括南亞、壯侗語系（Thái - Kađai）和漢藏（Hán - Tạng）語系混居的地方。他們不只住在肥沃的盆地而且還住在乾燥的高山。悠久的本地居民被認爲屬於孟高棉（Môn - Khơme）、（南亞Nam Á）和岱一泰（Tày - Thái）語言的族人。其他族人從中國南邊或寮國移民過去，最近斯離今天大概一至兩百年的時間。這裡的人民以「坡地耕作」（canh tác nương rẫy）和「平地農耕」（làm ruộng）方式爲主。因生活環境的特點，所以有些民族同時都用這兩種方式。農業按照其施作方式或地形區而被分爲不同的格式和名稱，例如：分爲使用鋤頭或犁的農業，或分爲水作或旱作等。使用水作的農民如泰、岱、儂（Nùng）族，在建立水利系統的方面有很多經驗，特別是建造溝渠灌溉系統。泰族有一句話：「Mi nặm chẳng pên na, mi na chẳng pên khẩu」，意思就是說：「有水才造成田，有田才變成稻。」坡地耕作的農民如：克木族（Khơ mú）、赫蒙族（H'Mông）、拉哈族（La Ha），有古老的農耕方式，如：開墾、燒耕、打孔、播種、岩石耕作等。

二、崇拜水稻靈魂之祭典

農業變成生存的方式的時候，大部分社會行爲都由植物發展規程和季節性因素來支配。因爲農業耕作依靠自然爲主所以下雨、打雷、天災的自然現象都直接對季節有影響。所以，農民的主要信仰是多神、萬物有靈的信仰。被神聖化的自然現象跟崇拜太陽、石頭、水都有連接，特別是崇拜植物其中中心位置是稻子。稻子是保證人類生命的食物來源，同時使稻子成爲心靈精神特別重要的價值。根據「萬物有靈」的觀念，萬物由兩份而成：肉體和靈魂，這裡人民認爲每一顆稻子都有靈魂，魂使稻子新鮮、開花、結種子。稻魂信仰被表現通過禮儀系統，同時跟稻子發展規程從耕種、結穗到收穫有關。

山羅省克木族人的種植季節從農曆四、五月開始。他們使用坡地耕作方式，因此族人使用棍棒打孔後播種。打孔的棍棒分成兩類：「櫳桐」（lùng thung）和「櫳單」（lùng đơn）。櫳桐（lùng thung）製作得很精巧，使用時會發出聲音，聽起來很開心。櫳單（lùng đơn）是比較簡單的棍棒，一頭被削尖，打孔的時候會造成一定的深度，讓泥土不會掉下來。按照風俗，在田野進行播種祭典時主人要帶著一隻已剝去皮肉的狗頭和「施嚨」（the le）用來標記自己的田。雖然播種是每個家庭自己的事情，但進行此儀式要全族人一起協助。

抵達田地時主人會創造一小塊土地象徵自己的全部田地。這個小塊土地稱爲「熱喝鉏」（Rẹec hrệ），且第一次的種子會播種在這裡。熱喝鉏（Rẹec hrệ）是稻魂存在的地方。打孔播種不只是克木族人農耕的方式，而它也存在於坡地耕種的其他民族。打孔的工作由男人擔任，播種是女人的工作。播種時要按照一定的順序才行。播種時也有禁忌，特別是不可以唱歌或吹口哨，因爲他們認爲這樣會讓小鳥飛來把種子吃掉。相形之下，他們認爲聊天或嘻笑則會刺激種子發芽。此外，主人會用一把火來燒蝗蟲的屁股後放牠飛走。他們相信，此蝗蟲會向其他昆蟲通知不應該來這裡吃種子，要不然會被主人燒掉屁股。

坡地耕種的整個過程中，收穫也是重要的儀式之一。這裡，收穫不單純只是把稻子放入倉庫，而要進行其他儀式以留住稻魂再繁殖給下一季。其中，重要的時段是播種和收穫。

在豐收節的時候，爲了保留稻子的靈魂，克木族人在義山（Nghĩa Sơn）、文鎮（Văn Chấn）安沛省常舉辦叫做「囸痲尬」（Grơ mạ ngọ）的儀式，即迎接稻母（稻穗之母）從田野回到家的儀式。此儀式有三個階段，相應三個階段：稻子成熟時進行新米儀式，稻子全部都成熟開始收穫，和最後囸痲尬（Grơ mạ ngọ）儀式是崇拜稻子靈魂。他們認爲，稻子像人類也有靈魂。所以，人人要崇拜稻子靈魂使魔鬼不可以騷擾，靈魂健康，下季會豐收。

相對克木族人是有坡地耕作的豐富經驗者，拉基族人（La Chí）在斜坡山上耕種梯田也很有名。就起源的調查，古代拉基族人和克木族人有共同播種方式，就是坡地耕作。因此，拉基族人轉換到梯田耕作的時候他們還在保留像克木族人那樣的稻子靈魂之信仰。

爲了對稻子靈魂表現敬重和知恩，每年在拉基人的「龍月」大概農業九月份，稻田周圍轉成熟的顏色時，拉基族人就準備新稻米儀式。拉基族人的吃新稻米儀式會全村在同一天舉行。這種習俗和其他周邊的族群不同，他族往往依照每個家庭的方便各自決定吃新米的日子。

拉基族人很尊重稻魂。他們認爲只要一個小小的疏忽也會使稻魂被傷害，靈魂會飛走，造成來年無法豐收。按照風俗，爲了準備新稻米儀式，首先，女主人會背一個背帶（cà mia）去田裡找最漂亮的稻米。她是播種者，也是最早收割稻米者，所以由她帶回家祭拜新稻米。那時，稻魂會進入她的身體，同時她也被視爲是稻米的阿母。

拉基族人還有嚴肅的禁忌以避免稻魂害怕而跑走，譬如：把神聖稻子帶回家時，家裡成員只講拉基話。他們相信，稻魂只懂自己的民族語言，且會保佑全家人；另外，還要小心別讓牛吃新稻草和稻穀。隨著大自然條件的不同，每個民族的稻魂表象也有不同的名稱。譬如： thần lúa（稻神）、mẹ lúa（稻母）、hồn lúa（稻魂）或是vía lúa（同稻魂的意思），但大部分都使用婦女的形象。因爲婦女是尋找和創造種植業者，所以稻魂化身爲她們。另一個可能原因是利用婦女具有維持血統的生產功能以作爲延續之象徵。所以在一般的東南亞農業禮儀，特別是在越南北部高山區稻米儀式裡稻魂常被化身成婦女的形象與穿著。

新稻米是標誌農業生產週期結束的儀式。主人感謝稻母，並且懇求下次豐收，稻米滿庫，家庭不愁吃用。

崇拜稻魂信仰不只存在於坡地耕作的農民，水田耕種的農民也有這樣的信仰，譬如安沛省文鎮（Văn Trấn）的「黑泰族人」（người Thái đen）也保留得很好。稻田周圍轉成金黃色時，黑泰婦女會去找最早熟的稻米帶回家以準備新稻米儀式。此儀式有特別重要的意思，即向稻母、田神報答他們幫助泰族人豐收的恩惠。

除此之外，農民還祭拜幫助人類生活之樹、動物與農具，譬如犁、耙、鋤頭、打孔的棍棒等。譬如萊州省辛霍縣（Sìn Hồ）廍杺社（xã Nặm Tăm）廍汲（Nặm Ngặp）的傣仂族人（người Lự）會舉辦崇拜水牛魂的祭典。傣仂族人稱這個祭典爲mo khoăn khoài（莫嚾快）。全村會指定一天來舉行祭拜水牛魂以表示對水牛協助農務的感謝。

三、求水求雨信仰之祭典

在耕種農業裡，特別是水稻種植，不論是在平地還是坡地，水對植物生長和發展扮演一個很重要的角色。所以，自從農業形成開始，求水求雨信仰也同時出現。此信仰通過農業儀式在祭典活動中以許多不同的形式而表現出來。例如在山羅省的泰族人（người Thái）有「求雨祭典」，當地話稱爲Xến Xó Phốn（軒竅繙）；在山羅省的拉哈族人（người La Ha）有「竹筍花祭」（lễ hội dâng hoa măng;

Pang A Nụn Ban）；在高平省的岱族人（người Tày）有「月亮姑娘祭典」（lễ hội Nàng Hai）。

按照泰族人的日曆，在耕種季節大概農曆三、四月份之際，在山羅省安州縣那玡村（Na Ngà）哣赫鄉（Chiềng Hặc）會舉行求雨祭典Xến Xó Phốn（軒籔繙）。他們會選泰族的龍日作爲祭典的日子，因他們認爲龍跟水源有密切的關係，在這天舉行會很靈，上天會提供豐沛雨水。

在泰族人的求雨祭典裡，村民會挑選當地的寡婦（泰族話叫mè mải）帶著祭祀團在村裡逐家做儀式。各家屋主把準備好的祭禮放在高腳屋的樓梯口給村民團並且說：「今天是祭拜水主、河主，本人有準備一點菜和草的祭禮以祈求天降甘霖。」剛說完時，屋主會突然向此祭祀團員潑水、稻米和棉花種子以象徵雨滴。依照泰族人的觀念，從棉花製造的產品如衣服、棉被、枕頭等被認爲是財富和繁榮的量度。另外，稻米帶來給人類一個飽足的生活；水和稻米混合會刺激植物的發展。泰族人也認爲，天公伯討厭「未婚懷孕」才不願下雨給凡間。因此，在舉行求雨祭時，泰族人會找未婚懷孕者來辱罵和懲罰。若村裡沒有未婚懷孕者，他們會找一個大樹代表未婚懷孕者用來打罵。

泰族人在求雨祭也會製作一隻蛟龍（泰族語稱爲tô ngược）並在辰時迎送蛟龍到河岸邊。祭典儀式過後，蛟龍會被放在河面上漂浮。他們的觀念是：因下雨會淋濕；若反過來，物體被淋濕則會讓天公伯下雨。有水才足以灌溉農田，促進作物豐收，家家飽足。另外，他們還相信，蛟龍是水之主人、河主，是把雨水帶給凡間之神明。祭拜蛟龍就是懇求牠把雨降下來。

各族群求雨祭典的方式不大一樣。譬如同樣在山羅省的拉哈人（người La Ha）和欣門人（người Xinh Mun）就和黑泰族不一樣。拉哈人和欣門人使用跳舞的方式來祈雨，稱爲nhảy Tăng bu（噹咘舞）來求雨。噹咘舞在拉哈話裡稱爲nhảy dỗ ống，意思是邊跳舞邊使用竹筒來造成聲音。唯一的樂器是一米長度的竹竿，用空心一頭以製造聲音。通常是由女生操作樂器，但有時候男生也可以參加。跳噹咘舞時要和諧地結合腳步和竹竿的節奏。這時，熱鬧的竹竿聲加上地板的腳踏聲，如同打雷的轟隆聲響，表示將喚醒大地，帶來豐收的季節。

高平省揚村（Duồng）的岱族人在每年農曆三月下旬舉行月亮姑娘祭典以祭拜對豐收季節有很大影響的「水神」。岱族人長期依賴水稻農業，他們深信大自然的神力。在「送別月亮回到天堂」時他們嘴裡懇求說：

拜母神，四月份，請母神帶水回來灌溉
五月份，請母神大降甘霖
水用來播種，請別讓我失望
水用來灌溉，請別讓我渴望
請別讓我們痴痴等待猶如犀牛望月

求水、求雨這個信仰普遍存在我國北部高山區的少數民族農業祭典裡，不只在此地區少數民族，而且也是東南亞的共同信仰，是民間特色信仰之一。

四、生殖信仰的相關祭典

求雨本身有生存相關的哲理，因雨是精靈，促成天地之間的交合才得以讓萬物繁衍。這也是東南亞人民從生殖思維變成信仰的一種。按照考古的發現，在世界上的一些國家例如希臘、印尼、泰國和越南都祭拜生殖器「林伽」（linga）和「瑜尼」（yoni）。生殖崇拜信仰是人類的古老信仰之一，即便目前那些信仰儀式不完整保存，但是它還存在一些少數民族的民俗祭典裡，例如山羅、河江、安沛省的農業相關祭典。這種信仰常在祭典裡以象徵表演方式呈現。拉哈人的竹筍花祭典，除了有一些農業特色的表演（譬如模仿耕田動作、擊劍比賽等）之外也有生殖崇拜的表演。「múa Lật」（凓舞蹈）就是拉哈人典型的生殖崇拜表演。拉哈話稱此舞蹈爲A Lừng Sừng，舞蹈的道具是兩個凓（lật）、長圍巾和一些「塞門」（sài môn）以象徵陰陽。使用舞蹈的道具依性別來分別，男生帶凓，女生帶圍巾和塞門。

就像許多民族，拉哈人也相信萬物如同人類，須有公和母的交配才能繁衍後代。凓舞蹈模仿男女之間的挑逗行動，它不單純只是舞蹈，還有重要的意思，是精神信仰的表現。村民相信透過凓舞蹈會讓他們五穀豐收，動植物蓬勃發展。

山羅省冧厚村（Trặm Hốc）欣門族人的竹筍花祭典裡採用的「腔卜花穗」（cây hoa Xăng Boóc）被視爲人類生活與神聖世界之間的橋樑。腔卜花具有生殖器的表象，連同其他由竹子製作的稻子、魚和蟬，反映出他們的人生觀和世界觀。

據研究，香蕉樹特別是「香蕉花」（hoa chuối）是繁殖的象徵與表現。在祭典的表演中，常有兩位男生拿香蕉花或香蕉樹的一段假裝爲互相打鬥的武器。他們邊打鬥邊跳舞並朝婦女擁擠的那邊移動過去，以表現生殖信仰。若把此祭典跟拉哈人的竹筍花祭典和黑泰人的蚌老挪（Sên lẩu nó）祭典來比較，我們可以發現共通點：跳舞的道具都是表示生產的對象，譬如凓（lật）、圍巾、塞門（sài môn）、香蕉花；且表演的動作都祈求陰陽和諧。這反映出農民樸實的期望。

除了表演以外還有遊戲，譬如「拋球」（ném còn）遊戲在我國北部高山區少數民族的農業祭典也表現生殖信仰。拋球遊戲中的球是由多種顏色布料做成，四角釘了幾條布。男女互相拋球時，球象徵是陰陽中間的連接物。

生殖信仰不是每次都直接表現出來，而是被形象化並展現在祭典中。譬如拉基族人的新稻米祭典中，除了稻魂、稻母信仰，其實也延伸到對創造生命的母體的崇拜，屬於生殖信仰的一環。

我們再回頭來談安沛省義山地區的克木族人的「囯痲尬」（Grơ mạ ngọ）迎接稻母祭典的一個趣事。他們認爲稻子本身屬於陰性，所以想要稻子結更多穗就要選擇屬於陽性的植物種在旁邊當稻子的情樹。常種的陽性植物有薑樹、香茅，或「蘭撒果」（langsat/cây bòn bon）等。

農民的生殖崇拜信仰屬民間哲理，雖然道理簡單但內涵存在永恆的願望，也就是透過陰陽交合促使萬物永續生存與發展的期待。

五、祖先崇拜信仰之相關祭典

在農業祭典裡，祭拜祖先也是一個普遍的信仰，這是連接社會群體的基礎。祭拜祖先不只是越南小數民族的共同特性，也是全東南亞的特色。

在安沛省，黑泰人的新稻米祭典裡，報答稻母儀式之後就是準備菜餚來祭拜祖先。主人會準備牲禮如豬頭、雞、鴨、斑鳩、烤魚（泰語叫Pa pỉnh tộp）及青菜和其他常見的香料。祭品會放在家中的神明廳祭拜。此外，主人還要準備一些特別的禮物，男性去世者的上衣、土錦布（thổ cẩm）、檳榔、銀手鐲、白銀五塊、酒和香。死者留下的紀念品被視爲與祖先交流的工具。

河江省新利村的拉基人在祭拜新稻米的祭典裡也大致是這樣，禮物都有糯米、酒葡萄、烘乾的蜂蛹和草豆蔻。主人祭拜各位神靈後就請祖先回來享用祭品佳餚。

六、結語

我們清楚發現在越南北部高山區少數民族的農業祭典有一些相同性：本身爲簡單及原始性的觀念。譬如，要舉辦祭祀儀式才能求得五穀豐收，要造成打雷聲音、潑水老天才給雨，要保留稻魂下季才能豐收。

稻子是此地主要的農作物和產品，所以不管何種耕作方式種植者的祭典儀式都差不多。換句話說，在這區域的少數民族的農業祭典有很多相同點。

每個民族都有其語言來表達其信仰，譬如崇拜稻魂、求水求雨、生殖崇拜、祭拜祖先等不同程度的古老性質。通過執行祭典儀式與祭品我們可以發現在多采多姿的農業祭典裡有共同的祭拜對象，那就是稻子。

許多學者的研究及本文均指出，北部高山區少數民族的農業祭典表現出多神信仰、萬物有靈的思維。這現象可視爲原始信仰。此信仰不只出現在東南亞農民，其他從狩獵和採集經濟轉成農業生產的民族也有此信仰，因它反映出人與大自然生活環境的關係。人類生活高度依賴大自然，他們常希望風調雨順以及萬物永續發展。此渴望體現在稻魂信仰、生殖崇拜、求水求雨、祖先崇拜等信仰。此祭典在農業社會是重要的成分，透過這些祭典連接與鞏固社群，共存和發展，共同生產並確保豐收。

參考文獻

Lê Bá Thảo. (1977). *Thiên nhiên Việt Nam.* NXB KH&KT.

Nguyễn Đăng Duy. (1994). *Các hình thức tín ngưỡng tôn giáo ở Việt Nam*. Hà Nội: NXB VHTT.

Phya Anman Rajadhôn. (1988). *Văn hoá dân gian Thái, Viện Đông Nam Á*. NXB VH.

TB. Lê Văn Kỳ. (2002). *Lễ hội nông nghiệp Việt Nam*. Hà Nội: NXB VHDT.

Tôcarev. X.A. (1994). *Các hình thức tôn giáo sơ khai và sự phát triển của chúng*. Hà Nội: NXB Chính trị quốc gia.

Trung tâm khoa học xã hội và nhân văn quốc gia, Viện Dân tộc học, Khổng Diễn. (chủ biên). (1999). *Dân tộc Khơ Mú ở Việt Nam*. Hà Nội: NXB VHDT.

Trần Bình. (1999). *Dân tộc Xinh Mun ở Việt Nam*. Hà Nội: NXB VHDT.

Tylor E.B , Huyền Giang dịch. (2001). *Văn hoá nguyên thuỷ*. Hà Nội: TCVHNT.

── 本文原載《台灣東南亞學刊》2018年13卷2期

第十章

西原長山區域刺水牛儀式：族群文化象徵

黎英俊[1]、陳德創[2] 著，呂越雄[3] 譯

1 TS. Lê Anh Tuấn，越南文化藝術院順化分院研究員。

2 Th.s Trần Đức Sáng，越南文化藝術院順化分院助理研究員。

3 Lù Việt Hùng，社團法人台越文化協會及台文筆會越南事務部主任。

一、前言

牲畜獻祭是一種普遍的信仰儀式，世界上所有古老的文化裡都能找到它的存在，它在形成各族群社會文化結構的過程中提供一定的貢獻。牲畜獻祭包含許多文化因素，反映了各個族群龐大的心靈需求、嚮往平安幸福的生活。人類歷史發展的同時，牲畜獻祭已經產生一定的變化，其中重要的轉捩點是以動物（象、馬、牛、羊、豬、雞等）替換人類（孩童、貞女、俘虜、奴隸等）。至今，在不少重要牲畜獻祭仍維持使用牛的習慣，特別是在東南亞地區，其中有越南的Cơtu人（不同寫法：Ka tu, Cơ tu）。因此，如果想探討牲畜獻祭以及長山區域（越南中部的西北邊）刺水牛儀式之來源和意義，不僅須初步畫出該族群過去的信仰生活以及文化面貌，更要能提供具體考察地點給研究原始社會結構裡牲畜獻祭所扮演的角色。

長山區域少數民族的文化遺產裡，Cơtu族可以說是具有許多值得關注之特徵之族群。在民族學方面，Cơtu族人仍保留種類豐富的文化特徵，例如：服裝、禮節、風俗習慣、建築、農耕工具等。在各種族群長住於西原長山區域的共同點上，Cơtu人生活、信仰以及建築方面，牛的象徵非常普遍且豐富。在開耕、收割、婚禮、棄墓等許多重要儀式上，牛是牲畜獻祭最珍貴的動物。而在西原區其他的族群裡，雕刻藝術領域上如高腳屋（nhà Rông）、墓屋等重要建築卻看不見牛的象徵。因此，能將此特徵視爲Cơtu人與其他族群不同的獨特因素。

在Cơtu人的社會裡，能找到完整的祭拜、牲畜獻祭儀式，包括人類生命週期、物產成長週期，家族、親屬、村莊、社區等。這些系統分布寬闊並具有完整性。其中，刺水牛節（Tắk Tariiq）對Cơtu人而言，從以前到現在仍是規模最大、最有意義的牲畜獻祭。從更廣的角度來看，刺水牛節帶有許多西原長山區當地居民文化本色的特徵，在求福氣、求平安、求豐收的共享情境下，全面地反映一個族群的文化色彩。

二、牲畜獻祭習俗：緣由與意義

概念上，「獻祭」、「獻牲」、「獻祭儀式」、「牲畜獻祭」、「祭禮」、「獻禮」等專有詞語一直定義爲牲畜獻祭。越南語裡面，「獻牲」這個專有名詞被公認爲：第一，獻牲或獻祭只是一種信仰的行爲，而不是一般祭拜的行爲，其中一定要有最寶貴的祭品以及配樂；第二，獻祭是一個公用的名稱，包括所有獻祭儀式，不管祭品爲何（人類、動物、草木、物品等）；第三，「獻牲」只能用來指將寶貴的動物獻給眾神祭禮的儀式；第四，獻祭或獻牲是一種行爲或事件的表現儀式：犧牲、貢獻、自願、訊息、協議。

英文裡面的「獻牲」是Sacrifice，具有「使它變神聖」的意思。它從拉丁古文的「Sacr神聖」字根以及「Facere使」字根延伸出來，則是向崇敬的眾神呈獻有價值的物品、禮物或動物、人類。根據The New Webster's Encyclopedic Dictionary of the English Language，是「呈獻動物、草木或人類的牲命、物品給眾神，讓眾神息怒或對眾神表示屈服」。

總的來說，最基本的說法，獻牲或獻祭是使某動物、某物品或某人變神聖，其目的爲證明人類的隸屬、屈從、愧疚、悔改、期許、渴望；獻祭物品越珍貴，人類所受到的精神能量越強。

探討牲畜獻祭的歷史，獻牲是幾乎所有宗教共同普遍的現象。「獻牲行爲以及牲畜獻祭是人類文化歷史發展中非常重要之現象，而所有種族、區域、不論在不同經濟、社會發展程度上都擁有。」根據E. Tylor（2001）：「獻祭儀式也許出現於文化初始的階段，根源也來自萬物有靈論，就像祈禱詞在長久的歷史洪流中，與它有一種密切的聯繫。就像祈禱是向眾神請求，如同對人請求，獻祭也是向眾神貢獻禮物，如同那就是一個人。」

有關宗教信仰歷史及考古研究指出：「最早的貢祭品」是人類（孩童、貞女、敵人、戰俘、奴隸等），之後，人類社會發展的同時，已經將貢祭品轉換成為動物，這被視為人類史上偉大的一步。但與人類價值不同，動物貢祭品要達到一定的標準，例如最珍貴、最大、最漂亮、最純潔、最純淨（白象、白牛、白羊、白豬、白雞等白色的動物）。「獻祭已經歷不同宗教歷史位置的改變，不論是它的儀式或是為獻祭打下基礎之理由。」然而，雖有貢祭品的改變，人類的信念卻沒有改變。實際已證明：「因時間的演變，習俗逐漸沒落，唯有務必執行牲畜獻祭的信念卻不變，且以動物替換人類做獻牲品。獻牲人類的同時，替換牠，從很久之前，則是以雞、犬、貓、馬頭、動物骨頭、蛋等物品作為貢獻品。」

貢獻品是反映儀式規模、性質及目的的「指示品」之一。封建社會時代，透過貢品等級就能夠反映出祭禮規模和級別，比如「三牲」（水牛、黃牛、豬或羊）、「二牲」（羊、豬或水牛）、「特牲」（水牛、羊、豬擇一），其規定結構和數量非常清楚。

這個信仰儀式的目的起頭和被執行的理由有許多：為了建造一個新的建築物進行獻牲（造橋、建廟等）；為了已往生的國王、祭禮師、偉大的領導者執行獻牲，讓他們在另一個世界也能得到服務；為了減少或阻止旱災、地震、火山爆發等被視為眾神怒氣或不滿的自然天災進行獻牲；為了祈求下雨、祈求土壤肥沃而進行獻牲。

牲畜獻祭形式很豐富，因文化、種族不同而有差異。以完整或不完整的死亡牲畜獻祭：間接形式；殺死後取血獻祭：象徵性獻牲。「在特定的情況下，可以看出獻牲從過度流血形式至降低又具有象徵性的形式。」

從古老農業文明的開始，透過觀察，人類早就看出太陽的光線和土地的濕氣對樹木、萬物的生長有很大的影響。一代又一代的累積，人類的世界觀已認知並形成了一些概念，有關天與地的兩個要素，而這兩種要素的和好跟萬物的生長有密切的關係。這樣的相互關係被古代的亞洲人總結成陰陽的哲理。這種天地之間萬物的和好並非皆能順利達成，而是需要一個橋樑，帶來親切又合理的接觸。然而，惡劣的自然環境和社會生活的惡化已強迫他們必須創造出更好條件產生更好的「催化劑」，使天與地之間的媒合進行得更順利。其中，獻祭品的鮮血被視爲最靈驗的「催化劑」。血色是紅的，是火的顏色，被聯想到能量、生命力，是猛烈渴望的象徵。

在一些古文明裡，已將同類的鮮血視爲最珍貴，也是通靈最有效果的「催化劑」。以前，「最實際又最天真的觀點是將生命視爲血的原始觀點」。有一些族群深信牲畜獻祭的鮮血能使眾神、魔鬼息怒，讓他們不帶來飢餓、困苦、無收成、戰爭、疾病、天災；貢祭品的鮮血能讓草木強壯生長；貢祭品的鮮血能帶給人類力量抵抗疾病和猛獸；貢祭品的鮮血能帶給村落力量以及平安。

三、文化領域及牲畜獻祭裡的水牛象徵

㈠越南文化領域的水牛象徵

若蛇和龍常常被視爲人類思想的普遍象徵，水牛則是古代東南亞文化明顯的象徵。離現在數萬年前，古代東南亞已經馴服野牛成爲家裡飼養的水牛。經過漫長的時間以及受到許多因素的影響，水牛本身自己達到文化的象徵：人們知道牠並不僅僅是耕田、拖車、當作食材的動物，而是被用於最重要的祭禮裡。在文化變遷過程中，各種族群透過交流、貿易等行爲所產生必要性的互相影響，已導致將水牛作爲貢祭品的習俗變得更普遍。

在印尼巴里島，於新年第一天舉辦的眾神獻祭儀式裡，在各個高塔旁邊，有擺放地位最高的三位神分別爲太陽、海洋及土地等象徵，通常有一隻獻給惡神當貢品的黑色水牛。在獻祭過程，若獻給善神的貢品擺在塔頂和塔腳，獻給惡神的貢品卻是一隻黑色的水牛擺在中心的位置，周圍八方（從東方順時鐘算起）分別爲黃牛、鴨、鹿、犬、獐、孔雀、豬、羊。居住於Sumatra島上的Balak族

人、Minang Kabaus族人以及Salawesi島上的Torajas族人都非常崇敬水牛。水牛象徵在他們的生活裡所扮演的角色非常重要。「Minang Kabaus」族名意思是「戰勝水牛」（Minang =水牛，Kabaus=戰勝）。Balak族人的婚禮上，常常舉辦鬥牛，因為希望能將戰勝水牛的特性轉移給新婚的新郎新娘。

在越南文化裡面，水牛的畫面常常跟農業活動一起出現，並逐漸已變成區域文化的象徵。超過三千年前，由土窯做的藝術水牛像已經出現於先會（Tiên Hội）、銅豆（Đồng Đậu）等文化遺址裡；刻製於銅鼓的表面上（永雄Vĩnh Hùng銅鼓）；越南鄉村涼亭裡的木雕刻上，例如「漁—樵—耕—牧」古畫上；東湖版畫上（Đông Hồ）；民間文學、歌謠、俗語裡：「水牛為基業之首」、「買水牛，娶妻，蓋房……」、「田深，母水牛」、「九米庫十水牛」已指出水牛重要的角色。關於水牛和水牛象徵的生活及信仰上的習俗非常豐富、多樣，比如鬥牛節、水牛比賽、刺水牛、感謝牛等活動。在越南封建社會裡，天子的「Thái tao禮」使用三牲貢品包括水牛、羊、豬；朝廷舉辦的「籍田禮」；海熘區的鬥牛節（Hải Lựu, Lập Thạch, Vĩnh Phúc）；圖山（Đồ Sơn, Hải Phòng）；立廟拜「金牛」西湖區（Tây Hồ, Hà Nội）；明德區拜水牛習俗以及有關一個姓末名字為白牛的人的故事（Minh Đức, Ứng Hòa, Hà Tây）；九龍平原區域（vùng đồng bằng sông Cửu Long）過「水牛節」的習俗比較隆重，同一天也有「老師節」；金水牛被越南挑選為第22屆東南亞運動會（SEA Games）的靈物。

不只越南京族人有許多有關水牛的信仰習俗，越南許多少數民族也有同樣的習俗。對占婆人（người Chăm）舉辦的眾神、祖先祭禮而言，水牛是不可缺乏的貢品。寧順省（Ninh Thuận）的每七年（占婆歷）一次，在7月會舉辦一場獻祭白色水牛獻給眾神，地點在白石山腳（núi Giang Patao）。在樂性（Lạc Tánh）的占婆人每年4月（占婆歷）都在波潤半廟（đền Pô Rum Păn）舉辦砍牛（Săm lé），為了貢祭Pô Rum Păn以及眾神。「你會上天堂。你沒有罪惡。你是村民獻給眾神的貢品。請你帶著村民的許願到眾神那裡去……。」越南西北部的泰族人（người Thái）在年初有感謝水牛的習俗。他們準備非常豐富的貢品包括糯米飯、雞肉、酒、檳榔和一束嫩草。H’mong族人（người H’mông）有「魔牛」儀式，是兒子爲了孝順父母舉辦的儀式，一輩子只舉辦一次。散齋人（người Sán Chay）有一種特別的習俗：當家裡有一隻牛老死，大家會舉辦一場喪禮，讓大家記住這隻牛所奉獻的辛苦。莫喃人（người Mơ Nâm）年初有祭拜水牛的儀式，爲了祈求村民享有吉祥、水牛健康。扶羅族人（người Phù Lá, dòng họ Nhê Xe）將水牛視爲始祖……

上述關於水牛的信仰和習俗，地位最高、最神聖的是水牛被選爲牲畜獻祭裡獻給眾神的貢品——農業社會普遍的習俗，帶著種植大豐收的祈求。因此，在信仰重要的儀式裡，出現了水牛，而不是其他動物，已經反映了東南亞地區農業文明的痕跡，換一種說法，可以肯定「水牛是東南亞地區共同文化的特殊要素」。

㈡西原長山區域少數民族牲畜獻祭裡的水牛

在西原長山區域，不論有什麼宗教形式，核心都是牲畜獻祭，而「水牛獻牲是最高貢祭的行爲」，高得可以說羊、犬、豬、雞等其他動物的獻牲只是低程度的模仿，「因爲水牛並不像其他動物」，且因爲「從牠的本質，水牛已經帶有人類的形影」。

水牛鮮血被西原長山區的各個族群視爲能夠與超然世界通靈的物品。因此，爲了達到最大的願望，即是大豐收，他們常舉辦刺水牛儀式：「牛血已擦在頭上，懇求給予村民健康長壽。牛魂已到四處八方，懇求給予豐富糧食。」（西登族người Xê Đăng）「懇求天神、水神、山神、河神，請現身見證這次刺水牛儀式，懇求眾神給予保佑，讓村民豐收稻米，養出更多牛。懇求眾神現身到村裡吃牛肉、喝香甜的竹酒……。」（加萊族người Gia Rai）；「好吧！我要跟牛送別了，請你吃下最後一撮草。不要怪我喔！也不要生我的氣。明天你回去潘區顧田，讓我們村民平安、順利喔！讓我們村民有大豐收喔，水牛阿！……」（M'nông Bu Nơr族）在M'nong族生活裡，水牛是第二珍貴的動物，僅次於大象。在慶祝大豐收、求健康儀式、祝壽禮、剪象牙禮、幼象命名禮等大節日，都要殺牛獻牲。

㈢ Cơtu族文化上的水牛象徵

Cơtu族群以打獵、耕作爲經濟、社會的基礎條件，水牛的角色及價值的提升與平原的其他族群有所不同：在生產過程中水牛的角色單薄，在信仰方面它的角色卻特別重要。牠是獻牲品，帶有許多神聖的意義，特別在一些重要、大規模的禮節，牠與族群的興旺有密切關係。

對Cơtu族群來說，在特殊耕作環境裡，水牛（Tariiq）並不扮演「基業之首」。然而，水牛的象徵卻非常普遍，特別在生活、歌謠俗語、演唱、造型。特別在信仰生活，水牛對該族群在物質及心靈生活方面有一定的影響。在Cơtu的村莊裡，我們可以找到水牛和牠的象徵在很多地方：村莊的養殖動物、信仰的貢品、提親禮、族群法則的定罪物及處罰物、社區文化中心上雕刻和主題（motif）：樓梯、木牆、屋頂等地方、葬屋棺材、屋簷、傳統布上的花紋、民歌裡（điệu Nhiim Tariiq/Bnoóc tề t'rí）、民舞（điệu Tân tung）、傳統的交換單位等等。總的來說，水牛是Cơtu族群最珍貴的動物，被挑選成爲重要或大規模儀式的貢品。在宗教的儀式裡，水牛（或者其他獻牲的動物），特別是有白毛的水牛特別受到Cơtu人的喜愛──白色象徵「光、純潔、貞節、完美、無缺陷的」。「眾神非常喜歡原本很純潔的白色動物。」

四、Cơtu人的刺水牛節

㈠ 來源和意義

在原始社會經濟不穩定的情況下，在長山森林寬闊、隱密的自然裡，到處都是「兩隻腳的敵人」和「四隻腳的敵人」，Cơtu人顯然要想出辦法適應和對付這些惡劣的環境才能夠生存下來。努力生存的過程中，也有很多夢想。這些夢想被呈現於生活上的不同形式及領域，而「獻牲水牛」的行爲可被視爲這些夢想的最高表現。這個習俗的來源，從口述故事到建立觀念，從實際經驗的學習到儀式上的行動，一直跟稻米、社區平安有密切關係。這些口述故事在長山區域、在Cơtu人、Cor人、Ca dong人、Xê đăng人、Bru-Vân Kiều人、Tà Ôi人等Mon - Kh'mer族群生活非常普遍。雖然有許多不同版本，但都有一個共同的希望則是「飽足生活」。

關於「萬物有靈」民間信仰的觀念，在村莊裡的所有物品，生活上的所有東西，都是神與魔的。這個觀念開啓了神與人之間的一種「求給」的關係：要取得必須「求」，若不「求」而取就是「偷竊」，而從老天那裡「偷竊」就有重罪，導致非常可怕又無法預料的後果。特別是針對稻米樹（Haró）、米（China），不能簡單地「求」，而必須有祭拜、刺水牛的儀式。因此，當邁入種植季節時，村民一起討論獻水牛，「求」眾神給大豐收（Bơơn bơk Haró aơm）。刺水牛儀式時Cơtu人向眾神奉獻禮物的方法，是威權勢力的眾神開心。然而，此方法絕不能是一般的宰殺，而需要充分準備，包括擇日、挑選材料、裝飾祭壇（Tinól Tiriiq）、挑選水牛、挑選刺水牛的人、刺水牛的動作、舞步、歌詞、鑼聲鼓聲等等因素。一切都是爲了一場最神聖的牲畜獻祭，嚮往最高的渴望。

從祈求大豐收（Bơơn bơk Haró aơm）、祈求平安、祈求生活飽足（Kabhôôq ngan）、祈求身體健康（Karơ gimaanh）的角度，刺水牛儀式已經變成求安（liêm）、製造平安生活的因素、建立人類與外面勢力一個溫和關係的因素。因此，不論有沒有豐收、平安或疾病、戰爭或和平，Cơtu族群都舉辦刺水牛儀式。日後，刺水牛節在舉辦目的及意義方面都日益被擴大，並成爲社區共同性的文化活動，帶有許多渴望，但儀式的核心目的是爲了尋找並解決糧食、平安、飽足等問題；其中，水牛鮮血扮演重要的角色，則是「連接、促進天與地之間的因素」。

認知上以及實際上的清楚區別，反映了Cơtu人面對超然勢力的應對。在Cơtu人的思維裡，「Ahaam」或「Ahơơm」（血）的概念是一個謎，被聯想到恐懼、害怕、崇拜：牲畜獻祭裡的鮮血是最珍貴、最神聖的；意外的血是可怕的；婦女被「老天處罰」的血是禁忌、骯髒；鮮血的紅色使人聯想到魔鬼的世界，需要遠離……。這些現象更能被印證，因爲牲畜獻祭只挑選公的水牛，對我而言，不僅單純是偶然性的結論，而是反映了整個具有人生哲理的觀念系。水牛鮮血──「Ahaam Triiq」，在這個情形，是「連接素材」總結之一。因此，刺水牛儀式不像其他一般的結交儀式，而是人類和眾神以鮮血結交的儀式。

㈡ 儀式執行過程

所有刺水牛儀式、禮節通常跟生產週期有相關，集中在11月至12月。舉辦的地點要在村莊的廣場，讓全部村民共同見證。不過，在一些特殊的情況下，這個儀式會在兩個村莊共同邊界的一塊空地，在森林的入口，在有錢人家裡的婚禮等。

以前，由於生活物資缺乏，刺水牛儀式的籌備時間需要三個月、半年、一年，甚至也有五年到七年更長的時間來準備，要視活動的性質和規模而決定籌備的時間。儀式裡主要的食物爲森林裡的肉類以及一些自己養殖的家禽肉類。除了米、白薯、玉米、芝麻還需要糯米，糯米用來煮「竹筒飯」，配烤肉招待貴賓，特別獻給老天爺。Cơtu人最普遍的飲品是白酒，他們的白酒通常用tavaak樹、白薯、米、玉米、甘蔗釀製。

籌備過程最重要的關鍵活動是挑選水牛和立柱（Xơ nu/X'nu）。水牛通常從村莊裡的水牛挑選，或從平地買回來。被選上的水牛一定是公的，強壯，不能太老，看起來不能有生病的症狀；牛背皮膚平滑，腿壯、腳甲不能鬆脫，尾巴要有斑點，特別是雙角必須對稱、長、尖、半月彎型。對村莊裡面自己養的水牛，必須一個月前進行隔離照顧，隔離的地方要很乾淨，遠離其他可能生病的水牛或母水牛。挑選出水牛後，進行儀式前夕，水牛被牽入即將進行儀式的廣場，在這裡簡單舉辦一場儀式，包括作法事，詢問眾神的意思是否接受這隻水牛，若被接受才能將這隻牛綁在柱子上。

柱子的準備工作也非常重要。他們使用木棉樹當作柱子，也許Cơtu人從木棉樹找到它與稻米的關聯（越南話裡「木棉樹」和「稻米」同音）。當木棉樹開花，是萬物改變、天氣轉換的關鍵時刻。為了這根柱子變成整個儀式的重點，除了神聖意義之外，柱子還是一個藝術品，不論在信仰還是造型藝術上，都需要準備透澈，精細挑選，謹慎裝飾。它不僅是綁住水牛的工具，而是帶著人與神之間的「連接品」、「通靈樹」涵義。裝飾柱子的工作需要花很多時間和功夫，裝飾團隊需要很多人，大家技術都非常好，有敏銳的審美觀。這些因素會讓柱子變成儀式的「靈魂」，也是Cơtu族群儀式裡最高層面的文化象徵。接著，要挑選立柱的位置，這份工作有村莊最有影響的男性長老負責。在村莊的中心位置，在Guol（Gươl）面前，這個人指揮立柱和兩跟高高的Do doong（Đơ đoong）。立柱之前，又要辦一場小祭禮詢問老天爺是否同意舉辦。

當所有籌備工作已經完成，將一桌供品放在廣場中心的位置。每次舉辦儀式，每個村莊的供品數量及其規模有所不同。照傳統規定，祭拜儀式由村莊裡有影響力的男性長老擔任重責。這位長老則為主祭，將會指揮儀式進行，他也代表村民與眾神溝通、執行祭拜的儀式。在Guol旁邊，大家將一間小屋蓋起來，叫做「祭禮屋」，用手工布圍著，祭禮屋裡面的空間剛好是一桌供品的大小。

刺水牛儀式前夕，將水牛綁在柱子之後，長老們辦一個小場祭禮，叫做「哭祭水牛」，祭品包括一隻雞和一隻豬，目的為了「參見」眾神且「送別」水牛。接著，一位長老從水牛的鼻子取出一杯鮮血，並放在祭桌上。這是為了老天獻祭活體水牛的儀式。這個儀式結束時，該長老將酒撥在「祭品」上。主祭完成這些儀式後，〈Dhap Brech〉（Đhập brếch）曲的音樂響起，邀請眾神蒞臨參與祭禮，同時也通知村民到廣場參加活動。當配樂換成〈Pro lu〉（Prờ lư）曲，也就是刺水牛儀式邁入最神聖的階段。最高潮的時刻就是主祭的標槍刺入水牛的心臟（或喉嚨），這是儀式裡一個具有最高層象徵性的動作，劃出儀式兩個清楚的界線：「禮」——莊嚴、神聖，以及「節」——熱鬧、歡樂。古老的觀念認爲，水牛死的姿勢很重要，所以他們要讓水牛跑逆時鐘方向，心臟所在的右方胸口必須向外，讓這隻水牛死後，身體不能朝地、壓住被刺的傷口，頭朝向Guol（Gươl）。

「動物的鮮血是生命的象徵和居住處，也是生命唯一的表現」，所以，當第一滴血落地時，主祭擷取鮮血、作法事求平安。Cơtu人的結義儀式、求豐收儀式、求平安儀式等不同的儀式裡，採取的法事也不同。結束刺水牛儀式，主祭切掉水牛的尾巴並帶來一隻活公雞，繼續拜眾神，告知眾神已經完成水牛的獻祭，「已完成了，可以放心了」。最後，主祭將公雞和水牛尾巴往Xo nu（Xơ-nu）柱子的Pa pa（Pà pà）丟上去。這個動作像擲筊方式，請求老天對該次儀式的滿意和認同。

五、Cơtu人生活裡刺水牛儀式的文化價值和角色

在舉辦儀式的流程中，刺水牛儀式不單獨進行，它營造出一個社區的共同活動，也是社會關係的一種聯結、交叉的要素。刺水牛儀式反映了「水牛—稻米—幸福—平安」的關係，像一個必要的需求，聯結人與神的關係。「眾神讓稻米熟成、下雨、出太陽……，稻米讓人有力量和勇氣。」

我們能透過該儀式了解有關時間、內容、忌諱等規定看出族群文化價值、重要及神聖的特徵。這些規則反映了Cơtu人對人類與超然世界、靈界魔鬼的關係，其中更清楚規定利益和義務：第一，對村長的要求：村長分配、監督籌備儀式工作，儀式籌備過程不能行房。村

長的利益：儀式結束後，能夠領取水牛的心、肝、鮮血；第二，對村民的要求：每個人都需要供應糧食、付出勞力，村民不能耕種，不能出遠門；第三，對來賓的要求：來賓要尊重村莊的規則、盡心享受活動氣氛，不能煽動人群或挑撥人心使群眾失控。

透過許多祭禮儀式的目的、內容、方式和文化活動（如演唱、造型）以及Cơtu人的渴望，能看出刺水牛儀式的意義及角色。特別是，其中祭柱（Xơ-nu）是一種「通靈柱」連接天地，用貢品的鮮血做接觸液。祭柱有功能連接兩種能量，創造出好天氣、和解眾神和人類的矛盾、衝突……。這就是Cơtu人嚮往的人生意義。

透過祭柱的外觀和造型也能看出族群文化的價值。祭柱是一個建築、繪畫及雕刻溫和的結合，它已經變成信仰價值的象徵。從更廣的角度來看，若將Cơtu村莊當作一個小宇宙，祭柱放在中心（Kirnóón）──綁水牛的地方，那麼「祭柱就是世界中心主軸的象徵」。

儀式舉辦的過程，從開始到結束，不管舉辦時間長短，不論天氣好壞，但絕不會缺乏歌聲、鑼聲、鼓聲。其中，有特殊的曲調，名稱叫做〈水牛歌〉，每次舉辦牲畜獻祭儀式時都能聽到。獻牲儀式裡面，還有一個重要的角色，是舞者，他們被稱爲人類和眾神交談的「語言」。Cơtu人有名於Padhiil Yayaq（女性舞者）和Tan tung（Tân tung男性舞者）。

六、結語

獻牲或獻祭是讓一個人或物品變成神聖的行爲。Cơtu人的刺水牛儀式是一種傳統文化活動，該儀式全面反映了族群特徵的色彩，表現出求福、求安、求豐收的共同性。「儀式不僅爲了表達有關美好生活的觀念及願望，而且還爲了調和對立關係，爲了帶來社會的祥和」。Cơtu人的刺水牛儀式意義已經超出儀式本身的氛圍，它營造了另一個社會空間，在這個「幻想社會的空間」裡，人和人之間、人和物之間、人和世界之間，人類所扮演的角色是主體的。在這個空間裡，共同性被推到最高層面，個人利益、衝突或不合都瓦解。刺水牛獻牲儀式的最大信仰角色是創造出社區信念的方法，而這個信念會影響到每個Cơtu人的生活和村莊的興旺，能夠形成這些社區信念需要透過刺水牛儀式——擁有一系列最有規模的儀式、獻牲最珍貴的動物、參與人數最多、期許的願望最多。

——本文原載《台灣東南亞學刊》2018年13卷2期

第十一章

越南村莊的南北差異及南部水上貿易的文化特徵

吳文麗[1] 著，范玉翠薇[2] 譯

---

1 GS. Ngô Văn Lệ，胡志明市國家大學所屬社會人文大學人類學系教授。本論文為胡志明市國家大學計畫，編號：B2018-18b-02的研究成果。

2 TS. Phạm Ngọc Thúy Vi，國立成功大學台灣文學系博士，胡志明市國家大學所屬社會人文大學人類學系助理教授。

一、前言

受到當地的自然條件因素影響，九龍江流域（或稱湄公河三角洲）的這些族群的經濟活動與其他地區不一樣。這地區的經濟活動一方面顯示該區的各族群在開墾過程中已一起創造與保護此地的「田園文明」（văn minh miệt vườn）與河水文明（văn minh sông nước）特色，另一方面顯示各族群的自己文化。因爲該區的居民大部分都是移民族群，因此，各族群的經濟活動都受到自己的傳統文化影響，造成不同的經濟文化特色。研究九龍江流域地區的經濟活動可以了解此地居民的社會文化特徵、墾荒過程、擴大領土以及保護領土主權等方面。研究結果也顯示越南各族群的經濟活動的靈活性。水上貿易是屬於九龍江流域地區的獨特經濟文化。對於世界上的所有族群，貿易是一種非常普遍的經濟活動。該活動反映出來各族群各地方互相交流文化的過程。在日常生活中，人們一定要互相交換貨品才能滿足個人的物質要求。在某個地區，自然條件（包括礦物、藥材、農業品及手工藝品）永遠無法滿足居民的所有需求。因此，當各族群開始形成第一個社會組織形態（部落）時，各地之間交換貨品的現象早已出現了。貿易（交換貨品）有各式各樣的方式，譬如在一個固定地方進行交換貨品（市場）。交換貨品方式的活動可以每天進行或是依照農曆日而定期進行。這種按照農曆日而定期進行交換貨品活動被稱爲「市集」（chợ phiên）。另外，有一種每年於固定的時間進行一次祈求好運氣的市場叫做「南定省的Viềng市集」（chợ Viềng Nam Định）。還有一種不是進行貿易活動而是男女交流機會的市場，叫做「沙壩的愛情市集」（chợ tình Sapa）。市場是商販必須要考慮到利潤、計算成本的一種經濟活動。其中，運輸成本是受到商販很關注的因素。因爲九龍江流域到處都是河流，因此，水運是既方便又便宜的運輸方式。因爲對水上貿易領域的研究還是很少，因此，本研究裡所使用「社群」、「移動社群」的一些專有名詞必須要定義清楚。

社會科學通訊院（1990）認爲「社群」該專有名詞通常是指社區成員之間的關係。這種互相關係會被社區共同利益支配與決定。在一個社群裡，每個成員都享受同樣的生存條件（包括生產活動以及其他活動）以及共同享受思想體系、信仰、價值觀、生存目的與方式。不過，這個觀點無法指出界定一個社群的特徵與標誌。Tô Duy Hợp和Lương Hồng Quang（2000）已經引用Ferdinand Tonnies理論來定義「社群」有如下特徵：

第一，這種靠著精神、友好及自然團結而出現的關係都屬於社群的屬性。

第二，社群有穩定性與持續性。隨著歷史，社群的穩定性被確定，時間過去會聯結社群的所有成員。

第三，社群與成員的社會地位有密切的關係。其中，成員的社會地位是一種固有的社會地位，並不是奮鬥而有的社會地位。

第四，社群以家族關係爲基本觀念，通常含有兩個特徵：第一，家族是以血統爲主；第二，家族成爲社群文化活動的模式。

可以說，這是觀點比較清楚，提供給其他研究者研究一個知識基礎來研究社群。

二、「村莊」是屬於社群之類型

在越南，在日常生活與科學領域，「社群」這個概念常常被用來談論一些具有相同規模和社會特徵的對象。譬如，《越南語辭典》定義「社群」是指同住在一個地方、具有相同的特徵、在社交活動中互相協助的所有人。譬如「語言社群」（cộng đồng ngôn ngữ）、「社會社群」（cộng đồng làng xã）、「海外越南社群」（cộng đồng người Việt ở nước ngoài）（Hoàng Phê 2000）。因此，可以看出「社群」該專有名詞被使用來討論關於這些社會單位的核心家庭、村莊或是族群。這些社會單位在心理、意識、年齡、性別、職業、社會身分等方面有密切的關係。關於「社群」這個概念，雖然還沒提出一個標準或是具體的定義，但這些越南學者如Đỗ Long（心理學），Phan Huy Lê、Vũ Minh Giang、Phan Đại Doãn（歷史學），Trần Từ、Ngô Văn Lệ（民族學），透過個人的研究都認爲「村莊」（làng）是一種社群類型以及是越南人的居住單位。另外，兩位越南社會學學者認爲研究某個社群時，必須要指出造成社群的因素（Tô Duy Hợp, Lương Hồng Quang 2000）。他們認爲世界上許多學者的研究結果已顯示，造成社群的最重要因素包括居住地區、經濟、職業及文化。因爲這些因素造成社群成員之間的緊密聯結。但我們認爲，當我們研究一個具體的社群（譬如越南人的社群）時，必須注意到社群的永續發展的因素。經過永久時間，「村莊」（làng）永遠被認爲是一種有血緣、經濟、社會成分及宗教的關係（Phan Đại Doãn, 2008），因此，「村莊」（làng）有「永續」性質。無論經過多少歷史變動，「越南人的村莊」（làng Việt）仍永續存在與發展以及按照各村莊的自己規準而運行。另外，經過鬥爭維護國家主權之過程，「越南人的村莊」也是保留及發揮越南人的傳統文化。另外，「làng」是基層行政單位，因此，有時候由於政府需要發展與管理經濟，村莊有可能被拆開或合併，但村莊永遠存在於成員的心。有一些情況，成員因爲某個原因必須離開村莊，這些人會在新地區再成立自己的村莊（Nguyễn Đức Lộc 2013）。因此，必須有必要和充分的條件才能成立村莊。有系統性研究越南村莊形成的過程之研究，到現在還沒有。但透過一些在南越做田野調查的結果，本人認爲「越南人的村莊」有三種形成的形式。村莊形成的過程會受到具體的自然與社會條件影響，因此，村莊的模型與規模也不一樣。第一，傳統的越南村莊是由原始公社解體而形成的，但其痕跡是這些村莊的公共政權的持續存在（至二十世紀50年代）。這種村莊形式主要出現在北越。第二，由一些有家族關係的人在開墾土地過程之中而成立的村莊，這些村莊常常把家族的姓給村莊取名。目前，在北越大概有一百九十多村莊有家族性的名字，如Lưu Xá、Nguyên Xá等。其中，姓阮的村莊大概有五十個（Diệp Đinh Hoa, 1994）。在Hưng Yên省有一些村莊用兩個姓取名，如Đoàn Đào、Đào Đặng等。第三，由政府建立的村莊，如Thái Bình省Tiền Hải區的村莊、Ninh Bình省Kim Sơn區的村莊及南越村莊。越南北中南的村莊雖然規模有可能是不一樣的，但這些村莊都是有血緣關係或鄰居關係的越南人居住的地方。可以看出，參加建立村莊的所有人首先必有血緣關係，然後考慮到居住地區。經過長久共同生存的時間，各社群形成了自己的利益與文化，同時區分於其他社群。

三、血統關係：一種特別村莊的類型

血統關係是越南人的村莊的特徵。對於世界上的所有族群，血統關係早已出現與存在了。早期，人們非團結不可，而且必須要互相協助生存。因此，血統關係比其他關係較早出現。當初，該關係是由人和人之間的血緣關係造成的；但後來因爲受主客觀因素影響，各族群的歷史演變也不一樣，造成當代各族群的血緣關係也不一樣。在一些族群內，宗族關係依照母親宗族關係（母權制度）而決定，因爲該族群比較重視婦女。在這些家庭，處理家事、舉辦婚禮、養小孩與財產繼承等，均由女生做決定。甚至，若她的丈夫去世，也要把屍體埋葬於女人家族的墓園。在越南，馬來多島語系的一些族群包括Chăm、Êđê、Giarai、Raglai、Churu都維持母權制度。在其他族群宗族關係不明確顯示屬於父權制度（phụ hệ）或是母權制度（mẫu hệ）。從民族學角度來看，該族群被認定是一個在過渡時期從母權制度轉到父權制度的族群（譬如高棉族）。地區關係（鄰居關係）進一步加強與鞏固種族關係。種族關係保留家族的傳統文化特色以及讓村莊裡的所有成員之間的關係越來越穩定。供奉祖先及敬重老人鞏固了村莊成員的關係以及保留「飲水思源」觀念。寫家譜、立家法、供奉祖先等活動，讓社群的成員對族群的認同越來越強烈（Phan Đại Doãn, 2008）。種族關係一直影響到社群的發展。至今，家族傳統文化仍然影響著成員的精神生活。

四、社群的類型

㈠ 血緣社群

在越南，父權制早已出現了。每個族群從母權制轉到父權制的過程也不一樣。從銅器時代（thời đại đồ đồng）至建立文郎和甌雒國家（nước Văn Lang và Âu Lạc）初期仍然維持母權制度。至北屬時期（thời kỳ Bắc Thuộc），因爲受到中國儒教思想影響，整個越南社會轉入父權制度；但在社會與家庭關係，母權制的特徵還存在。雖然抬高「男女授受不親」（nam nữ thụ thụ bất thân）觀念，但有「有男有女才立春」（có nam, có nữ mới nên xuân）。在日常生活之中，女生被限制，無法參加政治與社會經濟活動。女生雖然不能出席，但負責準備所有供品服務祭拜活動。在社會上，女生除了參加耕農、耕耘以外，還參加做手工產品、經營等工作。甚至，戰爭的時候，越南婦女也參加戰鬥。因此，越南供奉女神比較多。

在越南社會中，不能否定女人的重要地位，因此，越南諺語有一句話：「男人的命令比不上女人的話。」（lệnh ông không bằng cồng bà）在越南，儒教思想雖然已深入越南社會，但在法律方面，還保留夫妻平權的規定。譬如鴻德法（Luật Hồng Đức）規定夫妻倆共同享受財產。財產分割也規定較明確；除了香火田地以外，剩下財產的部分都平均分割給兒子及女兒。原則上，香火田地屬於長男的接管，因爲該人負責供奉祖先；若沒有長男，長女會代替接管。越南人的姓氏是根據父親的名字確定的，但母權制的殘餘還被保留下來。人口增加造成不同血緣的人也共同居住於一個地區，但在一個地區裡，就有一或兩個家族占了優勢地位；從此，出現了一種新的關係就是「村莊關係」（quan hệ làng xã）。「村莊關係」是一種依照人和人與鄰居之間的關係而成立的。「鄰近關係」（quan hệ láng giềng）比「村莊關係」較晚出現。因爲居民人口一直增加以及出現移居其他地區居住的現象，種族關係逐漸失去了原本的經濟基礎；從此，家族關係及家庭結構也慢慢改變。在越南平原和中游北部地區，傳統的越南人村莊是一個鄰近關係屬性的單位（Nguyễn Từ Chi 1996），但在生活領域，家族關係仍有一定的地位。南越人的種族關係早就出現了。北越人和中越人因爲生活環境遇到很多困難，已經離開家鄉跑去南越開墾土地。來南越開墾的這些人通常是一個家族一起去，到南越定居之後，該家族仍然維持自己的種族關係。

在南越村莊裡，南越人大部分依照父親的姓氏確認家族。依據Gerald C. Huckey的認定，南越人的種族關係被決定於父親家族關係；其中，比較重視男生以及占有優勢地位。女兒也必須要取父親的姓氏，並且是父親家族的成員（Gerald C.Huckey 1960）。南越人雖然經過很多歷史變動，遠離越南傳統文化地區及儒教思想，但還保留一些越南文化特徵。

在南越，北越人的父親制雖然還存在，但至少有了改變。在家庭裡，南越婦女的地位比北越婦女的好一點。雖然男生還是處理所有事情的人，但女生可以跟丈夫一起解決家庭的事情。另外，妻子也可以享受一份財產以及會負責管理及家庭的錢（Gerald C.Huckey 1960）。因此，在南越家庭內，生下女孩不是很悲哀的事情。這一點跟北越完全不一樣！

透過本人在胡志明市的郊區及南越的一些地方進行田野調查的結果，在南越，家族族長不是嫡長子[3]而是庶子[4]；有一些家族會用投票方式選舉族長（Ngô Văn Lệ 2003）。作者Hickey研究Khánh Hậu村

3 嫡長子為正妻所生的最年長的兒子。

4 庶子為正妻以外的妾或情婦所生的兒子。

莊也認爲舉辦供奉祖先典禮不一定由族長負責；有時候，家族內的其他男生會負責這件事，減輕族長的負擔。這現象比較符合一些沒有錢的家族。爲了舉辦供奉祖先典禮，不論是族長還是其他成員，誰有錢誰來負責這種需要的活動（Gerald C.Huckey 1960）。

另外，在南越宗族輩分也沒有北越那麼嚴格。在北越，庶子一定要把嫡子稱爲哥哥，不分年齡；而在南越，大部分不分嫡子或庶子，而且會依照年齡來稱呼，這現象有可能是受華人文化影響。

㈡ 村莊社群

從一個小家庭單位居民人口逐漸增加，因此，要求生活空間一定要開闊，以及形成了新的居住單位叫做「村莊」（làng）。南越村莊和北越村莊基本上有很大差別：北越村莊比較單純及封閉；南越村莊因爲由很多來自不同地方的開墾者，因此，南越村莊的特徵是比較開放的。各地方的居民比較容易交流或是移居到其他地方，因此，南越村莊的居民沒有北越那麼單一。另外，在南越的一個村莊內有許多的家族[5]，沒有在人口中占主導地位的家族，及沒有特殊把一個家族的姓氏給村莊取名的。可以說，社會和自然條件這兩個因素已影響到南越村莊的家族關係，讓這種關係沒有北越村莊那麼明顯及嚴格。

另外，開墾過程讓南越村莊早已建立私有土地制度；在北越，公田制度存在比較長久（Nguyễn Từ Chi 1996），公田制度讓村莊裡的所有成員有緊密聯結。爲了獲得平等的公田分割，不管去哪裡，每個成員都努力完成對村莊的義務。在這個條件之下，透過生與死的人之

5 在南越，一個村莊通常會有十個家族以上。根據我們於2007年6月去Kiên Giang省An Minh區Vân Khánh Tây鄉Phát Đạt里及Đông Hưng B鄉Danh Coi里這兩個地區做田野調查的結果，Danh Coi里有一百零二戶民二十三家族；Phát Đạt里有三百二十七戶民及二十七家族。但是，在北越村莊，譬如Mộ Trạch村莊裡，有82.8%姓武，十四個姓氏占17.2%總人口。Philipe Papin-Olivier Tessier主編，《紅河三角洲的村莊：未決的問題》（國家社科中心，2002年）。

間的關係，種族關係有機會被鞏固。在南越，私有制度出現較早，沒有公田制度，因此，村莊的角色有所微弱。農民仍然維持村莊成員互相協助的感情，但一直表達出來自己的個性和地位。因此，種族關係不太緊密。

當時，南越居民的成分都很愛幹活，但學問不高（Trần Bạch Đằng），活環境較差，經濟較困難。因此，當儒教思想轉入南越的時候，南越人受影響較少。南越人幾乎不在意儒教的思想，生小孩也沒在意男女。在這樣的生活背景之下，鄰近關係已經代替種族關係。

因爲歷史背景及人口增加的狀況不同，因此，於不同歷史階段，越南人的村莊的成立是不一樣的。在北越三角洲，有一些從原始時代已經成立以及存在到現在。越南社會雖然經過很多變動與發展，但這些村莊仍然保留一些特徵包括公田制度。近幾十年來，在西原地區的少數民族的村莊裡，還在維持這個特徵（Viện Dân tộc học 1984）。

有一些村莊由政府支持開墾立村，這些村莊大部分座落於Thái Bình和Ninh Bình省的沿海地區。當時進行南進計畫，這個現象在南越發生特別強大。《同奈南部地誌》（*Nam Bộ Địa chí Đồng Nai*）記載：「政府招募一些戰俘、難民、士兵去南部開墾土地建立村莊。政府提供種子水稻、耕農設備及水牛給這些人開墾與開闊土地，這種方式發生了村莊的公有財產。另外，政府成立了管理單位，制定法律管制這些團體。」（Địa chí Đồng Nai）阮公著（Nguyễn Công Trứ）當官的時候在Thái Bình和Ninh Bình省建立了一些新的村莊（Nguyễn Văn Huyên 2005；Toan Ánh 1992），譬如於二十世紀60時代在Thái Bình省建立了Nam Cường鄉。

十七世紀前，越南人因爲許多原因已經開始移居南越了，但當時條件還不夠強，所以沒有建立村莊。至1698年，當阮氏政權（chúa Nguyễn）派阮有鏡（Nguyễn Hữu Cảnh）到同奈－嘉定建設行政機關時，越南人的村莊才有機會出現。南越的村莊大部分比北越的較晚成立，所以沒有原始時代成立的村莊。

南越的村莊大部分成立於開墾土地過程中的階段，有一些村莊原本是阮氏政權的屯田（Địa chí Tiền Giang 2005）。每個朝代都有開墾與定居的政策，其中，提出了很多方法鼓勵建立新的村莊（Nguyễn Văn Huyên, 2005）。許多人對建立村莊有很大的貢獻，但從來沒有特別用人名給村莊取名，因爲招募人力建立村莊的所有人屬於不同家族。另外，政府會賞賜給這些對建立村莊有貢獻的人，所以不會以個人的姓氏爲村莊取名。當初，一些家庭爲了生存及開闊土地的要求，已經同心協力、克服困難。經過長久時間，該家庭的成員越來越增加以及土地寬闊，村莊慢慢形成（Nguyễn Hồng Phong 1958）。這現象與北越人的村莊完全不一樣。在北越，村莊由家族成員的人口增加之現象而形成的。爲了記住這個過程，人們把該家族的姓氏給村莊取名。雖經過不少的歷史變動，但村莊名字永遠不改變。

對於一些政府爲了管理的目的成立的村莊，必須要取名字。這種方式讓我們想到阮氏政權要九龍江流域地區的高棉人必須以石、山、金、名、林的五個姓氏取名字（Lê Hương 1969），但高棉族本來不大懂家族本質性。對於一些從原始時代形成的村莊，村莊名字有可能反映了居住地區的自然特徵。至今，這種名稱還在跟著村莊的新名稱一起存在。譬如，在Thái Bình省還有很多村莊叫做Mét村莊、Cọi村莊、Đác村莊、Lụ村莊等。至獨立時期，當從中央到地方層面形成管理機構以及漢字在社會生活之中有一定的地位時，以漢越詞取名的村莊才慢慢出現。村莊的名字通常都含有文學性及吉祥的意思。這現象出現於北越三角洲地區的所有村莊（Phạm Minh Đức, 2006）。這種新的「漢越名字」被使用於行政方面，在民間中居民還是較習慣使用村莊的舊名字。

南越的村莊一開始形成已經具有政府的角色，並且比北越的村莊較晚出現。南越的所有村莊的名字通常含有漢、越要素及吉祥的意思，譬如：安平、安和、平利、富和等。因爲南越村莊的成立過程較特別以及有受到政府的影響，因此，南越村莊的傳統文化沒有北越那麼明顯。譬如南越村莊幾乎沒有或較少有鄉約（hương ước）、字喃名字、非官方組織[6]（tổ chức phi quan phương）等。

因爲受到自然條件、地理位置及規模不同，越南人的村莊的居住形態都不一樣。陳慈（Trần Từ）提出了北越三角洲地區的越南人村莊的四種居住形態（Nguyễn Từ Chi 1996）。Nguyễn Văn Huyên學者的《越南文明》作品指出村莊的居住形態受到地區自然地理條件的影響（Nguyễn Văn Huyên, 2005）；Toan Ánh學者以地理長度、分布特徵及北越村莊的文化特徵區分村莊（Toan Ánh 1992）。Diệp Đình Hoa學者的《研究越南人的村莊》作品已提出了布置村莊的三種形態，包括緊縮（co cụm）、地區（từng khối）及沿河（dọc theo ven sông）的布置形態。他認爲在北越三角洲地區及北中部地區比較普遍緊縮布置形態。這種組織形式跟村莊防衛、深耕提高農業生產力的程度及水稻單養平衡的環境控制有關係。人們會產生一種想要穩定的心理（Diệp Đình Hoa 1990），因此，緊縮布置形態造成了區別的綠洲、村莊空間及經濟活動，造成北越三角洲村莊的文化差異。相反地，占領南部三角洲地區卻是一個連續圍住海難進行開墾和種植的過程（quá trình lấn biển）。九龍江流域地區有較盤結的河流系統。該地區的墾荒過程是由高棉人、華人及柬埔寨人一起參加。這些要素對越南人的居住形態影響很大。透過田野調查的結果，九龍江流域居民的居住形態包括沿河、運河、沿海的圍墾區（vùng giồng cát）、集中居住等形態（Địa chí Tiền Giang）。但居住空間比較寬敞，與北越地區的緊縮居住形態不一樣。居住空間較寬、不存在公田制度讓居住該地區的農民產生出社會能動性。該地區的農民基本上還是村莊的成員，但他們具有田地私有權以及受到法律保護與承認。這種居住形態已經影響到此地居民的個性及生活習慣，這也是南越人的村莊與北越人的村莊最大的差異。

6 非官方的組織是村莊內部裡由居民自己成立的單位。

因爲南越人的村莊的形成歷史不受公田制度的支配及影響，因此，南越人的村莊比較開放以及此地的農民個性比較活躍。南越農民一方面很注重敦親睦鄰，一方面選擇符合自己的貿易方式。因此，他們較少受到其他關係之影響。甚至，當法國統治南越的時候，法國殖民政府也無法改變該區的貿易情形。法國殖民政府故意推動私有化田地的過程，讓該區農民沒有田地的數量越來越增加。

南越的村莊是一個透過開墾過程而形成的以及在建立的早期階段發揮了重要作用。另一方面，南越村莊的成員來自不同的地區，因此他們的親屬關係無法顯示作用。從來有許多研究南越人的村莊，但無法提到這種以親屬關係、年齡或性別來區分的居住類型（Nguyễn Từ Chi 1996）。因此，在南越非官方組織無法發展。相反地，在北越地區非官方的組織到現在還存在與發揮作用。

在北越地區，官方組織[7]和非官方組織同時存在。北越村莊大部分都有「鄉約」（hương ước）。每個村莊就有自己的鄉約，鄉約的內容提到村莊的所有規定。鄉約雖然不是由政府頒發的完整法律，但內容含有村莊的生活規定及文化特徵；村莊的所有成員及組織一定要遵守鄉約（Nguyễn Từ Chi 1996）。鄉約會直接影響到村莊的所有成員，村莊的成員不論是服務哪個非官方組織，都必須遵守鄉約的規定以及對鄉約有一定的責任。爲了村莊的榮譽，每個成員必須有義務自覺遵守、實施鄉約的所有條約。雖讓各村都有自己的鄉約，但基本上內容是差不多的。因爲鄉約的內容是由各村自己寫的，所以表達問題的形式都不一樣。

南越村莊一開始已經直接受到政府的管理，沒有鄉約，也沒有非官方組織形式。從管理角度來看，北越村民的關係比南越村民的關係更爲密切。在北越村莊，土地的限制、緊密的親屬關係以及鄉約的規定使農民不再充滿活力。相比之下，南越人擁有良好的自然條件，在

7 官方組織（tổ chức quan phương）由政府成立以管理居民的單位。

南越從來沒有區分本地人與外地人。因此，若感覺生活條件不好，他們就準備搬到另一個地方定居。

另外，南越村莊沒有公田制度的基礎，因此，村莊的責任會偏低。因爲，在南越村莊沒有控制、劃分土地、開發和管理水源的責任。這些工作項目不屬於村莊的管理，而由私人直接解決。因此，鄉約不存在於南越村莊。在南越的土地所有權制度下，出現一個與北越完全差別的現象，就是耕田不限制於村內，而且可以在村外進行耕田，叫做「ruộng phụ canh」（Trần Thị Thu Lương 1994）。這種耕地所有權制度讓各地區可以互相交流，南部的經濟機構比較開放以及沒有像北越村莊要求必有一定人數才能進行耕田。在南越，也要注意到越南人與其他族群的經濟及文化之間交流。因爲，當越南人移居南越的時候，有其他族群特別是高棉人已經定居在此了。在共存的過程中，特別是在歷史後期階段，在反抗外來政權以及保護國家主權的過程中，該區的各族群的文化交流已形成了南部特色的共同文化價值，叫做「田園文明」（văn minh miệt vườn）（Sơn Nam 1992）。早期，南越居民以生產農業產品方式去發展農業。在南越村莊，由於沒有公有制度，一開始就建立了私人所有制度，造成農民的靈活性。因爲受自然條件的優待，南越人沒有積累財富的觀念，而且一直跟著市場的要求。爲了進入市場，不能維持自給自足的生產方式，必須調動所有資源和資本，以便廉價和快速生產以滿足市場需求。因此，於二十世紀30年代之前，在南越已經積累大量的土地（Trần Thị Thu Lương 1994）。隨著商品的生產而都市的形成，但該地區的都市並沒有農村公社殘餘的特色。九龍江流域地區的都市被形成以滿足南越人想要擴大貿易交流的要求，因此南越農民對貿易及商人沒有歧視的態度。

商品經濟發展引起國際交流，讓南越村莊有能動性。南越村莊的來源是由許多農民自由開墾土地、征服自然的聯合造成的。南北的村莊雖然具有很多差異，但基本上還有一些相同點。通過社群交際過程（特別在北越村莊方言被視爲區分村莊的標誌），村莊的功能是社群的主體、擔任組織所有的活動、維持社群的文化特徵。這些活動造成了村民的共同心理、區別的文化及風俗習慣等，讓該村莊可以與其他村莊區別。另外，在北越村莊裡存在一些非官方組織，包括一些協會、宗教信仰的基礎單位及傳統市場。這表示北越村莊雖然沒有開放性，但可以滿足村民的生活要求。另外，鄉約的存在表示了村莊的半自治性。在上述所提的背景之下，北越村莊缺乏發展性，讓北越村莊落入惰性狀態。另外，對北越人來講，村莊的功能不只是維持社群的活動，而且支配與調整村民的行爲。各村莊都有自己的鄉約；村莊透過鄉約管理村民的生活各方面包括經濟、道德、行爲等。從此，村莊支配村民的所有社會關係包括村內關係、村外關係，與政府關係等。因此，村莊成爲所有村民的代表；越南人村莊的活動特色就是村莊民主精神。

在發展過程中，經過許多歷史變動及外面影響的要素，越南人的村莊多少會有改變。越南人的村莊雖然還存在村民及村莊管理機構的兩個主要對象，但這兩個對象越來越深度分化。

㈢ 水上貿易社群（移動社群）

由於未曾有研究水上貿易社群這議題的著作，因此，本研究只要介紹給讀者關於水上貿易社群，希望將來會有比較具體的研究出版。在具體地方做水上貿易的所有人被認爲是一個社群；但該社群沒有村莊社群那麼固定在村內做貿易，而且比較有移動性。在水上做貿易的人不會依照血緣關係或鄰近關係集合，而是會根據貿易目的集合在一起。在水上做貿易的人本身屬於不同的社群，包括血緣社群或居住社群，因此，這些人之間的關係不是很緊密以及不靠著信心建立社群。水上貿易社群的移動性特別大，此特徵來自賣方和買方的需求。因爲生出的產品不集中，而且大部分不是銷售商品。水上貿易社群的移動性讓各區社群容易進行文化的交流。

五、從文化角度探討水上貿易活動

九龍江流域地區是全國最大平原之一，面積約三萬九千平方公里，占了12%越南全國總面積。九龍江流域與胡志明市目前與將來會成爲全國發展經濟和文化的重點區。在歷史方面，九龍江流域地區是一個新的地區，但該地區已成爲全國各地的居民想移居以立業的地方。在反抗外來政權以及保護國家主權的過程中，此地的所有族群已生死與共保護該地區的領土，造成了很多奇蹟。一直以來有很多學者研究該地區的各方面，譬如：Nguyễn Công Bình（1990；1995）、Trịnh Hoài Đức（1998）、Mạc Đường（1991）、Huỳnh Lứa（1987; 2000）、Sơn Nam（1968; 1973）、Phan Quang（1981）、Nguyễn Phương Thảo（1997）等。

這些研究從不同社會科學的角度去研究，已刻畫了九龍江流域地區的全景。當初，該地區是一片荒地、自然條件惡劣、生態環境多樣的土地。這種環境直接影響到該地區的文化。另一方面，九龍江流域地區的自然條件比較符合發展多樣性的經濟以滿足居民的生活要求。另外，九龍江流域地區是一個有很多族群共同生存的地區。可以說，九龍江流域不僅是越南的一個特殊區域，而且是世界上的特殊區域之一，因爲該地區共有維持自己獨特的生活方式的四個族群共同生存。此外，有許多民族原本居住在這裡，但由於歷史變動的原因，他們已經搬到其他地方居住了（Tran Van Giau 1987）。歷史變動讓遷移浪潮不斷發生（Ngo Van Le 2007），已發生了三種遷移形式包括自然遷移、機構遷移及內部遷移（Mac Duong 1992）。九龍江流域地區各族群遷移的時間不同、經濟發展水平、社會組織及宗教信仰有差異，已造成了當初交流的障礙。但經過長久時間生死與共反抗外來政權、保護領土主權以及克服自然環境的過程，各族群之間發生了文化交流現象（echanges culturelles）及文化適應現象（acculturαtion），造成該地區的共同文化特徵。目前，在積極的社會背景之下，這個過程仍然延續。九龍江流域是一個文化融合的地區。由於具有特別的地理位置，該地區長期以來成爲是一個集合、交流與融合許多文明的地方。住在一個有重要性的交通路線，該地區的居民與其他地區的人擴大貿易活動，並一直開放接受各地的文化特色。另外，該地區的宗教信仰也比較豐富；有一些外來的宗教，也有一些跟著流民進入該地區的社會包括佛教、天主教、伊斯蘭教和基督教等。另外，該地區還出現一些有本土性的宗教包括Bửu Sơn Kỳ Hương、Tứ Ân Hiếu Nghĩa、Cao Đài，Hòa Hảo等。該宗教的理論具有融合性（syncretisme），把很多宗教的理論混合起來。

水上貿易是九龍江流域社區非常典型的經濟活動，人們早已知道如何開發河流資源以滿足日常生活中的需求。越南到處的人都知道如何利用河流將商品從一個地方運到另一個地方，但只有九龍江流域社群進行水上貿易活動。水上貿易促進了各地區之間的商品交換，從而創造了獨特的文化，特別是各族群之間的文化交流。可以從各角度包括歷史、經濟及文化角度去探討水上交易活動。本文是從文化角度去探討該活動的各種面向：第一，水上貿易顯示九龍江流域社群的適應環境能力。因爲九龍江流域是河流地域，到處都是水網，共有九個濱海省市，河流長約二萬八千公里。水路和海道是該地區的重要交流方式，促進該社群與外地的交流機會。河流要素造成該社群的文化特徵，該要素直接影響社群的居住形態、經濟及文化活動。由於該地區的地理位置比較特殊，因此大部分的居民都沿河居住，家前是河，家後是田。居住形態比較開放，讓交通較方便，不像北越村莊較緊縮居住。沿河居住形態不僅是交通方便，而且促進經濟發達，許多家庭在家的前面開店做生意。另外，南越人的衣服也顯示適應水流生活環境；由於常常接觸水，因此衣服的顏色及布料必須符合生活環境。

在南越定居的過程中，這些流民已看出河流對該地區的重要性。高棉人移居南越的時候，已經選擇沿河居住方式；越南人就選擇在河邊建立村莊，譬如同奈省、西貢等；華人也在河邊定居以及建立購物中心，譬如在同奈河邊建立了Cù Lao Phố；在前江旁邊建立美萩城市（thành phố Mỹ Tho）、河仙都市（đô thị Hà Tiên）等，占族人（người Chăm）在後江地區定居。

本人認為選擇在河邊居住並非巧合，而是依據自然環境的實踐經驗。當陸路交通不是很發展時，水路交通可以促進交流方式。另外，可以利用河流的淤泥服務耕田與種植；水潮連續漲落順利地引水入田、灌溉農田；同時，服務居民的日常生活要求包括洗澡與洗衣服等。該要素特別服務捕捉海鮮、交換貨物與做生意。

不用等到現代科技發展，當地人們早已學會如何開墾該地區以及讓它成為越南最肥沃的平原。很早以前人們早已會開採水源，克服河流的負面作用以服務生活。根據考古資料記載，扶南王國（vương quốc Phù Nam）的Óc Eo商港是一個有河港及海港的群體，也是一個有三十多條河集中的地區。河港位於Ba Thê山的東邊，是集中很多碼頭造成水上市場的地方。在此地商船與當地居民交換商品，把糧食提供給住在城內的國王、官員、士兵、工人和當地的商人。當時，庫藏與製作黃金和玻璃的工廠被建設於扶南京都門口的城壕（今日位於Trung Sơn小村莊，從Linh Sơn寶塔到Cây Trâm地區的）。有許多古書籍記載於西元前第一世紀Óc Eo商港是一個很繁華的地區，商人都用銀子來繳稅。跟南越的水上活動有緊密關係的就是水上市場。根據史料記載，扶南王國還存在的時候，南越人的水上貿易形式已經出現與發展了。

Óc Eo商港對九龍江流域歷史發展時期的獨特文化做出了貢獻。今日，在新的背景之下，南越人一直維持水上市場類型。譬如：Cái Răng、Phụng Hiệp-Ngã Bảy、Phong Điền（位於芹苴市）、Cái Bè（位於前江省）、Gành Hào（位於薄遼省）、Thới Bình（位於金甌省）等的市場，外貌看起來不同，但它仍然是相同的；都是很多連續的河流集中在一個碼頭而成一個做貿易很繁華的地區。譬如，Phụng Hiệp水上市場、Cái Răng（芹苴）水上市場的貿易活動非常熱鬧，裝滿水果及農產的大船小船抵達Ninh Kiều碼頭，帶著許多西貢和堤岸的各式各樣的貨品；共有一千多條船集中在此區進行貿易活動，造成該地區的文化特徵。

政府對水上市場的營業時間沒有特殊規定，營業時間是依照該地區的居民的規定進行。交換產品主要是當地和附近地區的所有農業產品、水果及粗糧，提供此地居民的生活要求或是運到其他市場或服務給遊客。這些農產包括高麗菜、地瓜、葫蘆、土豆、橘子及柑橘各種類被掛在船頂吸引客人來購買。

六、結語

相較於其他貿易活動，水上市場是含有南越文化特徵的貿易活動。透過觀察九龍江流域地區的所有水上市場，我們認為該地區的族群成份雖然比較複雜（至少有京族、高棉族、華族及占族四個族群），但只有京族進行水上市場的類型。該要素刻畫了南越人的文化特徵，與其他地區的居民區分。該地區的族群文化特徵受到自然條件（特別是河流要素）的深刻影響，一方面，在南越的具體背景之下，水上市場一方面具有各種社群類型的共同特徵；另一方面具有自己的特徵（移動特徵）。從這兩個角度來看南越人的水上貿易活動可以看出南越人的文化特徵。

參考文獻

Diệp Đình Hoa (Chủ biên). 1990. *Tìm hiểu làng Việt*. NXB KHXH.

Diệp Đình Hòa. 1994. *Làng Nguyễn tìm hiểu làng Việt II*. NXB KHXH.

Đảng cộng sản Việt Nam. 1998. *Văn kiện Hội nghị BCH TW Khóa VIII*. NXB Chính trị quốc gia.

Địa chí Đồng Nai. NXB Tổng hợp.

Địa chí Tiền Giang. 2005. NXB Tổng hợp.

Đỗ Mười. 1993. Chăm sóc, bồi dưỡng, phát huy nhân tố con người vì mục đích dân giàu nước mạnh, xã hội công bằng dân chủ văn minh. *Văn kiện Hội nghị*

BCHTW lần thứ 4 khóa VIIi. NXB Sự Thật.
Gerald. C. Hukey. 1960. *Nghiên cứu một cộng đồng thôn xã Việt Nam*. NXB Xã hội học.
Lê Hương. 1969. *Người Việt gốc Miên,* Sài Gòn.
Lê Trung Hoa (Chủ biên). 2003. *Từ điển địa danh Tp Sài Gòn-Hồ Chí Minh,* NXB Trẻ.
Ngô Văn Lệ (Chủ nhiệm đề tài). 2014. *Hoạt động "thương hồ" ở ĐBSCL: truyền thống và biến đổi*. Đề tài nghiên cứu cấp Nhà nước do Quỹ Nafosted tài trợ, nghiệm thu năm 2014.
Ngô văn Lệ. 2003. *Một số vấn đề về văn hóa tộc người ở Nam Bộ và Đông Nam Á*. NXB Đại học quốc gia.
Nguyễn Đổng Chi. 1977. *Vài nhận xét nhỏ về sở hữu của làng xã ở Việt Nam trước CM tháng 8, (trong Nông thôn Việt Nam trong lịch sử)*. NXB KHXH.
Nguyễn Hồng Phong. 1958. *Xã thôn Việt Nam*. NXB Văn-Sử-Địa.
Nguyễn Hồng Phong. 1998. Văn hóa chính trị Việt Nam truyền thống và hiện đại. NXB Văn hóa thông tin.
Nguyễn Từ Chi. 1996. *Góp phần nghiên cứu văn hóa tộc người*. NXB Văn hóa-Thông tin.
Nguyễn Văn Huyên. 2005. *Văn minh Việt Nam*. NXB Hội nhà văn.
Phạm Minh Đức. 2006. *Những làng văn hóa, văn nghệ dân gian đặc sắc ở Thái Bình*. NXB Văn hóa-thông tin.
Sơn Nam. 1992. *Văn minh miệt vườn*. NXB Văn hóa.
Toan Ánh. 1992. *Nếp cũ, Làng xóm Việt Nam*. NXB Tp. HCM.
Trần Thị Thu Lương. 1994. *Chế độ sở hữu và canh tác ruộng đất ở Nam Bộ nửa đầu thế kỷ XIX*. NXB Tp Hồ Chí Minh.
Viện Dân tộc học. 1984. *Các dân tộc ít người ở Việt Nam (Các tỉnh phía Nam)*. NXB KHXH.
Viện sử học. *Nông thôn việt Nam trong lịch sử*. NXB KHXH.

——本文原載《台灣東南亞學刊》2018年13卷2期

第十二章

九龍江流域少數民族社會管理：一個接近問題之方法

黃文越[1] 著，范玉翠薇[2] 譯

---

1 PGS. Hoàng Văn Việt，胡志明市國家大學所屬社會人文大學東方學系前主任&泰國研究中心主任。

2 TS. Phạm Ngọc Thúy Vi，國立成功大學台灣文學系博士，胡志明市國家大學所屬社會人文大學人類學系助理教授。

一、前言

九龍江流域（湄公河三角洲）是越南最大之三角洲。與越南的其他地區不一樣，此地方有許多少數民族居住，如越南人、高棉人、占族人、華人和其他民族等。居住這裡的各民族雖然來自不同地方，擁有自己的文化特色，但在墾荒土地、建立主權與維護領土的過程中，他們一直同甘共苦。

九龍江流域是一個具有非常重要的地理位置、巨大的經濟潛力、多元族群的地方，因此，此地一直受到政府的注重及越南學界的關心。

有很多科學雜誌、研究計畫和研究報告顯示九龍江流域各少數民族生動的生活。不過，學界還是較少研究該族群的傳統社會管理系統與現代社會管理，或許，每次提到該議題常常受到很多爭論。關於研究此地區少數民族的社會管理系統的議題，常常受到關注的問題如下：社會管理是什麼？它是否屬於文化研究的範圍？在高棉人和占族人的社會中，社會結構和傳統管理系統如何顯示？其在社會發展中的位置和任務如何？

二、社會組織管理是否屬於文化領域

組織和管理是一個生物界固有的屬性，譬如蜜蜂和螞蟻的組織和管理方式非常嚴格與有邏輯。但是，這些昆蟲的活動只是一種本能性的活動，維持牠們的生活，並沒有思維和目的，這種生活方式被稱爲生物本能性之生活。

於蒙昧時代，人類進入社會組織的階段，原始人也有一些較簡單的分配管理與組織形式。爲了解決一些生存鬥爭如交配、領土或個人的關係，原始人社會會出現一種有自發性的管理形式，這種管理方式常常完全依賴自然條件。

當社群的所有人員都認識到本身的生存非依賴社群的其他人員與生活條件不可時，人類的組織管理形式才正式開始。爲了確保社會空間的穩定以及維持社會秩序，人們創造了各種社會組織形態、完善技能、規則、社會的標準與施行方式等。

管理社會是人們對一個社會群組或一個社群的有意識行爲，以安排與維持該組織或社群之特殊，以及滿足其各活動領域之存在和發展。

管理的對象多種多樣，其中，管理人和人的活動是最重要的。在一個有組織性的社會之中，人是管理的主體，同時也是管理之客體。因此，管理的深奧目的畢竟是發展人們、完善人們的各種能力。

那社會管理是否屬於文化領域的一部分？

一直以來，有許多關於文化的定義，但我們認爲，文化是指人的活動能力（人的品質）及人們在勞動過程中所創造的產品。確保人們的生存及活動之條件是自然環境和社會環境[3]。在同樣自然環境條件之下，可以形成兩種人格和文化形式。

因此，人類形成了社會之後，文化才會出現。社會是一群人同住在一片領土上，共同享受一個文化背景並與外界有相當獨立的位置。爲了分類社會，通常會根據如下的標誌：

1. 根據時間：傳統社會與現代社會
2. 根據空間：國家與民族（族群）
3. 根據程度：狩獵、採集和農業社會與工業社會
4. 根據經濟社會形態：原始公社社會、奴隸社會、封建社會、資本主義社會和社會主義社會。

無論根據什麼標誌，每個社會形態都有自己的文化特徵。譬如狩

3 客觀的研究者不能絕對化自然環境對文化產品作為先決條件的影響。

獵和採集社會已顯示人們磨練獨立生存的個性，渴望得到優秀成就之傾向[4]。對於畜牧族群，獨立與兇悍的個性卻比較明顯[5]。

社會組織和管理是屬於文化類別之一。其中，社會組織和管理被顯示於人們（文化主體）的能力與品格。

與動物不同，人們較少被生物的本能生存方式影響，反而，人們常常被支配由文化性的生存方式。但是，不能認定生物的本能生存方式是低於文化性的生存方式。上述所提之兩種生存方式的差別就是它們的性質。

人是一個完整的高級生物，人的生理結構已造成了人的各種特殊屬性：強烈、靈活的適應能力；靈巧的溝通能力；非凡的創造力。除了社會和自然環境以外，人們成爲創造了各式各樣的文化形態之主體。「若脫離了文化，人們會便成了一個死亡的實體。」[6]

最後，社會組織管理是由人們行爲造成的文化產品。其具有歷史、社會及傳承之屬性。人們的社會組織、管理活動畢竟爲服務社會之發展以及完善人們的品格。嚴格的組織管理社會機構、嚴格的規則與明確的目標不僅反映主體的品質、能力，而且對社會的持續發展有決定性的作用。

依上述所提，社會組織、管理是屬於文化領域的部分。不過，若從結構和內容角度來探討，是屬於文化上的哪個方面？科學界對此問題有不同的觀點。美國文化學家White認爲組織文化屬於社會文化領域。Đào Duy Anh教授把組織文化列於社會生活文化。若從結構與功能角度來分類，Trần Ngọc Thêm教授認爲其屬於組織文化。上述所區分的組織文化類別均含有科學原因。但是，本人認爲文化包含兩種要素：物質文化與精神文化，組織文化就是兩種要素之焦點。明確地

4 A.A. Belik，《文化學—人類文化理論》（城市：藝術文化出版社，2000年），頁256。

5 前引書，頁257。

6 前引書，頁23。

區分物質文化和精神文化的觀點難以接受。因爲，物質文化本身已包含一些精神文化的特徵，人們的物質文化生活已含著精神文化的內容。世界上的所有偉大宗教建築工程有可能由同樣材料構成的，但在每個地方的宗教建築都藏著不同的神聖感。

三、九龍江流域各少數民族的特徵

㈠ 高棉人、占族人、華人社群的特徵

九龍江流域又稱爲西南部地區，總共有十三個省市，人口大約一千七百多萬（根據2010年人口普查統計報告，該地區的人口爲17,273,797人），占21%的全國總人口。該地區總共有二十多個民族居住，其中，京族占了80%總人口；高棉人有一百三十萬人，占7.43%；占族人有14,215人，占0.08%；華人有210,064人，占1.22%。

高棉人主要居住在九個省市，包括：溯莊（Sóc Trăng）、茶榮（Trà Vinh）、金甌（Cà Mau）、薄遼（Bạc Liêu）、後江（Hậu Giang）、永龍（Vĩnh Long）、堅江（Kiên Giang）、安江（An Giang）、芹苴（Cần Thơ），其中，該族群主要集中在溯莊省（367,518人）和茶榮省（313,318人）。

占族人主要居住在邊境的安江省（13,722人）及分散居住在一些城市，譬如隆安（Long An）（248人）、後江（Hậu Giang）（86人）和同塔（Đồng Tháp）（九十七人）。

居住九龍江流域的華人大約有四十萬人，集中居住在芹苴（Cần Thơ）、薄遼（Bạc Liêu）、前江（Tiền Giang）、溯莊（Sóc Trăng）。

這三個少數民族的主要特徵如下：

第一，這三個族群的移民時間、人口密度或移民方式有所不同。高棉人和占族人是從其他地方移居九龍江流域區域的流民。高棉人

比占族人早來這裡定居，大約於十八世紀。自三百年前，華人（大部分是潮州人）就移民到這裡。移居三角洲地區的流民的成分比較複雜，但大部分都是由政治和經濟因素影響而移居越南尋找安定生活。譬如受不了統治者壓迫而逃跑的難民，或是想要移民到一個生活環境較好的貧民。因為這些流民的移民原因和背景比較相同，因此，剛移居湄公河地區的時候，這些族群互相發生一種很密切與團結的感情，以及用一種和諧態度來對待其他民族。當今，在高棉人社區（越南語叫做Phum-Sork）裡，還有越南人、華人、占族人共同居住。另外，在占族人社區（越南語叫做Palei）附近還有越南人、華人居住。

第二，高棉人和占人主要以生產農業（種稻、畜牧、捕魚等）為主。在高棉族居住最多的地方茶榮省，有90%以上的高棉人住在農村。占族人，除了一部分從事農業工作之外，有一些做中或小生意或是做工藝手工行業。因此，這些農民雖然很溫柔、善良、老實厚道，但思想比較遲鈍、不靈活、不想改變。這些特徵就是高棉人和占人的固有心理。貧窮、學力較低是國家的問題，也是高棉人的命運！根據武公願研究小組的考察結果，經過考察安江省六百戶高棉和占族人家庭的過程，有22.7%的家庭回答「生活很困難」。在四百戶高棉人的家庭中，有46%「困難」家庭、23.3%「很困難」的家庭。

與高棉人和占族人不同，華人之經濟活動主要是貿易、勞務和小手工業。1975年前，該族群的貿易商業系統無論在九龍江流域農村還是城市均盛行發達。由於職業性質的影響，當代華人的生活比高棉人和占族人較富裕。

第三，高棉人和占族人都是來自一個曾經擁有一個燦爛文明的社會之公民。高棉和占婆的文化價值在他們的心裡已經形成了一種極度驕傲的民族自尊。深厚的民族精神一方面讓他們產生一種保持民族特色的意識，另一方面造成一種很怕跟外面世界接觸的障礙。

第四，當占族人、高棉人和華人來九龍江流域居住時，都經過有國家組織的社會之時期。一個有秩序、法律國家的過去，已讓他們一邊能夠迅速接受新的政治制度一邊維持傳統管理制度。

第五，越南是一個長期艱苦建設與維護國家的民族。殘酷的戰爭已讓高棉人、占族人、華人和其他少數民族形成一種生存意識和團結精神。在兩場抵抗法國和美國殖民的戰爭，爲了保護祖國，有許多高棉人、占族人和華人的英雄已堅持鬥爭及犧牲。在抵抗美國侵略的階段，數萬名高棉人及和尚直接與政府打仗，反對恐怖；抓捕兵士；破壞寺廟。從此風潮中，出現許多優秀的高棉和尚擔任幹部，如Maha Thong（佛教界的知識分子）、Son Wong和尚（西南部民族解放陣線成員）。

最後，在工業化、現代化的時代，國家的進步與發展已讓高棉人、占族人和華人物質和精神生活也慢慢改變。

在一些有許多高棉人、占族人居住的省市（如安江、朔莊、茶榮），經濟機構轉型已經改善這些地區居民的經濟與生活。除了生產農業以外，高棉人和占族人逐漸轉換生產區域。譬如，結合農業和非農業的經濟活動或是與農業完全分開、轉成做生意或是生產手工業等。

經濟活動的多樣化已經改善少數民族的生活。譬如，工作、收入以及改變社區的勞動機構。高棉人和占族人的年輕人離開家鄉，跑到大城市找工作。

上述所提的特徵顯示，基本上九龍江流域的高棉人、占族人和華人的面貌變化較少。民族固結性、自尊自豪感的心裡及精神生活是該三族群的傳統文化特色。

㈡ 高棉人社群的傳統社會管理組織

組織文化是決定社群的每個成員的行爲的所有價值、信仰、傳統和習慣，這些價值隨著時間而變得越來越豐富，造成了民族特殊文化。

上述所提，高棉人族群早就移居九龍江流域地區。該族群現有存在的傳統經濟社會單位是Phum和Sork。每個Phum有五十至二百民戶左右，許多Phum結合在一起叫做Sork。每個Phum成員之間的關係通常是直系親屬。Phum的領導是Mê Phum，負責分配Phum的主要工作。Mê Phum是一個通達風俗習慣、生產經驗、口才好、溝通能力好以及得到社群信任的人。這位是年紀高、在家族有高貴地位的人，他主要工作是調和Phum的成員之間的人際關係，同時安排祭拜典禮。他和Mê Sork（Sork的領導）及其他Mê Phum參加Sork的各種管理活動。Mê Phum的地位比較像Raglay族群的Po-Pietq及京族的族長一樣。Phum的成員之間的關係基於平等、共同分擔責任和權利之原則。Mê Phum和其他成員一樣的權利，並沒有任何特權。

許多Phum結合起來成爲一個Sork。Sork的領導是Mê Sork（Chủ Sork）。Mê Sork通常是一個身體健康、了解風俗習慣、有交際技巧、溝通能力好以及得到社群信任的中年男人。

協助Mê Sork處理事情是委員會（Kanăk kamaka）包括Mê Phum和其他代表人，譬如Chư、chúc（Nhom wat）。委員會通常有五至九個人，任期三年。Mê Sork的主要工作是調度Sork的所有工作以及解決各Phum之間的相關工作。Mê Phum和Mê Sork的差別是Mê Phum比較關心維持家庭、家族傳統價值的事情；Mê Sork卻負責組織Sork的經濟社會活動以及調節各Phum之間的關係。像Mê Phum一樣，Mê Sork也沒有任何特權。

參加Phum和Sork的管理和調度組織工作是廟宇的委員會。高棉人的傳統社會機構的特徵就是佛教的地位，寺廟是高棉人的信仰、宗教和社會文化的中心。每個Phum有一座寺，在寺裡面，方丈（Luk Kroa）負責管理所有的工作，在社會文化生活中有最高的地位。方丈得到民眾的信任與尊重，每次Phum、Sork要提出重要決定，一定要邀請方丈出席。

在高棉人的傳統社會中，除了修士之外，知識分子階級人士（Achar）在文化、教育領域占很重要的地位。這些人得到社會的敬重是因爲他們具有廣泛的知識、良好道德和品格、擅長崇拜儀式以及曾在寺廟修行過。

最後是家庭的責任。高棉人的家庭在社群裡，負責維護與保存族群傳統價值的責任。Phum和Sork負責管理戶民，而一個家庭是負責管理每個成員的最小單位。

高棉人的家庭分爲三種：核心家庭（nuclear family）有一對夫妻和子女之家庭；聯合家庭（complex family）是由許多家庭共同居住以及共用一些生活用品之家庭；大家庭（extended family）是有許多世代共同居住的家庭（祖父母、父母、子女、孫子女，這種家庭較像京族和華族的三四代同堂）。

家庭根據血統關係、鄰居交情、互相尊重、和順和平等之原則管理社會。高棉人的家庭是一個培訓個人教育、保存家庭風俗的單位，與Phum-Sork有互相協助的關係。

今日，傳統社會管理制度逐漸磨滅，但高棉人還在保留這些基本的文化特色。

㈢ 占族人社群的傳統社會管理組織

占族人主要居住在安江省。占族人經濟社會單位是Palei（村莊），分布沿著後江河，屬於安富縣新周市鎮的小島。安江省占族人的所有Palei均是伊斯蘭教的Palei，造成一個居住以及舉行典禮的單位（叫做yama ah），較像京族天主教的教區一樣。每個Palei有許多Puk結合（類似京族的村莊）。

在占族人社區的傳統社會管理系統之中，Hakên委員會或教堂管委會占各Palei的主要地位。Puk的領導者是Ahly。如果Puk有許多小教堂，Ahly會同時兼任管理小教堂的工作。

與高棉人的管理系統不一樣，占族人的社會管理和宗教管理達成一致。

占族人的管理系統如下：

1. Hakên：Palei的領導者，也是在教堂裡有最高地位的人。
2. Naif：Hakên的助理。
3. Ahly：Puk領導者，是管委會的祕書或出納員。

另外，Hakên助理小組還有Haji。Haji是一個從麥加聖地回來的朝聖者。

委員會的主要工作是管理社區的經濟生活、社會與文化等工作，解決各Puk之間的問題，鼓勵同胞執行黨和政府頒布的文化與社會政策。總而言之，委員會的主要工作是跟社群生活有關的工作。

每個Palei的教堂裡有一個自管單位。此委員會的領導是Hakên，也是教堂的最高管理者。Hakên不在的時候，Naif會代表Hakên處理所有工作。Ahly負責小教堂，也是Hakên的助理。另外，還有Bilăk（muszin）專門負責提醒教徒參與聖禮日的典禮（每週五中午），Khotip是於聖禮日那天在教堂負責講教理給教徒聽，Imâm指引教徒進行許願儀式，Tuôl是負責照顧孩子讀聖經的老師，Seăk是打掃清潔教堂的人。

除了管理和照顧教徒與其一些相關的活動之外，教堂委員會還參加處理一些跟Palei有關或Ahly無法解決的所有工作。

另外，教堂委員會還代表社群開展一些與其他Palei有關的工作，或是與當地政府洽談以及施行政府的主張、實施法律政策。Puk和Pulei的自管單位與教堂自管單位有同樣的組織管理模式與活動。

占族人的傳統家庭機構是母系氏族制，強調婦女在家庭中的地位，尤其是母親。婦女是家族繼承香火的人，子女出生時取母親的姓；結婚時男生要入贅。不過，在九龍江流域，大部分占族人是伊斯蘭教的信徒。伊斯蘭教是一個重視男人地位的宗教，男生尤其是父親，在家庭裡有最高的地位。家庭與家族的事情都是由男生負擔；女人的生活被限制在家庭裡，被限制去外面打工或是參加社會活動。婦女平日工作是以準備飯菜、撫養子女、紡織、針黹、協助家庭經濟等工作爲準。當今，在國際化背景之下，占族人的伊斯蘭婦女比較自由以及夫妻關係相當平等。

占族人的伊斯蘭家庭是與宗教社區的一個橋樑。每個血統家族分爲許多血統分支，每個分支大概有八或十個家庭共同居住在一個村莊。

觀察高棉人和占族人社群的管理機構組織方式的過程，可以看出宗教和當地的各種知識價值的重要地位。該社群的組織文化價值一方面確保社會安寧秩序，另一方面讓他們能夠容易適應現代社會的管理機構和制度。

㈣ 華人傳統社會管理組織

越南南部華人社區的形成歷史持續了幾個世紀，自十八世紀開始至中華人民共和國成立（1949年）就結束。在那麼長的時間，南越接受了許多批中國難民。其中，有一些暫時居住此地，後來移居別的國家去；反之，有一些從東南亞國家移居到南越定居。

1.「明鄉」是南越華人的第一個社區，常稱為「明鄉社」

在會安、西貢、堤岸、邊和合法成立。在西南部河仙縣，明鄉社是華人的第一個社區。在南方的阮氏政權〔或謂「阮主」（Chúa Nguyễn）〕管轄的領土之內，明鄉社是代表正式成爲越南公民的華人的行政單位。該社群按照兩個基礎原則而管理成員：第一是越南封建政府的規定，第二是由各村委員會頒發的規定。

明鄉社的管理行政機構包含村長、鄉老、鄉長。村長是領導者，負責收稅、照顧社會安寧秩序、解決內部矛盾。接著是鄉老和鄉長，其中，選出兩位負責保管法令與保管公文、資料等。保管法令的人叫做「守法」（thủ sắc），另一位叫做「守冊」（thủ bộ），這兩位皆是有知識、學問、威信和富有的人。鄉長是村長的顧問。明鄉社的選舉事宜必須由村里各成員信任選舉以及收到政權核准。

1865年，南圻的法國殖民政府頒發刪除明鄉社的行政單位的法令，明鄉社的成員只好加入當時社群。當今，明鄉社雖然不再存在，但明鄉人的會館還存在。

2. 幫：語言社區組織

十八世紀，中國人移民南越的數量迅速增加。明鄉社無法滿足華人社會管理功能。因此，1787年，越南封建政府尋找一個更妥當且能夠平衡雙方利益之辦法來處理。這就是允許華人成立「幫會」。各幫會是按照語言來區分。當初有四幫，包括福建、潮州、海州和廣東。經過多次改革，於二十世紀半期，幫會以原鄉和語言的角度區分爲五幫，包括客家、廣東、福建、潮州和海南。

在九龍江流域，華人各幫是以五種語言爲準來區分。

幫是社群自治管理的單位，幫的主要功能是處理內部的事務。幫是由一位幫長、副幫長和幾位委員會領導。這些人由華人社群裡面的所有成員選擇，通常是由富有、有學問、威信以及了解幫會工作的人擔任。幫長、副幫長和其他成員沒有任何特殊權利，他們都是爲了社區和人民自願服務，當地政府通過這些人管理華人社群。

1946年，根據中法兩岸的條約，「幫」被「當地中華行政單位」取代。1956年，吳廷琰政府刪除幫的系統，對華人和越南人採取同樣政策。

3.「會館」：一個有大眾性的單位

自古以來「會館」是南越華人的一種有大眾性和普通性的單位類型。

「會館」（Hội quán）：華人的會館以原鄉和語言的角度來區分。自十八世紀末至十九世紀初，在南越慢慢出現華人的「會館」以及存在到現在。對於華人會館還有很多爭論，但總體上，這是有大眾性的組織。當初，移居南越的華人同鄉常常互相協助以及共同舉辦一些文化活動。透過選舉過程，華人各幫會選出理事會，其中理事會有三五位負責會館的所有事務，包括理事長、副理事長、祕書、出納、常務監事、交際、福利、文書、總務等；擔任期間通常是三或五年。

「相濟會」（Hội tương tế）：自1975年起，按照九龍江流域各地的人民委員會的指示，華人在所有的城市和省縣成立了「相濟會」。理論上，「相濟會」由當地人民委員會管理，但實際上，「相濟會」就以自己管理、自己經費的原則而運作。「相濟會」的經費通常是由華人社群的一些慈善家與團體捐助。

「相濟會」的理事會包括理事長、副理事長、財務、會計、祕書、總務、監事等。另外，理事會常常會請一些在華人社群有名聲與地位較高的老人家擔任理事會的顧問。「相濟會」的責任就是管理跟本會有相關的所有事務。

「營業會」（Hội nghề nghiệp）：做同樣行業的華人會集中在營業會互相協助生產、經營貿易。1975年之前，在九龍江流域的營業會分散做經營。但今日，該會蓬勃發展以及成為一個廣泛的貿易單位。

「宗族會」（Hội tông thân）：華人的每個家族親屬會集中在一起以及建立了「宗族會」。每個「宗族會」都有祠堂與管理會。包括會長、副會長、總務、祕書、顧問。「宗族會」由一位年紀高、地位高及品格好的中年男子領導。該會的宗旨是以家族團結、互相幫助、維持、保護家族風俗習慣為準。

總之，九龍江流域華人社群早已出現了，該社群的組織原則具有高度社群性、自治性及成員的責任性。因此，華人社群形成與發展的過程當中，華人的各會已發揮了作用，聯結家族和族群，高度保持與發揮傳統文化價值以及讓華人可以融入越南當地社會。

四、結語

從九龍江流域的高棉族、占族和華族三個族群的傳統社會管理系統可以看出如下問題：

第一，管理社會是屬於人類社會的屬性。管理社會的目的是確保社群生活的安全與秩序，造就社會的物質和精神價值。組織管理社會的形態、運行機構與目的不僅是由社會生產力量和族群文化規定，而且受到管理者的能力和品質影響。

因此，想要深入了解九龍江流域少數民族的社會管理系統，務必要同時從經濟、社會、文化、教育各方面去探討，因為這就是決定管理系統的外觀和標準之因素。越南學術界從來有許多研究占族人、高棉人和華人的經濟文化和教育的研究計畫，但缺少該族群的社會管理活動的研究。

第二，九龍江流域的高棉人、占族人和華人三個少數民族雖然還保存自己的傳統管理社會形式，但同時接受越南國家共產黨的管理制度。

各地行政單位分成三層（省—市、郡—縣、坊—鄉社）是需要的，且能夠確保國家管理機構達成一致。在這三層，共產黨的黨部擔任全面領導的任務。國家機關系統充足具有三級：立法院（立法機關）、行政院（行政機關）和司法院（掌理解釋權、審判權、懲戒權、司法行政權的機關）。各地方的政治單位（祖國陣線、工會聯盟、婦女聯盟、胡志明共產主義青年團、農民協會，退伍軍人協會）雖然不是有權力的機關，但對於共產黨對全民的領導占了非常重要的地位，這些單位是共產黨的社會基礎以及參加施行共產黨的所有政策的力量。

在管理機構中，邑（ấp）或組（tổ）不是行政單位，而是各地方行政單位的中介機關以協助行政管理的作業。

國家機構和其他政治單位是依據法律條款之規定運作，在這些機關工作的所有幹部和人員的權利和義務都由國家法律規定。

如此，九龍江流域少數民族兩種社會管理機構的差異就是組織形態及活動定制，詳細如下表12-1：

表12-1

次序	內容	傳統社會	現代社會
1	組織形態	社區領袖制度	統一的政治原則（黨領導、國會是國家的最高管理機關）
2	管理原則	民主共同體	民主集中制
3	管理工具	法令、風俗、習慣	法律和施行法律單位
4	管理範圍	族群	國家

第三，研究九龍江流域少數民族傳統管理組織類型需要了解文化理論各方面，譬如文化交流、文化適應（Acculturation）、文化接觸等。

無論從哪個方面來探討九龍江流域的族群和族群文化議題，我們都看出下列的一些問題：

㈠高棉族、占族和華族三個族群是代表三個文化特色的。在南越定居的過程中，他們不僅適應當地社區文化，而且務必適應當地國家的法律和管理政策。

㈡族群文化特徵差異、經濟社會發展程度不齊讓該族群適應當代社會的程度遇到不少限制。越南長久抗戰的歷史已形成各族群的民族團結精神，初步習慣新的社會管理機構。不過，民族固有的固守性無法讓他們能夠快速適應新的社會管理制度。他們一方面可以熟悉、適應當代人的住宿習慣或是當地人的交際行爲，但很難放棄祖先傳承的一些規矩、風俗。

㈢在歷史方面，占族、高棉族和華族已經歷許多不同社會管理類型及文化特徵，譬如封建朝廷的管理制度、法國殖民政府的管理制度、美國殖民政府的管理制度及越南政府的管理制度。在每個階段，統治者的管理方式與政策都讓該族群對於行政組織、官僚系統與政策有不同的感慨。

㈣研究九龍江流域的占族、高棉族、華族的計畫對於越南政府對少數民族的經濟社會文化教育政策和主張會有一定的幫助。解決好九龍江流域的族群問題不僅促進社會經濟發展，而且可以確保國家領土的主權。

㈤從族群文化特色這方面來看，越南高棉族、占族和華族的社群與東南亞各國家的少數民族社群有密切的關係。因此，若可以把越南這三個族群和東南亞各國的少數民族來做比較，才能得到完全的研究結果。因此，希望將來我們可以跨領域、跨領土進行研究合作，一起進行一些有總體性的研究計畫。

參考文獻

A.A. Belik. 2000. *Văn hóa học – những lý thuyết nhân học văn hóa*. NXB VH-NT.

Bùi Xuân Bính. 1998. *Hương ước và quản lý làng xã*. NXB. KHXH.

Hoàng Văn Việt (chủ nhiệm đề tài). 2003. Thực trạng đời sống tôn giáo và xây dựng luận cứ khoa học cho chính sách tôn giáo đối với cộng đồng cư dân người Việt ở ĐBSCL. Đề tài NCKH cấp Trọng điểm, ĐHQG-TPHCM.

Hoàng Văn Việt (chủ nhiệm đề tài). 2013. Thực trạng đội ngũ dân tộc thiểu số và luận cứ khoa học cho việc xây dựng chính sách cán bộ dân tộc thiểu số ở ĐBSCL. Đề tài NCKH cấp Trọng điẻm, ĐHQG-TPHCM.

Hoàng Văn Việt. 2009. *Các quan hệ chính trị ở phương* Đông. NXB ĐHQG TP.HCM (Tái bản lần 1).

Học viện chính trị quốc gia HCM. 2005. *Giáo trình Xã hội học trong quản lý*. NXB CTQG.

Lê Phương Thảo, Nguyễn Cúc, Doãn Hùng (chủ biên). 2005. *Xây dựng đội ngũ cán bộ dân tộc thiểu số ở nước ta trong thời kỳ đẩy mạnh công nghiệp hóa, hiện đại hóa – luận cứ và giải pháp*. NXB Lý luận chính trị.

Toh Goda (chủ biên). 2009. *Urbanization and Formation of Ethnicity in South East Asia*. Phillipines: NXB New Day.

Võ Công Nguyện (chủ nhiệm đề tài). 2011. *Phát triển kinh tế - xã hội vùng đồng bào dân tộc Khmer, Chăm tỉnh An Giang giai đoạn 2011 – 2015 và đến năm 2020*. Đề tài nghiên cứu khoa học.

——本文原載《台灣東南亞學刊》2018年13卷2期

第十三章

越南明鄉人與華人的文化認同差異

蔣爲文[1] 著

---

1 國立成功大學越南研究中心主任、台灣文學系教授、台越文化協會理事長。

一、前言

西元1644年，農民軍領袖「李自成」攻入北京，「崇禎」皇帝自縊，大明帝國亡。原爲明將、鎮守山海關的「吳三桂」帶領立足於東北的滿清軍隊入關，不久清軍擊敗農民軍並遷都北京，開啓滿族人統治中國的歷史。大明帝國滅亡後，殘餘的宗室與遺將各自四散，形成與大清對抗的「南明」與「明鄭」時期數十年。這些四散的皇族宗室、官員、遺將與難民等分別遷徙到台灣、越南及東南亞各地（華僑志編纂委員會1978；陳烈甫1983；吳鳳斌1994；李恩涵2003；陳錦昌2004；湯錦台2005）。

明末兵荒馬亂之際，台灣正由荷蘭人統治當中。西元1661年，因南明「隆武」皇帝賜姓「朱」而有「國姓爺」之稱的鄭成功率二萬五千士兵攻打占領台灣的荷蘭人（史明1980：102；王育德1993:56；湯錦台2001:137；Tưởng 2004:9；陳錦昌2004:102）。1662年荷蘭人投降，台灣自此開始由鄭成功家族統治直至1683年「施琅」率領清軍攻占台灣爲止。這些在荷蘭時期陸續移民到台灣開墾的漢人及由鄭氏王朝帶來的士兵、家眷及難民共計數萬人。這些人，除了部分被遣返中國之外，其餘多數與台灣當地的原住民通婚及同化，最後「本土化」形成台灣人。

大約同時期，依據越南阮朝官史《大南寔錄》前編卷五之記載，鄭成功的舊屬龍門總兵「楊彥迪」（Dương Ngạn Địch）、高雷廉總兵「陳上川」（Trần Thượng Xuyên）等人於1679年[2]率兵三千餘人投靠當時越南的阮氏政權[3]（藤原利一郎1949:379；陳荊和1960:436；

[2] 鄭瑞明（1976:26）認為，楊等入越時間應該是1681年「三藩之亂」結束以後較合理。根據越南胡志明市「明鄉嘉盛堂」（亦即明鄉會館）的介紹手冊，楊彥迪等人入越時間為1683年（Đặng Thanh Nhàn 2010:8）。陳荊和（1960:454）亦認為應在1682年底至1683年之際。

[3] 西元十六至十八世紀左右，越南正處於南北分裂時期。北方為鄭氏政權，南方為阮氏政權

華僑志編纂委員會1958:32；鄭瑞明1976:25-26；許文堂、謝奇懿2000:3; Đặng Thanh Nhàn 2010:8；三尾裕子2008:5）。阮主授予陳上川等人官職並令其負責往南方開墾，包含現今越南南部的「嘉定」、「定祥」、「邊和」等地（陳荊和1960:437, 1968；蔣爲文2017）。此外，明朝遺臣後代、廣東雷州莫府城人「鄚玖」（Mạc Cửu）於1671年率眾四百餘人前往柬埔寨南方蠻荒之地開墾。後來鄚玖於西元1708年歸順越南阮氏政權並將開墾之土地送給越南顯宗孝明皇帝，因而獲封「河仙鎮大總兵」（藤原利一郎1949:383；華僑志編纂委員會1958:219；陳重金1992:242；許文堂、謝奇懿2000:5）。

阮主給予那些擬在越南落地生根的明人特典，亦即設立特別的村社組織，稱爲「明香社」（Minh Hương xã）。「明香」之原義爲「維持明朝香火」（陳荊和1964:6）。明香社的男性大多數爲明人或明越混血，而女性則多爲當地越南人（陳荊和1965）。西元1802年阮世祖統一越南，以越南中部「順化」爲首都，建立越南最後的王朝「阮朝」。阮世祖於1807年下令在全國設立明香社以管理明人後裔並編入戶籍。至阮聖祖即位後，於1827年起將「明香」改爲「明鄉」，視「明鄉人」（người Minh Hương）爲已入籍的越南人（陳荊和1965:1；藤原利一郎1976:260）。

在清國期間，持續仍有許多清國人民移居會安（許文堂2012）。那些後來的移民部分選擇加入明鄉人，有些則維持華人五幫的族群認同，並以各幫會館爲組織動員中心。由於明鄉人的權益優於清國商人，故清國時期才移居來越南的清人，與越南女子通婚後其後代亦多自認爲明鄉人（華僑志編纂委員會1958:41；三尾裕子2008:10）。因此，明鄉人不再只是明朝香火之原義，而泛指華越通婚的後代子孫。目前，明鄉人均使用越南語且完全融入越南

（或謂廣南國），雙方大至以目前越南中部的靈江（Sông Gianh）為界（Trần Trọng Kim 2002:312；郭振鐸、張笑梅2001:459）。

當地文化，其身分證件的民族類別也登記爲越南主體民族「京族」（Kinh）。明鄉人就如同早期移民至台灣的「唐山公」（Tn̂g-soa^{n}-kong）一樣。唐山公經由通婚等本土化過程，最後形成在地的台灣人認同（蔣爲文2013、2014; Chiung 2013）。相對於明鄉人的京族身分，華人（người Hoa），則屬於越南政府正式認定的五十四民族之一的華族。華人除了講越南語之外，大多數還會不同程度的華語（北京話）或原本的族群母語，譬如廣東話或福建話等（蔣爲文2013）。至於華僑與台商，由於他們仍擁有中國籍或台灣籍，沒有越南國籍，所以不列入本研究範圍內[4]。

本研究之目的擬以人類學「土著化」的角度探討明鄉人遷徙到越南後的文化變遷與本土化過程。本研究實地訪查的明鄉會館主要以胡志明市的明鄉嘉盛堂及會安的明鄉萃先堂爲對象。

二、專有名詞界定與討論

本論文所談的「本土化」是指人類學角度的「土著化」（indigenization）概念，亦即由移民社會（immigrant society）變成「土著社會」（native society）的轉變過程。例如早期漢人由唐山移民來台灣時，剛開始逢年過節會想要回到故鄉唐山和親人團圓，甚至若往生後也想要落葉歸根將屍體送回唐山埋葬。這是移民社會現象，也就是移民者仍有過客心態。但經過一定的時間與社會情境的發展，那些漢人移民漸漸地「他鄉變故鄉」，發展出在地認同，過年、過節不再回去唐山，去世後也直接埋在台灣。最終那些漢人移民認爲自己也是台灣人，台灣是他們的新故鄉。這就是土著化的過程。陳其南（1994:92）指出，由1683到1895的二百多年當中，台灣的漢人移民

4 關於華人與華僑及相關用詞的討論，詳閱蔣為文（2013）。

社會漸漸的形成土著社會[5]。意謂在日本與中華民國政權陸續來到台灣之前，台灣早已形成土著化社會。至於本文討論的二個主要對象明鄉人與華人移民到越南後，是否仍存有移民心態與現象或已完全本土化？若已本土化，其程度與內涵爲何？此爲本研究關心之焦點。

本論文內的專有名詞「華裔」、「華僑」、「華人」、「中國」、「唐人」、「漢人」、「明人」、「清人」等意涵稍異。玆解釋與定義如下：

「華裔」是指從中國移居他國後所傳的後代。就血統來看，這些人有純粹華人血統（即父母均爲華人），也有混血種（譬如，父親爲華人或華裔，母親爲當地女子）（陳烈甫1983:12）。隨著移民定居當地的時間久遠，通常華裔的華人血統會逐代減少，且已取得當地之國籍。通婚通常是同化的重要過程之一（Gordon 1964）。影響華裔族群保持華裔認同的客觀因素大致爲華文教育、族語使用、略知中國史地、與華人交往等因素（陳烈甫1983:13；周勝皋1961）。

「華僑」是指中國人移居或僑住外國領域且未喪失中國國籍者（楊建成1985:2; 1984）。這些華僑通常是因爲經商而短暫停留在外國。華僑移居國外若年代久遠且經過土著化過程，就形成華裔或華人。「華人」爲清末以來逐漸普遍的用語，泛指祖先多少具有中國血統，但不論其國籍爲何者。華裔與華人的主要差別在於土著化程度及該族群在當地國是否成爲主體民族。一般來講，華裔通常指已經某種程度的土著化，且族群人口分散或僅占當地人口極少比例者。譬如，華裔美國人。如果華裔人口分布集中或占當地多數，就有可能稱爲華人或以新名詞出現。譬如新加坡華人、馬來西亞華人及越南華人（người Hoa）等。以新名詞出現的例，如馬來西亞的Baba Nyonya（華人與馬來人通婚之後代）、越南明鄉人、台灣的台灣人等。儘管這些用詞用語有相對客觀的區分標準，但影響族群認同最重要的還是

[5] 三尾裕子（2006）也有類似的看法。

當事人主觀的自我認同。

「中國」這個政治名稱是近代二十世紀起才開始普遍使用，目前「中國」通常是指中華人民共和國轄內之疆域。中國人則常指政治上具中國國籍的人。其實，早期中國在不同時期與不同地區有不同的稱呼。大唐時期，大唐國民南渡到東南亞經商者不少，因而東南亞各地常稱中國爲「唐山」、中國人爲「唐人」（陳烈甫1983:92-93）。譬如，筆者於2011年8月至馬來西亞檳城進行田調時，當地福建裔華人仍使用「唐山」（Tn̂g-soa^{n}）、「唐人」（Tn̂g-lâng）用語。

在台灣，早期也分用「唐山」（Tn̂g-soa^{n}）稱呼中國，用「唐山人」（Tn̂g-soa^{n}-lâng）或「唐山客」（Tn̂g-soa^{n}-kheh）稱呼中國人（王育德1993:96;甘爲霖1978:707; Medhurst 1832:661; Douglas 1873:510; 小川尙義1931:395）。譬如台語諺語裡說：「有唐山公，無唐山媽。」[6]直譯爲：「有來自唐山的男性祖先，但沒有來自唐山的女性祖先。」意指：「當時的唐山移民多數爲男性，他們後來也多數娶了台灣當地的女性爲妻。」這句諺語說明了明鄭時期及滿清統治台灣初期，從中國移民到台灣的明人通常與台灣本地原住民通婚而逐漸土著化的現象。「唐山人」一詞原本可以是「自稱」也可以是「他稱」，但隨著土著化過程的進行及本地意識的高漲，唐山人逐漸成爲他稱，形成「唐山（中國）和本地（台灣）的地域性和社會性的對立抗爭」（史明1980:198）。這種唐山（中國）和本地（台灣）的區分在十九世紀末已被鞏固化和擴大化（史明1980:198）。以台語諺語：「唐山客對半說」[7]（意指來自中國大陸的行商漫天開價，必須打對折）爲例，清末時期的台灣人已自認爲台灣本地人，唐山客或唐山人則用來稱呼那些來自中國的商人（王育德1993:96）。進入二十世紀以後，一方面是土著化的關係，另一方面是日本統治期間促

6　台語白話字Ū Tng-soa^{n}-kong, bô Tng-soa^{n}-má.

7　台語白話字Tng-soa^{n}-kheh tùi-pòa^{n} soeh.

成近代化與資本主義化，促使台灣社會與台灣人意識的形成（史明1992:220）。意謂這時期起「台灣人」一詞已廣泛取代「唐山人」一詞，成爲台灣人自稱的主流。

目前台灣普遍以「漢人」一詞來描述當時從中國移民來台的人。「漢人」原本是指漢朝的人民（麥都思1832:208；杜嘉德1873:118），這個詞彙在台灣被普遍使用與中華民國來台有關。中華民國開國之初強調漢、滿、蒙、回、藏五族共和，「漢人」一詞被用來作爲國家內部族群名稱之稱呼，而「華人」則因應「中華」概念的產生，成了外界及移居海外的中華民國人的新稱呼。

繼「唐人」之後，大明時期的居民亦被稱爲「明人」，大清時期則稱爲「清人」。這些用詞在越南國史裡常有所見。譬如，1840年《大南寔錄》正編第二紀卷208裡記載（許文堂、謝奇懿編2000:210）：

> 户部奏言嘉定別納各户有唐人屯田四耨二百三十六人歲納税錢人各六緡老疾半之且彼等本自清國投來雖不與清人同幫而税例豈應有異惟據所著貫址均在南圻各省社村不知是原清人而冒著抑或我民而冒從唐人簿額求免兵徭請令省臣察覈何人確是我民貫南圻各省者抽回受差如有見成家產願附籍于所寓者亦聽其餘清人插入屬省各幫照從明鄉例征税有物力者銀二兩無物力者銀一兩。

本論文在論文書寫過程中，有時爲明確反映某特殊時空情境下的稱呼而分別採用明人、清人、明鄉人、華人、華僑、中國人等不同用語。

各時期從中國移民到越南的明人／清人／華人均會建立或依既有的「會館」爲活動中心。這些會館通常會祭祀神明或祖先，且爲重要的社群網絡聯繫中心。這些會館可分爲二大類：第一類爲明鄉人主導的俗稱明鄉會館的會館。譬如，胡志明市的「明鄉嘉盛堂」[8]、邊和市的「新鄰亭」[9]及會安市的「明鄉萃先堂」[10]。明鄉嘉盛堂源自新鄰亭，且同處越南南部，故雙邊的成員仍互動頻繁。至於明鄉萃先堂因位於越南中部，與南部的嘉盛堂與新鄰亭已無往來。在作者訪談當中，萃先堂的幹部甚至認爲嘉盛堂與新鄰亭是華人在主導而非明鄉人。這是頗特殊的現象！

會館的第二類爲華人主導的五幫會館。這些會館依照原屬族群（幫）籍貫而劃分地盤，譬如，福建會館、廣肇會館（廣東幫）、潮州會館、瓊府會館（海南幫）及客家會館等。即使來自同一省份，也會依語言／城市差細分地盤。譬如胡志明市的「霞漳會館」（漳州）及「溫陵會館」（泉州）等。這些五幫會館均由華人主導，各館互相之間目前仍有往來，譬如互贈牌匾等。但在當代，這些會館與明鄉會館已無往來。過去是否有往來則不可而知。經訪查，其原因大致爲：第一，語言因素。華人多數仍使用自己的族群母語，但明鄉人已使用越南語。雖然多數華人均通曉越南語，但畢竟母語的情感不同。第二，族群文化認同差異。明鄉人均認同自己是越南人，對越南有較深的土地情感且已建立在地化的社會網絡。對明鄉人而言，中國的祖籍地只是歷史上的過去記憶，已無實質上的人際網絡上聯繫的需要。第三，經濟因素。依據受訪人A及B表示，1975年越南解放後明鄉人的經濟狀況大幅衰退。相形之下，在1990年代越中關係改善以後，在越華人的經濟狀況隨著越南的開放而逐漸富裕。由於經濟上的不對等，也促使明鄉人及華人之間少有聯繫。

---

8 越南文Hội Đình Minh Hương Gia Thạnh.

9 越南文Đình Tân Lân.

10 越南文Minh Hương Tụy Tiên Đường.

三、當代胡志明市的明鄉人

本節將針對胡志明市的「明鄉嘉盛堂」及邊和市的「新鄰亭」會所做的田調重點摘錄於下[11]。

胡志明市的「明鄉嘉盛堂」，又稱爲「明鄉會館」、「明鄉嘉盛會館」或「嘉盛堂」，位於胡志明市第五郡陳興道路380號[12]。根據嘉盛堂入口處的碑文介紹，明鄉嘉盛堂於1789年由八十一位明鄉人共同創立，以紀念陳上川（Trần Thượng Xuyên）、鄭懷德（Trịnh Hoài Đức 1765-1825）、阮有鏡（Nguyễn Hữu Cảnh 1650-1700）及吳仁靜（Ngô Nhân Tịnh 1761-1813）等人。這四人當中，除了阮有鏡以外，其餘均爲明鄉人後代。依據受訪人A及B的意見，越南南部早期普遍使用「Ba Tàu」稱呼明鄉人或華人則源自於此：Ba Tàu指陳上川、鄭懷德及吳仁靜三人。「Ba」在越南語裡指數字「三」，「Tàu」原意爲「船」，延伸指來自中國的人。

明鄉嘉盛堂分爲正殿與後殿。正殿中央祭祀明末皇帝（牌位上寫「龍飛」二字）、「五土尊神」、「五穀尊神」、「東廚司令」及「本境城隍」。依據嘉盛堂介紹手冊內的介紹，「龍飛」爲明末皇帝

---

11 除了上述三個明鄉會館之外，胡志明市還現存至少有三個明鄉會館：分別為福安會館、義潤會館及富義會館。福安會館（Phước An Hội Quán）目前也稱關帝廟，位址在184 Hồng Bàng, Phường 12, Quận 5, TPHCM.福安會館的入口處、碑文及匾額上仍殘留「明鄉」及「Chùa Minh Hương」字樣。雖從建物遺跡可看出福安會館為明鄉人的會館，但經實地訪查，該館目前主要為華人（主要為廣東幫）在經營與祭拜。透過與明鄉嘉盛堂的報導人D的訪談，D認為福安會館為華人的會館而非明鄉會館。依此推測，福安會館過去可能曾經是明鄉人聚集的會館，後來才轉為以祭拜關公（主要）及媽祖（其次）為主的華人在經營。義潤會館（Hội Quán/Định Nghiã Nhuận）位址在27 Đường Phan Văn Khỏe, Phường 13, Quận 5, TPHCM.依據報導人D的看法，義潤會館為明鄉人的會館，但經實地訪查發現，該會館目前主要祭拜關聖帝君、天后聖母及本境城隍，來參拜者有華人及越南人。該會館的建物及匾額並未留下明鄉的字樣，僅部分匾額仍存有「龍飛」年號。富義會館（Phú Nghiã Hội Quán）位址在16 Đường Phú Định, Phường 11, Quận 5, TPHCM.部分匾額仍存有「龍飛」年號。

12 越南文380 Đường Trần Hưng Đạo, Phường 11, Quận 5, TPHCM.

的年號（Đặng Thanh Nhàn 2010:17）。事實上，明朝並無龍飛的年號。「龍飛」應為明鄉人自創、虛擬、象徵性的明朝皇帝年號。其初期用意可能為避免直接使用明朝皇帝年號以免公開得罪當時的大清皇帝及收留明鄉人的越南阮朝皇帝。由於年久失傳，明鄉人後代就誤以為龍飛為明末皇帝的真實年號。

依據蔣為文（Chiung 2018）訪視越南南部、中部及北部共四十七處明鄉人／華人古蹟，共發現有十一處有出現「龍飛」年號的牌匾、柱子、衍或石碑等總計四十五塊。蔣為文（Chiung 2018）的田調結果可簡單歸納幾點發現：第一，明鄉人通常傾向使用龍飛年號或越南皇帝年號，華人則傾向使用清國或中華民國年號。第二，現存龍飛年號最常出現於十八及十九世紀。在所發現的龍飛紀元當中，最早出現的約可追溯到1663年，最晚的約1936年。由此可知，即便大清帝國被中華民國消滅後，明鄉人仍有使用龍飛年號的習慣。早期明鄉人使用龍飛年號的原因可能是不願臣服滿清，又不敢直接用大明國的年號，只好用隱密的龍飛年號以避免滿清的追殺。至滿清滅亡後，雖已無被追殺的危險。然因已使用幾百年，「龍飛」年號已成為明鄉人身分認同的標誌，故仍持續使用。

明鄉嘉盛堂正殿右側（面向門外）祭祀鄭懷德與吳仁靜。左側（面向門外）祭祀陳上川及阮有鏡，其神位兩側並有對聯如下：

恥作北朝臣綱常鄭重
寧為南國客竹帛昭垂

該對聯似可表明陳上川等早期明鄉人之反清心態。

明鄉嘉盛堂後殿主要祭拜三繼賢及歷年對經營嘉盛堂有功的幹部。三繼賢是指王光珍、柯文麟與康成源三位於1924年協助出錢出力重建嘉盛堂有功的人士，在正殿通往後殿的通道上存放著早期明鄉人穿過的鞋子與帽子。

明鄉嘉盛堂的成員須為明鄉人（從父系）後代才能加入，組織上，由自治的管理委員會管理。管理委員會（Ban Quản trị）約三年改選一次，一般成員（穿黑色禮服）約當過三年的幹部才能被選爲鄉長（Hương trưởng），須當過鄉長（穿藍色禮服）的成員才能被選爲管理委員會委員（Ủy viên），至少當過三年委員才能晉升爲視事鄉長（Hương trưởng thị sự），當過視事鄉長且年齡至少四十五歲以上才能被推舉爲正主（Chánh chủ）。「正主」爲組織中最高的職位，正主共有三位：一位負責對外業務，一位負責對內業務，一位負責擔任管理委員會的主任委員（Trưởng ban）。

目前，明鄉嘉盛堂係屬民間私人團體經營。該堂於1993年1月7日獲越南文化通訊部公認爲歷史文化遺蹟。依據受訪人A及B表示，營運經費主要由其明鄉成員及來訪賓客自由奉獻。越南政府雖有公認嘉盛堂爲歷史文化遺蹟，但並沒有提供經費援助。依據受訪人A及B表示，明鄉會館是明鄉人重要的集會所，每逢過年過節均有集會活動以凝聚明鄉人的意識。在解放之前，胡志明市的濵邊府路上有許多明鄉人的會館，每逢過年過節均會辦桌宴客並發紅包、獎學金或敬老金給明鄉成員。依據受訪人A及B表示，解放前常來明鄉嘉盛堂的成員約有二三百人之多，但當今的人數已急遽下降。依筆者於2013年春節聚會活動觀察到的人數爲例，僅剩數十人參加而已。

在禮俗方面，除少部分外，明鄉人大致依照越南京族人的習俗。依據受訪人A及B表示，該堂明鄉成員於結婚前二日須回到嘉盛堂祭拜。有新生兒出生時家屬須通報會館[13]。新生兒滿月時會請客，但不做四月及週歲禮。年老去世時，其喪禮依照越南京族儀式。唯一不同處是送終時須到明鄉會館向祖先道別，由會館指派幹部二人代表回禮（京族是由家屬回禮）。祭祀時穿戴的禮帽（Khăn xếp）具有九層（意指「長久」），與越南京族的三層稍微不同。明鄉人與京族人一樣於過年前接祖先回來過年，但京族人農曆初三就送祖先回去，明鄉

13 目前每年約二至四位新生兒來報到。

人初六才送走祖先。至於清明節，明鄉人不過清明節，但當代華人則保留。雖然受訪的明鄉人表示不再過清明節，且根據嘉盛堂壁上所刻的年度祭祀活動日也沒記載清明節，但嘉盛堂最新版介紹手冊內容卻新增清明節活動（Đặng 2010），見表13-1。

表13-1　胡志明市明鄉嘉盛堂年度祭祀活動

日期（農曆）	祭祀活動	越文原文
1月7日	春首祭	Cúng Xuân Thủ
1月16日	求安節祭祀	Cúng Kỳ Yên
3月份	清明節祭祀*	Cúng Thanh Minh
3月19日	天后靈魂的祭祀	Cúng Vía Bà
5月5日	端午節祭祀	Cúng Đoan Ngọ
6月29日	祭拜Trưởng Công Sĩ	Cúng Ông Trưởng Công Sĩ
7月11日	三繼賢祭祀	Cúng Tam Kế Hiền
7月16日	張夫人祭祀（杜氏祭祀）	Cúng Bà Trương（Đỗ Thị）
8月15日	中秋節	Lễ Trung Thu
10月1日	紀念吳仁靜開墓	Cúng kỉ niệm ngày bốc mộ Ông Ngô Nhân Tịnh
10月16日	謝神祭祀	Cúng Tạ Thần
12月22日	冬至祭祀	Cúng Đông Chí
12月16日	祭拜Tạ Tỉnh	Cúng Tạ Tỉnh
12月24日	送神祭祀	Cúng Đưa Thần
12月25日	掃墓祭祀	Cúng Tảo Mộ
12月28日	迎祖先祭祀	Cúng Rước Ông Bà
12月30日（晚上7點）	迎神祭祀	Cúng Nghinh Thần

*近年新增，謹記載三個月份，無指定日期。

至於語言方面，明鄉人基本上使用越語，不懂漢字與漢語。筆者於2011年8月10日（農曆七月十一日）前訪越南胡志明市的「明鄉嘉盛堂」。那時剛好舉行「三繼賢祭祀」（cúng Tam Kế Hiền），與會明鄉人約十餘人，全程以越南語進行。他們均不懂華語或各幫語言（譬如福建話或廣東話），漢字頂多僅認識幾個字（譬如自己的姓名）。之後幾次針對不同明鄉人的訪問，也大致得到相同的答案。以受訪人A、B（二人均大約五十歲）及D（五十六歲）爲例，他們的阿公那一代還會講廣東話／福建話與法語（因法國殖民時期），但下一代之後廣東話／福建話就失傳，完全使用越語。另一位1926年出生的受訪人表示，祖先於十七世紀末來自中國廣東，他本身會越語、法語、英語及一些簡單的廣東話，子女則不會廣東話。這是唯一一位受訪人表示還會一些簡單廣東話。依此推測，明鄉人的父輩族語（廣東話或福建話等）大約到二十世紀初期左右已開始明顯大幅度失傳。

另外，報導人D（女性，1957年生）亦提供一份家傳殘缺的手抄族譜給作者。透過該族譜，亦可從不同面向了解明鄉人。該份族譜的抄寫者E與D的阿公爲堂兄弟關係，亦即E爲D的叔公。茲摘要該族譜之重點如下：

第一，該份族譜由越南羅馬字及漢字雙文字的方式呈現。人名及地名則偶有喃字（chữ Nôm）出現。譬如在越南出生的第四代祖先名字「Hai」（數字「二」的意思，因排行老二）用喃字寫成「台二」。越南羅馬字的表記以越南語發音爲準，但也有發現少部分的例外。譬如，第五代女性祖先名字「花」用越式羅馬字記爲「Huê」，該發音與台語／福建話的「Hoe」一致[14]。該詞可能是延續前人的福建話用語而來。此外，漢字的越南語發音以文言音爲主，但也有發現同一漢字在不同地方分別記文言音與白話音。譬如，「蓮」在不同人

14 Hoe為台灣及福建流行使用的傳統白話字的表記方式。

裡分別用「liên」（文言音）與「sen」。

第二，該份族譜從抵越第一代記錄到第六代（報導人D那一代），之後因家族無人懂漢字而中斷。族譜的一開始是族譜圖，之後爲主文逐一依照輩分介紹。族譜裡男女均收錄。族譜圖的輩分長幼由右而左區分，且依照越南人的稱呼習慣僅記名字的最後一字。男性在名字上加雙圈記號，女性在名字上加單圈號，不知性別者則未加記號。主文裡主要記載各代親屬姓名（全名記載）、卒年（不記出生年）、子女名字及主要事業。部分內容僅記錄人名，其餘資料則無。年代則採計中國（早期用大清，之後用中華民國）年號及越南年號雙重記錄。從族譜裡出現的人名可發現，名字並未完全依照中國慣用的字輩來分輩分取名。此外，各代男性娶的妻子全部爲越南人或明鄉人後代，並沒有發現回去中國娶妻的現象。

第三，來越第一代始祖被成爲「高祖公」。依族譜記載，高祖公於大清康熙年間（1662-1723）從福建省泉州府安溪縣培田鄉來到越南。由於未精確記載抵越年代，故無法得知是否爲追隨陳上川來越的第一批移民。族譜的抄寫者E亦未記錄自己的出生卒年及族譜抄錄時間。依據族譜，E的父親出生於大清道光二十四年九月二十六日（西元1844年11月6日），卒於中華民國2年（1913年），生有一女四男，E爲其么子。E的阿媽爲名人鄭懷德之女兒。由於E懂漢字、越南羅馬字及法文（是否懂福建話或廣東話則報導人未知曉），故應當受過法國統治時期的教育[15]。由此推估，E最遲應於十九世紀末出生。從這點看來，在十九世紀末之前的明鄉人仍有使用漢字，但懂漢字的人數比例應該不高，否則不會經過一二代時間即造成族譜書寫中斷的現象。

15 西元1858年，法國利用傳教士受迫害做藉口聯合西班牙軍艦向越南中部的峴港（Đà Nẵng）出兵（Trần 1921: 516-517）。越南末代朝廷「阮朝」打不過法軍，為求和只好於1862年簽訂《第一次西貢條約》割讓南部「嘉定」、「邊和」、kap「定祥」三省給法國（Trần 1921: 523）。

除了胡志明市的嘉盛堂，位於當今同奈省邊和市和平坊的新鄰亭[16]亦為重要的明鄉會館之一。依據新鄰亭內部流通的手冊的記載，原始新鄰亭是在喇叭城（Thành Kèn）的一座小廟。在越南明命帝（Minh Mạng 1820-1840）時期，附近的人民立這座廟以表示對陳上川將軍開墾同奈－嘉定地區荒地有功的尊敬。經過兩次遷移以後（1861, 1906）才遷到目前的位置。由於陳上川對於開拓越南南方疆域有功，越南明命、紹治、嗣德等皇帝都封他為「上等臣」（Thượng Đẳng Thân）。由於新鄰亭具有歷史文化意義與價值，於1991年獲越南文化資訊和體育旅遊部認可為國家級歷史文化古蹟。

四、當代會安古城的明鄉人

「明鄉萃先堂」（Minh Hương Tụy Tiên Đường，以下簡稱萃先堂），地址位於陳富路14號[17]。萃先堂是目前會安地區仍有明鄉人出入、具代表性、較大的明鄉會館。萃先堂的最早建立的具體年代仍有不同說法，即使萃先堂內部對建立年代也無一致的說法。依據擺在萃先堂門口供遊客閱覽的木製介紹看版，內容寫著約建立於十八世紀末期[18]。但建築物裡面的「史略」（Lược sử）簡介看板則又記載於1820年建立。若依萃先堂正殿左側（面向外），於越南「維新」二年（1908）所立的碑文記載內容：「明命初元建前賢祠額曰萃先堂……成泰十七年卜遷于澄漢宮之左……」。越南「明命」皇帝元年即為1820年，「成泰」十七年即為1905年。若該碑文紀錄無誤，萃先堂應建於1820年，後來才於1905年遷到目前的位置。

依據日本學者三尾裕子（2008:9）的研究，萃先堂建立年代應當

16 越文為Đình Tân Lân。地址為đường Nguyễn Văn Trị, phường Hoà Bình, thành phố Biên Hoà, tỉnh Đồng Nai。

17 14 Trần Phú.

18 作者於2012年及2013年底前往調查時所見之看板。

在「明香社」正式改爲「明鄉社」之際的1827年左右。由於明鄉人可以享有較華僑優惠的稅率，且免除一般越南人須服兵役與勞役的義務，故從先前的中華會館及福建會館獨立出來建館有其保有明鄉人獨特身分的好處。中國學者李慶新（2009:7）則認爲應是1653年，他指出：「2001年，筆者前往會安考察，在明鄉萃先堂，發現有『庆德癸巳年』供奉『三界伏魔大帝』、『神威远振天尊』的牌匾」。李慶新依此牌匾認定萃先堂的建立年代。其實，此牌匾應該是隔壁澄漢宮所屬。依照陳荊和（Chen 1960:18）報導，這個牌匾位於澄漢宮裡。此外，筆者於2012年及2013年前往調查時，該牌匾確實也是在澄漢宮。

該牌匾非萃先堂所屬的主要理由有三點：早期明鄉會館主要供奉祖先，其次才是供奉神明。該牌匾的內容與關公信仰較符合。第二，依維新二年所立的碑文記載應建立於1820年代。該年代與李慶新主張的1653年相差達一百六十七年，似乎不大可能。第三，經筆者與萃先堂的管理委員會主委曾川先生訪問，確認他管理萃先堂期間未曾見過該牌匾放置於堂內。

萃先堂主要祭拜明鄉人祖先「十大老」（Thập Đại Lão）、「六姓」（Lục Tánh）及「三家」（Tam Gia）、歷年明鄉社幹部及對建立萃先堂有功之士，其次才祭拜神明。不少研究者對於十大老、六姓及三家的認知有所誤解。這些誤解主要來自於主殿的神主牌位及維新二年的碑文的誤導。譬如，李慶新（2009:11）認爲：「正堂祀『明鄉历代先贤』，其中鄉官祀『十大老』，這是會安明香社的开山之祖。鄉老祀許、魏、吳、伍、庄、邵六人。鄉長祀吳廷寛、冼國詳、張弘基……。」譚志詞（2005:1）則指出：「他們分屬魏、吳、許、伍、庄六個姓氏，明香人稱此十位創始人爲『十老』或『前賢』。」黃蘭翔（2004:18）也表示：「會安的明鄉人的祖先是魏、莊、吳、邵、許、伍等六姓的十大老，及後來的三大家冼國公、吳廷公、張弘公等明朝舊臣遺民之後代子孫。」

依據上述維新二年碑文內容記載：

……魏莊吳邵許伍十大老者明舊臣也明祚既遷心不肯貳遂隱其官銜名字避地而南至則人唐人在南者冠以明字存國號也卅六省皆有所立而廣南始焉初居茶饒[19]尋遷會安相川原之勝通山海之利……十大老既徃[20]三大家繼之曰洗國公吳廷公張弘公[21]……

由於碑文以文言文書寫：「……魏莊吳邵許伍十大老者……」，一般都會解讀爲「魏莊吳邵許伍」等六姓就是十大老。究竟是碑文撰寫者「張同洽」撰寫有誤或確實是如此？筆者比對陳荊和的中文（陳荊和1957:282）及越文（Chen 1960:21）論文發現，在其中文論文裡僅提及十大老及三家，但越南文論文裡卻引用李誠意於1880年撰寫的《萃先堂前鄉賢譜圖板》之記載明確指出十大老、六姓及三家爲不同階段的三批人。中文版與越文版不一致的現象甚是奇怪。或許在陳荊和之後的中文學者僅閱讀陳的中文論文，故均把十大老及六姓混爲一起。

經由筆者與報導人F（明鄉人）、G（明鄉人）及Trương Duy Hy（男，八十二歲，明鄉人）的訪談及報導人提供的越南文資料顯示，十大老、六姓及三家的解讀應如下所述較可靠：

十大老、六姓及三家是歷史上不同階段來到廣南的明人。依據Trương Duy Hy（1999:9）的論文，第一階段約1644年，這些人被稱爲十大老，包含孔（Khổng[22]）、顏（Nhan）、余（Dư）、徐（Từ）、周（Chu）、黃（Hoàng）、張（Trương）、陳（Trần）、

19 茶饒（*Trà Nhiêu*），位於秋盆河和長江兩大河的下游交會處，離會安古城約三公里。

20 「徃」字意思與「往」相同，過往、去世之意。

21 碑文以「洗國公」、「吳廷公」及「張弘公」的尊稱方式稱呼三大家。若依照正殿所奉祀的神主牌的記載，全名為「洗國詳」、「吳廷寬」及「張弘基」。

22 有的資料寫Khổng thái（孔太）；加上thái是特別尊稱的意思（Chen 1960:21-22）。

蔡（Thái）、劉（Lưu）等十個姓氏[23]。或許因爲十大老剛來越南時仍屬高度危險期，爲避免滿清追殺，故僅保留姓氏、不記眞實全名。第二階段約1650年，包含魏（Ngụy）、莊（Trang）、吳（Ngô）、邵（Thiệu）、許（Hứa）、伍（Ngũ）等六姓氏，故稱爲六姓。第三階段（原文未註明年代[24]）爲「洗國詳」、「吳廷寬」及「張弘基」等三人。第四階段亦未註明年代，爲包含鄭、林、丁、馮、尤、丘、黎、鳳等八人。自此階段起，此八人沒有特別稱呼。此上共計二十七人，其中十大老被尊稱爲「前賢」，其餘則尊稱爲「後賢」。至於神主牌上左右兩側所寫的「鄉官」、「鄉老」及「鄉長」，並不是分別指十大老、六姓及三家，而是另有他人。依據報導人提供的一份越文版《萃先堂前鄉賢譜圖板》[25]，該圖譜列出鄉官共五十七人，鄉老共十九人，鄉長共六十一人（Lý Thành Ý 1880）。

雖然傳統上萃先堂的主要功能並非祭拜神明，但隨著會安獲選爲世界遺產、觀光客日益增多，此傳統已開始改變。筆者於2012年及2013年前往調查時發現萃先堂已於入門的前殿新增五尊神明雕像：進門面向神明由左到右分別爲「金花娘娘」、「天后聖母」、「藥王本頭公」、「保生大帝」、「福德正神」。依據報導人I（六十五歲、京族人，在萃先堂協助雜務）的表示，擺設神明主要目的是增加經濟（油香錢）收入以維持萃先堂的營運見圖13-1。

---

23 筆者於2014年4月3日特別拜訪Trương Duy Hy先生以了解其論文依據的資料來源。他表示，該主張係根據萃先堂內部管理人員流傳使用、以越南文書寫的《明鄉三保務》（*Minh Hương Tam Bảo Vụ*）手冊記載的內容。

24 但依報導人F及G表示，三家大約比六姓晚四十餘年才來。意即，約十七世紀末期。

25 該越文（羅馬字）版譯者為Tông Quốc Hưng，有註明原稿由Lý Thành Ý（李誠意）於1880年編寫而成。由於筆者沒有漢文原稿，「萃先堂前鄉賢譜圖板」及李誠意為本論文筆者根據陳荊和（Chen 1960:21）轉述的漢字原文。

圖13-1 萃先堂主殿的神主牌位

雖然萃先堂有加入「會安文化與體育中心」發行的古蹟參觀收費門票行列，但門票的收入仍然有限[26]。依據他們實際運作的結果是遊客的香油錢比門票收入還多。因此，祭拜神明有吸引遊客添油香的經濟考量。具管理委員會委員身分的報導人F表示，以前這些神明只有牌位，放在主殿連同其他明鄉人的前賢、後賢一同供奉。大約2011年起才將神明牌位改爲雕像並移到入口處，以吸引觀光客。F表示，早期各明鄉社會分工擇一主要的神明祭祀，萃先堂主要是祀奉藥王本頭公。

依據報導人I的自我認知：「藥王本頭公、保生大帝及天后聖母是明鄉人的信仰，但關公則是華人的信仰。目前，當地僅有明鄉人仍祭拜藥王本頭公及保生大帝。天后聖母則明鄉人與華人均有祭拜。福德正神在當地代表財神，可以保佑商家發大財。」至於金花娘娘，報導人I表示，那是別的供奉處因要拆建大樓而遷移到萃先堂。

26 會安文化與體育中心的越文原文為TRUNG TÂM VĂN HÓA - THỂ THAO THÀNH PHỐ HỘI AN。筆者於2012年11月前往會安調查時尚未有門票收費制度。2013年12月再度前往調查時大部分的古蹟參觀地點已開始收費。

報導人I的認知是否適用於全國或僅會安的明鄉人案例，或僅是他個人的認知？有待進一步調查。但某種程度也反映出當地京族人對這些神明信仰的某種看法。就筆者在越南各地華人地區所做的觀察，祭拜關公可算是最普遍的華人民間信仰，其次才是天后聖母的祭拜。或許由於關公在中國歷史上具全國性知名度，且其講求義氣的特質正符合華人新移民的需求，故其普及度較高。雖然報導人I認為關公並非明鄉人的信仰，但其實位於萃先堂隔壁、祭拜關公的「澄漢宮」最初就是由明鄉人建立的。或許隨著逐漸越南化及與華人的互動越來越少後，明鄉人逐漸淡出關公信仰，以至於會有報導人I這樣的認知。

明鄉人與五幫華人間的互動往來或許可從碑文及雙方互贈的牌匾、對聯中看出端倪。一般來說，明鄉人會使用虛構的「龍飛」年號或越南皇帝的年號；尚未越南化的華人則採用中國的年號。萃先堂內的重修碑文共有三份[27]，均用越南年號，分別是嗣德二十八年（公元1875年）、維新二年（1908年）及保大十八年（1943年）。三份碑文均為明鄉人所立，且內容記載捐錢整修者也多數是明鄉人。但其中也記錄五幫華人有參與捐錢整修。譬如，嗣德二十八年的碑文寫著「四帮錢十貫」[28]。至於錢十貫的金額究竟有多大？若參照碑文其他明鄉人的捐款額度，約相當於一位明鄉鄉長或秀才的額度。另外，保大18年的碑文亦記載「并五帮城庯紳豪信女樂供」等字樣，亦顯示少部分五幫華人亦曾捐款重修。維新二年的碑文亦記載萃先堂移建之初有華人婦女鄭門吳氏捐贈大片土地[29]。

除了碑文之外，萃先堂也有一份署名「五帮眾商」敬送的「明德

27 關於數量單位「份」：若同碑文太長而分別刻在幾塊石碑，仍算一份碑文。

28 究竟缺少哪一幫，仍有待考察。應該是相對人數較少與較晚到的海南或嘉應（客家）之一幫。

29 維新二年的碑文沒有記錄鄭門吳氏為華人婦女，但依據位於祝聖寺園區內的鄭門吳氏墳墓石誌記載，她為華族之女。該石誌由明鄉社於嗣德七年（1853）立。

惟馨」牌匾，該牌匾寫著「中華民國拾貳年」（1923年）。之後，直到2009年才有署名福建會館敬送的對聯及廣肇會館敬送的燈籠。由上述這些史料看來，萃先堂的明鄉人雖於十九世紀及二十世紀前半期仍有與較晚移居會安的華人往來，但其程度與關係已不高。在1943年至2009年之間的來往則可說是幾近於零。直到近年由於會安古城成爲國際觀光文化景點，萃先堂才與人氣較旺的福建會館及廣肇會館有禮貌性的贈送紀念品。依據報導人F表示，以他爲例，雖然他的親戚家屬裡面有人嫁給華人，但整體而言明鄉人與越南京族的密切往來遠大於華人。

萃先堂於1993年獲越南政府認可爲歷史文化古蹟，並於2002年至2009年間接受越南政府補助重新整修。依據報導人F（祖籍福建泉州，來越第十代，完全不懂漢字也不懂泉州話）的說法，以萃先堂爲聯繫中心的明鄉人於1945年戰後曾蕭寂半個世紀，直到2009年整修完畢開放參觀後才在政府主動動員下找回現有的明鄉人擔任會館的自治管理工作。由於長達半世紀的失聯，目前成員人數不如以往之多[30]。現今仍有來往者大約幾百人左右，多數是在萃先堂辦理祭祀活動（以越南語進行）時才會出現。報導人F表示，農曆二月十二日的春祭活動爲全年最大活動。春祭主要是祭拜前賢後賢並辦理聯誼活動以聯繫會員感情。依照F提供的2014年春祭照片來看，該次活動約近百人參加，內容有⑴祭祀儀式、⑵向老人祝壽、⑶抽獎、⑷發米救濟貧民。至於活動期間之外，平時只有少數幾位幹部輪流值班及觀光客（外國遊客居多）會前來參觀。與鄰近的福建會館及廣肇會館相比，在筆者田調期間來參觀萃先堂的遊客並不多。

隨著明鄉人的越南化演變，萃先堂擔任凝聚明鄉人意識的重要集

30 萃先堂的組織似乎相當鬆散。依據報導人F的說法，他們是以家庭為單位來聯繫成員。目前會安地區約有二百五十個明鄉家庭。有活動時會寄邀請函給他們。成員的認定則通常依其姓氏、居住的地點及透過認識的明鄉人的介紹等方式來做判斷。

會場所的角色已不如往昔那般重要與迫切。在會安古城獲選世界遺址之後，萃先堂所能扮演的角色似乎已轉型成爲具越南特色的歷史文化觀光資產之一。相較於其他華人的會館需自籌營運經費，或許這也是爲什麼明鄉人的會館受越南政府青睞、可獲補助的主要原因。

在萃先堂拜訪期間，報導人G（祖籍福建泉州，來越第十一代，完全不懂漢字也不懂泉州話）提供了一份家藏的土地移轉契約。該契約用漢字書寫，最初訂立時間爲越南嘉隆帝九年（Gia Long，西元1810年），中途移轉兩次，分別爲嘉隆十年及十六年（1817年）。在這段期間契約均用「明香社」一詞。到了最後贖回時爲成泰十六年（西元1904年），此時已改用「明鄉社」用詞。此契約剛好可看出「明香社」轉換爲「明鄉社」的過程。

「澄漢宮」[31]又稱爲關公廟，位於陳富街24號，就在會安市場的對面。關於澄漢宮的成立年代，一般都以廟內的勒封牌匾上所記錄的「慶德癸巳年冬季」推論爲1653年或更早之前建立。澄漢宮最早爲明鄉人建立（Chen 1962:25）。依據報導人F表示，澄漢宮原本爲萃先堂明鄉人所有。但南北越統一解放後澄漢宮及萃先堂曾一度被收爲國有。待越共改革開放後才將萃先堂歸還明鄉人自主管理。但澄漢宮未在歸還之列，仍由國家管理，主因是其信眾頗多且香油錢收入可觀。據報導人F（明鄉人）及J（華人第三代，1969年會安出生）表示，目前澄漢宮關公廟的信眾包含越南人、明鄉人與華人。由於澄漢宮位於會安傳統市場的正對面，如果有買賣糾紛出現，許多案例均會到澄漢宮尋求關公做公親以解決紛爭。

位於澄漢宮裡面的石碑有五份，最古的二份均用「龍飛」年號，其次分別爲「明命八年」（1827）、「嗣德十七年」（1863）及「成泰十六年」（1904）。可見負責重建整修的主要都是明鄉人。另外，澄漢宮裡面也有許多信眾敬贈的牌匾或對聯。其年號之採用有

31 越南文稱為Chùa Ông, Quan Công Miếu或Trừng Hán Cung.

越南年號、中國年號或僅註明干支紀年。若署名「五幫」或各幫幫名的牌匾或對聯均採用中國皇帝年號，其中以光緒（1875-1909）年號最多，其次爲同治（1862-1875）及嘉慶（1796-1821）。在澄漢宮也發現有署名「嘉應幫」的客家人於光緒甲辰年（1904）敬送的牌匾[32]。由此可看出華人最密切往來於澄漢宮的時期爲十九世紀後半期到二十世紀初。之後，信眾中的華人或許因爲逐漸越南化而成爲新的明鄉人，或因爲排華期間陸續移居海外，或因華人在廣肇會館另起爐灶祭拜關公，而逐漸不突顯華人色彩。

五、華人五幫移民

除了有明人移居越南之外，滿清統治中國的十八至十九世紀期間，也陸續有清人到越南經商或定居。其原因主要有：

第一，人口與土地壓力遽增（吳鳳斌1994:228-234）。在滿清平定反清勢力後，人民獲得休養生息。隨著人口倍增，耕作土地不足，於是促使人民向外發展。儘管滿清初期曾陸續採取海禁政策，但仍有不少人寧可違反禁令冒險向外發展。至鴉片戰爭後清國逐步取消禁令，人民得以自由到海外經商或做工。

第二，戰亂與政局變動。譬如，西元1788年越南西山王朝的阮惠擊敗入侵的清國二十萬大軍（Trần Trọng Kim 1921:395）。戰後，許多清兵戰俘滯留在越南。又如，十九世紀中葉，清國發生太平天國革命動亂，不少餘黨避入越南北部地區（華僑志編纂委員會1958:35）。此外，清末民初時期，不少革命黨人也經常出入越南。譬如，孫文於1900至1908年間曾六次停留在越南（Chương Thâu 2011；僑志編纂委員會1958:36）。

自革命黨人推翻滿清於1912年建立中華民國以來，中國內亂四

32 依據報導人J表示，目前（2014年）會安的嘉應幫僅剩幫主一人，其餘成員都移居他地了。

起。加上1937年以後日本侵略中國，均造成越南的華僑人數遽增。依《華僑之研究》轉載法屬越南年鑑統計資料，1889年僅有56,528人，1906年有十二萬人，1934年則有三十二萬六千人（楊建成1984:92）。至二次大戰後，依陳烈甫（1983:327）引用之資料，法國殖民政府於1948年公布的華僑數目約七十萬（南越有六十三萬，其餘在北越），中國僑委會公布的數字是一百萬。其數字差異主要是僑委會採父系血緣主義且承認雙重國籍。

西元1954年越南以北緯17度分爲南北而治。北方爲「越南民主共和國」，南方爲「越南共和國」。分裂之局面到1975年才由北方政權統一全國。在1954年至1986年越南改革開放前這一段三十餘年期間，導因於經濟及政治問題，越南政府對華僑採取積極同化及排華的政策（黃宗鼎2006）。

在同化政策方面，主要有強迫入越南國籍及限制僑辦中學（僑志編纂委員會1958:213-216；陳烈甫1983:324-325）。譬如，南越政府於1956年修改國籍法，規定：「在越南出生，其父母爲中國人子女，一律爲越南籍。」學校授課時，華語視爲外國語。當時僑界對此越化政策相當反感，認爲是歧視華僑的措施（僑志編纂委員會1958:214），越南政府則認爲是一種優惠，雙方認知差異極大。

排華政策包含限制營業項目及驅逐出境。由於華僑在越南掌握經濟命脈，因而越南政府採取限定華僑不得經營某些行業（僑志編纂委員會1958:215-216）。此舉亦造成華僑相當大的反彈。在1979年爆發越中武裝衝突前，越南政府對中國政府已累積相當大之怨氣，故對那些不願加入越南國籍的華僑採取強烈的驅逐出境政策。據估計，在爆發中越戰爭前已有約二十萬華僑離開越南（黃宗鼎2006:147）。

自1986年越南改革開放以來已過二十多年。激烈的排華政策已趨於和緩。華僑、台商、越僑等都陸續回到或來到越南從事經貿活動。目前，除了偶發事件，譬如中國情報人員潛藏在西原礦區活動，或「南海」（越南稱「東海」）主權等會引發外交爭議外，越南民間幾無排華心態。但三十多年前激烈排華的印象或許還停留在越南華人印象中。依據筆者於2011年8月訪問過的南北二十三位華人當中，有三位對於訪問到華人議題時仍不太願意公開受訪。

從中國移居到越南的「華人」（或所謂廣義的漢人）在越南的民族認定上被正式分爲Hoa（華族）、Ngái（客家）與Sán Dìu三族。華族其實是複數族群的綜合體，主要包含來自中國講廣東話、福建話、潮州話、海南島、客家話等族群／幫（僑志編纂委員會1958:51; Trần 2000:54-55; Đặng et al. 2000:226）。目前越南究竟有多少越南籍的華人？依據越南於2009年的人口普查結果，全越南共計有823,071位華人（người Hoa，此調查未細分五幫）。據1936年統計資料，廣肇籍約占50%，福建籍20%，其餘三幫共約30%。由於資料久遠且歷經排華階段，故此比例當有很大改變。依據芹澤知広透過胡志明市華人事務部門取得的資料，胡志明市於1992年共計有五十二萬四千名華人（約占全市八分之一人口），各幫分布比例如下表13-2：（Serizawa 2008:23）

表13-2　胡志明市華人族群分布比例（1992年）

族群	百分比
廣東	56
潮州	34
福建	6
海南	2
客家	2

早期華人移居到越南時通常依其族群屬性而傳承其自己族群的母語。至二十世紀初中華民國建立後，由於以北京話爲標準的國語運動的推行，這些華人開始接受與學習北京話。筆者於2011年2月11日於越南胡志明市的二府會館訪問到H報導人（祖籍福建廈門，父母均廈門人，今年八十二歲，來到越南爲第三代）。楊先生不僅講越南

話，尚能講流利的廈門話。由於台語與廈門話相當接近，筆者用台語與H報導人溝通時並無語意了解上的困難。H報導人小時候在廟裡用廈門話讀漢文，除了會族語廈門話之外，讀書時也學北京話。他後來娶了一位廣東籍的太太，因而學會廣東話。他表示，他的語言流利程度分別爲越南語、廈門話、廣東話與北京話。他的小孩會越南語及廣東話，但廈門話不大會講。

華族雖然被列爲越南五十四個少數民族之一，然而華語（北京話／普通話／漢語）與漢字卻被越南人與越南政府視爲「外國語文」。譬如，中文系被列在外語學院，電視及廣播節目的華語教學被當作外語教學節目。可能因爲中國將華語及漢字列爲官方語文，故越南採取這樣的做法。這種做法值得台灣參考。

客家人在越南北部常稱爲người Ngái[33]，南部常稱爲người Hẹ。依據2009年的越南人口普查結果，Ngái族共計有1,035人，比1989年統計的1,318人數少了二百八十三人[34]。依照越南學者的陳述，Ngái又稱爲Hắc Cá, Sán Ngải, Xín, Lô, Đản, Hẹ, Xuyến, Ngái Lầu Mần等不同名稱（Viện Ngôn Ngữ Học 2002; Trần 2000; Đặng et al. 2000; Bùi 2004）。依據本人於2012年11月到越南北部北江省的Ngái族村莊所做的初步調查，該村Ngái人講的客語大約有一半不一樣[35]。由於Ngái從不同時期進入越南，且其分散在越南北中南各地所遇到的鄰近族群亦不盡相同，可能因此而有不同的族群稱呼。究竟Ngái是否講單一的客語，或是不同的客語方言，甚至是不同語言？其語言活力爲何？人口的減少是因爲族群認同的轉變（從Ngái族到Hoa族）或越化的結果？由於越南學者對Ngái族語言調查幾近於零，進一步的田野調查有待進行（Trần 2000:114）。近年，台灣的中央大學客家語

33 越南人聽Ngái人講話經常聽到「Ngái」（「我」的意思），故稱其為Ngái族。

34 1989年統計數字根據Trần（2000:114）。

35 越南文xã Tân Quang, huyện Lục Ngạn, tp. Bắc Giang。

文研究所碩士生吳靜宜（2010）曾到越南胡志明市做客家族群及客語研究。雖未能針對越南的客語做全面系統性調查，但因Ngái族研究相當缺乏，該論文仍不失其足資參考的價值。

依據吳靜宜（2010:137）的調查發現，該地客語受廣東話及潮州話影響不少。胡志明市的客語因內部有方言差，故沒有形成優勢腔，亦即沒有一個主流的客語標準作為所有客家人的共通語（lingua franca）。在華人社區互動中，客家人反而多使用較強勢的廣東話，客語不僅退到家庭中使用，甚至廣東話也逐漸滲透到家庭領域。

總而言之，依筆者於2011年8月訪問胡志明市二十二位華人受訪者（包含五幫）所做的初步觀察，該地華人大致有幾點現象：

第一，多數華人除了上正規的越語學校之外，還會去上華文小學或中學。他們均可使用不同程度的華語，溝通理解上不成問題。

第二，這些人均可使用不同程度的越語，越年輕者越語越好。老一輩的人結婚對象以華人爲多，男性華人通常會娶華人或越南女性，但女性華人傾向內婚爲主、較少嫁給越南男性。但年輕一輩的華人外婚、以越南人爲嫁娶對象的情形已增多。

第三，這些人的原籍貫母語隨年紀越輕而有衰退的現象。廣東話在當地是越語及華語以外的主要語言，其次爲福建、潮州及客家，最後爲海南島。這五幫的語言使用者均停留在口語層次，沒有發展白話文書寫系統。

第四，該市的福建話（「閩南話」或「咱人話」）與台語約95%可以溝通理解。

第五，受訪者於某種程度上均認爲中國爲祖國。譬如，受訪者有一位1932年在越南出生，來越第三代的祖籍廈門人，仍認爲中國是祖國，受訪時有時會用「安南」稱呼越南。

第六，有一位1930年出生的受訪者表示，當初小時候隨父母來越南，是爲了躲避國共內戰時的「拉丁」（受訪者的用語，亦即抓人去當兵）。

第七，曾有受訪者表示當初福建人因經商較多，故較多人於排華期間離開胡志明市。

第八，當地台商多數出入拜媽祖的「霞漳會館」（漳），其次為「二府會館」（漳、泉）。泉州人則出入「溫陵會館」。

第九，當地的「三山會館」並非台灣人印象中的客家會館，而是福州人為主的會館。

第十，「崇正總會」是胡志明市客家人常出入的會所，當地客家人亦自稱「崇正人」。

六、結語

中國境內的人移居到越南後依其土著化程度可略分三種情形。第一，華僑經商身分，仍維持原有中國籍、中國語言及文化生活模式，有朝一日仍可能回中國。第二，具越南國籍，且被納入越南五十四個少數民族之一的華族。第三，完全越南化的明鄉人。

影響明鄉人與華人有不同族群文化意識的主因大致以幾點：

第一，通婚的比例。早期的明人移民因極大多數為男性且人口有限，故大多數外婚、娶當地越南女性為妻。相較之下，當代華人的人口有八十餘萬且半數集中在胡志明市。由於外婚的急迫性不如明鄉人，故其華越通婚比例較明鄉人低。

第二，移民時間的長短。明鄉人移居到越南至少都有二三百年的歷史，其本土化程度較深，對土地認同度也比較高。相形之下，華人大約都是十九世紀末以後才移民到越南，對中國的歷史記憶猶存，甚至與其祖籍地的親戚仍有聯繫。這也可以說明為何1945年以後才移居台灣的中國人多數仍認同中國為祖國。

第三，移民人數占當地人口比例多寡。越南明鄉人僅占越南總人口的極少數（約不到0.01%），故其本土化路線往越南主體民族——京族靠攏，逐漸越化成越南人。台灣唐山人因占台灣總人口的大多數，雖然唐山人也有融合台灣平埔族文化成分，但終究發展出主體文化並形成「台灣人」的主體意識，並得以保留原有的母語。相較之下，「明鄉人」在越南屬非主流的族群意識，故逐漸同化在越南京族文化之下。至於越南華人，雖然只占全越南人口的1%左右，但因其總數達八十二萬人且半數集中在胡志明市，故仍有其群聚效應。

第四，是否保有自己的語言、文化及教育。明鄉人在語言、文化及教育方面可說是完全越南化。目前，明鄉人的意識傳承基本上主要透過家庭教育。若家中無長輩堅持傳承，相當容易產生斷層。對照之下，華人保有自己的華文學校、報紙及傳統文化節慶，其文化認同傳承較具多元性，而非單靠家庭教育。

近代越南會引發「排華」運動，越華雙方均有檢討的空間。通常，華人或華僑在越南當地經商有成並對當地經濟活動具有極大影響力。因而，他們在某些程度上以優越的心態對待當地越南人，且積極維持自我族群的華人認同。就當地越南人而言，因感覺經濟被剝削，又由於華人聚集的社區明顯，因此容易成爲報復的對象。當越南人以激烈排華方式報復華人，華人則更加仇恨越南人。

其實，歷史上並非沒有華、越合作、創造雙贏的範例。越南明鄉人或許是可以作爲典範的成功案例。明鄉人一方面認同祖先來自中國的歷史，一方面也認同並融入落地生根的當地文化。這或許可以成爲戰後來台的中國人以及東南亞排華運動激烈的國家參考。

☆註：本論文為國科會計畫，編號：NSC101-2410-H-006-078，及NSC102-2410-H-006-036的研究成果之一。本論文彙整先前發表的成果濃縮成單篇論文以作為授課教材，先前成果包含：蔣為文（2013），〈越南的明鄉人與華人移民的族群認同與本土化差異〉，《台灣國際研究季刊》期刊第9卷第4期，頁63-90。蔣為文，〈越南會安市當代明鄉人、華人及越南人之互動關係與文化接觸〉，《亞太研究論壇》2015年第61期（台北：中央研究院），頁131-156。Chiung, Wi-vun. 2018. Cultural Identity Change of Minh Huong People in Vietnam: Case Studies of “Long Phi” Era Name. Paper presented at International Workshop on Vietnamese Culture. April 9, 2018. Harvard University. Chiung, Wi-vun. 2014 On "*Long Phi*" Era Name of Minh Huong People in Vietnam（越南明鄉人的龍飛年號研究）. International Conference on "Culture, Society, and History of Contemporary Vietnam", 10月30日，台北：中央研究院。蔣為文，〈越南明鄉人使用龍飛年號的意義與認同之轉變〉，《台灣的東南亞區域研究年度研討會》，6月11日-12日，新竹：國立清華大學。

參考文獻

Chen, Ching-ho（陳荊和），1960. Mấy điều nhận xét về Minh-hương-xã và các cổ tích tại Hội-an (1/2). *Việt-Nam Khảo-Cổ Tập-San* (số 1). Tr.1-33. Sài Gòn: Bộ Quốc-Gia Giáo-Dục.

Chen, Ching-ho（陳荊和），1962. Mấy điều nhận xét về Minh-hương-xã và các cổ tích tại Hội-an (2/2). *Việt-Nam Khảo-Cổ Tập-San* (số 3). Tr.7-43. Sài Gòn: Bộ Quốc-Gia Giáo-Dục.

Chiung, Wi-vun. 2013. Indigenization of Minh Huong People in Vietnam and Taiwan. The 5th "Engaging with Vietnam: An interdisciplinary Dialogue" Conference. Dec. 16-17. Thai Nguyen, Vietnam.

Chiung, Wi-vun. 2018. Cultural identity change of Minh Huong People in Vietnam: Case studies of "Long Phi" era name. Paper presented at International Workshop on Vietnamese Culture. April 9, 2018. Harvard University.

Đặng, Thanh Nhàn (ed.). 2010. *Minh Hương Gia Thạnh Di Tích Lịch Sử - Văn Hóa*. BQT Hội Đình Minh Hương Gia Thạnh.

Douglas, Cartairs. 1873. *Chinese-English Dictionary of the Vernacular or Spoken Language of Amoy*. London: Missionary of the Presbyterian Church in England.

Gordon, Milton. 1964. *Assimilation in American Life: the Role of Race, Religion and National Origins*. Oxford: Oxford University Press.

Lâm, Văn Lang (ed.). 2010. *Đình Tân Lân*. BQT Đình Tân Lân.

Medhurst, Walter Henry. 1832. *A Dictionary of the Hok-keen Dialect of the Chinese Languages, According to the Reading and Colloquial Idioms*. Macao: Honorable East India Company.

Trần, Trọng Kim. 2002. *Việt Nam Sử Lược*. Hà Nội: NXB Văn Hoá Thông Tin.（1921原版）。

Tưởng, Vi Văn（蔣為文），2004. *Lịch Sử và Ngôn Ngữ Đài Loan*. Đài Nam: Đại học Quốc Gia Thành Công.

Wheeler, Charles. 2003. A Maritime Logic to Vietnamese History? Littoral Society in Hoi An's Trading World c.1550-1830. Paper presented at Conference on Seascapes, Littoral Cultures, and Trans-Oceanic Exchanges, Feb 12-15, Library of Congress, Washington D.C.

三尾裕子（編）2008，《東南アジアにおける中国系住民の土著化・クレオール化についての人類学的研究》日本平成16年度~平成19年度科學研究成果報告書（課題番号16251007），東京：東京外国語大　。

三尾裕子2006，〈土着化か、あるいは漢化か？——「漢族系台湾人」のエスニシティについて〉，《中国21》25期，頁221-230。

三尾裕子2008. "Sojouring and Indigenization of Chinese Immigrants: A Case Study from Hoi An, Vietnam."收於三尾裕子（編）《東南アジアにおける中国系住民の土著化・クレオール化についての人類学的研究》，頁1-17。東京：東京外国語大　。

小川尚義1931，《台日大辭典》（上卷），台北：台灣總督府。

王育德1993，《台灣苦悶的歷史》，台北：自立晚報社文化出版部。

史明1980，《台灣人四百年史》，San Jose：蓬島文化公司。

史明1992，《民族形成與台灣民族》，作者自印出版。

甘為霖1978，《廈門音新字典》（第十二版），台南：台灣教會公報社。

吳鳳斌1994，《東南亞華僑通史》，福州：福建人民出版社。

李恩涵2003，《東南亞華人史》，台北：五南圖書。

李慶新2009，〈越南明香與明香社〉，《中國社會歷史評論》10卷，頁205-223。

周勝皋1961，《越南華僑教育》，台北：華僑出版社。

許文堂、謝奇懿編，2000，《大南實錄清越關係史料彙編》（依據日本慶應義塾大學版本精選整理），台北：中央研究院東南亞區域研究計畫。

許文堂2012，〈華人與中越地區的開發——以會安的歷史變遷為中心〉，亞太區域研究成果發表會，12月20日，台北：中央研究院。

郭振鐸、張笑梅，2001，《越南通史》，北京：中國人民大學出版社。
陳重金著，戴可來譯，1992，《越南通史》（中譯版），北京：商務印書館。
陳烈甫1983，《東南亞洲的華僑、華人與華裔》（修一版），台北：正中書局。
陳荊和1957，〈17、18世紀之會安唐人街及其商業〉，《新亞學報》，3(1)：273-332。
陳荊和1960，〈清初鄭成功殘部之移殖南圻（上）〉，《新亞學報》第5卷第1期，頁433-459。
陳荊和1964，《承天明鄉社陳氏正譜》，香港：香港中文大學。
陳荊和1965，〈關於「明鄉」的幾個問題〉，《新亞生活雙周刊》第8卷第12期，頁1-4。
陳荊和1968，〈清初鄭成功殘部之移殖南圻（下）〉，《新亞學報》第8卷第2期，頁413-485。
陳錦昌2004，《鄭成功的台灣時代》，台北：向日葵文化。
湯錦台2001，《大航海時代的台灣》，台北：果實出版社。
湯錦台2005，《閩南人的海上世紀》，台北：果實出版社。
華僑志編纂委員會1958，《越南華僑志》，台北：華僑志編纂委員會。
華僑志編纂委員會1978，《華僑志總志》（增訂三版），台北：華僑志編纂委員會。
黃蘭翔2004，〈華人聚落在越南的深植與變遷：以會安為例〉，《亞太研究論壇》26期，頁154-191。
楊建成（編）1985，《華僑史》，台北：中華學術院南洋研究所。
蔣為文2013，〈越南的明鄉人與華人移民的族群認同與本土化差異〉，《台灣國際研究季刊》期刊第9卷第4期，頁63-90。
蔣為文2015，〈越南會安市當代明鄉人、華人及越南人之互動關係與文化接觸〉，《亞太研究論壇》第61期，頁131-156，台北，中央研究院。
蔣為文2017，〈越南明鄉人陳上川生卒年考察〉，台灣的東南亞區域研究年度研討會，6月2-3日，南投：暨南國際大學。
鄭瑞明1976，《清代越南的華僑》，台北：嘉新水泥公司文化基金會。
藤原利一郎，1949，〈廣南王阮氏と華僑：特に阮氏の對華僑方針につい

て〉，《東洋史研究》第10卷第5期，頁378-393。
藤原利一郎，1951，〈安南阮朝治下の明鄉の問題：とくに稅例について〉，《東洋史研究》第11卷第2期，頁121-127。
藤原利一郎，1976，〈明鄉の意義及び明鄉社の起源〉，《東南アジア史の研究》，頁257-273，東京：法藏館。
譚志詞2005，〈越南會安唐人街與關公廟〉，《八桂僑刊》第5期，頁44-47。

第十四章

越南南部華人的歷史文化

潘安[1] 著，范玉翠薇[2] 譯

[1] PGS. Phan An，越南社科院南部永續發展所研究員退休。

[2] TS. Phạm Ngọc Thúy Vi，國立成功大學台灣文學系博士，胡志明市國家大學所屬社會人文大學人類學系助理教授。

一、前言

越南是一個多民族的國家，其中，華人是越南社會主義共和國的五十四個民族之一。根據2009年越南國家調查人口的報告，越南華人有八十六萬多人（2009年的資料）。越南的華人主要集中在胡志明市和南部的一些省份，如同奈（Đồng Nai）、溯莊（Sóc Trăng）、茶榮（Trà Vinh）、堅江（Kiên Giang）等等。越南共產黨和越南政府對越南的華人定義爲：「從中國移居越南的一些中國的漢族和已漢化的少數民族的人們；他們的後裔在越南出生和長大，有了越南國籍，但另一方面仍保留著漢族的文化特徵，包括語言和漢族的習俗，並自稱華人。」華人在越南生活也是越南的公民，因此，華人的文化也是越南各民族文化的一部分。

二、越南南部華人社區的形成

越南南部的華人是來自中國南方沿海省份（如廣東、福建、海南等）的政治難民和經濟難民。在三百多年前，該群人是因爲想避免莊稼歉收、貧困、流行病、封建勢力的矛盾和地方恐怖主義的弊端等不得已離開中國，渡海來到越南南部這地區。來到南部的大多數華人是農民、手工業者、軍官、士兵和中國官員，他們對當時的政府和統治者不滿並表示反抗。在這些移民中，有不少中國商人在東南亞海洋區貿易，也包括一些逃離追求中國封建政府的人和一些學者、知識分子等。

中國人移民到越南南部的過程發生了幾個世紀，直到二十世紀40年代末才結束。清朝初期推翻明朝統治中國時，除了自發性中國移民之外，在二十世紀初，越南的法國殖民地政府已經與中國政府簽署，招募了許多中國工人到越南南部工作。這些中國工人在工廠、田莊經過一段時間的工作後就留下來，然後分散到南部各個地方並加入了華人社區。

於十七世紀初至十八世紀末，越南南部地區形成了許多華人居住的社區，其中有同奈省的邊和市。1679年，有三千多中國人與其家屬在「楊彥迪」（Dương Ngạn Địch）和「陳上川」（Trần Thượng Xuyên）的率領之下，乘五十艘軍艦投靠當時越南的阮主（Chúa Nguyễn）。阮主允許這些中國人在南部定居。在陳上川指揮下的三千名中國人中有一部分來到邊和，組織了定居和開墾荒地。過了一段時間，在同奈河的一個小島上建立了一個繁華的城市，名為農奈大市，後來屬於邊和市，叫做洲渚市。明鄉人歷史學家鄭懷德（Trịnh Hoài Đức）將洲渚市這樣描寫：「將軍陳上川招集華人商人建設城鎮。這城市在沿河五哩長已建設了很多屋頂，磚牆的房子和寬敞的市場。這座城市分為三條主要街道。大街是鋪白石的，橫街是鋪岩石的，較小的一條就鋪青石。街道寬闊，平坦而直。商人聚集在街上。大船隻在碼頭停泊。這是繁華的一個地方，吸引了很多商賈……」

其餘成員在1679年也抵達南部，在楊彥迪的指揮下他們已到美湫定居。美湫是九龍江（湄公河）流域的肥沃地區。中國移民和越南人定居在這裡，共同建設一座位于前江上的城市。雖然規模沒有農奈大市大，但美湫市很快成為十七至十八世紀九龍江流域的主要商業中心。這地方吸引了許多國內外商船來進行貨物貿易，特別是南部的農業特產和水產品。

1671年，一位在廣東雷州的中國商人名字叫鄭玖（Mạc Cửu），已經與四百名僕人和下屬離開中國到河仙（今堅江省的城市）。鄭玖和越南人、高棉人開發了河仙地區，並將其變成位於泰國灣的國際港口。鄭玖和他的繼任者從河仙港口擴大了周圍的地區，建立特殊的經濟和文化發展。阮朝的封建政權授予鄭玖及其後代許多管理和建造河仙的特權。

1688年，「黃進」（Hoàng Tiến）出賣、造反殺了楊彥迪，企圖掌控九龍江流域。陳上川和他的兒子「陳大定」（Trần Đại Định）照阮主的命令殲滅黃進的勢力。在這場戰爭中，許多華人移居到九龍江流域的省份和西貢的堤岸（Chợ Lớn）地區。1872年，西山朝和阮映在南部之爭導致了邊和的損失，許多華人不得不移居到堤岸（西貢），並與從美湫逃難的華人在豆腐河（sông Tàu Hủ）邊聚集居住且同時一起建立該地區成爲一個繁榮的港灣。十八世紀末堤岸已成爲南部華人集中的地方。一位西方人，亨利・德・龐卡隆從1858年至1860年訪問了西貢，也訪問了堤岸並評論說：「堤岸是一個很繁華、熱鬧的地方，這裡好像集中了所有會利用自己優勢來做生意的華人。堤岸市迅速發展並成爲南部最大的手工業生產、貿易中心。」

三、居住特點

華人居住區集中在交通和貿易中心的大城市，因此，華人的主要經濟活動是生產手工藝品和貿易。胡志明市是南部最多的華人居住和生活，擁有超過四十二萬人的地方。在胡志明市，華人主要集中住在第五、十一、六和十郡。在城市裡的其他地區，也有大量華人居住。

在一些省份，如同奈、溯莊、茶榮、安江等華人就集中在城鎮和鄉鎮。許多省裡的城鎮，甚至胡志明市仍然存在華人的老城區。在南部，華人目前的普遍居住形式是與越南人和其他民族一起生活。在南部的一些農村地區，有一部分華人以農業、小生意維生。在那裡，華人跟高棉人在小村莊一起生活。

四、越南南部華人的經濟活動領域

㈠ 手工藝品

手工業生產是南部華人突出的經濟活動領域，手工藝品包括：製作陶瓷、鞋類、製作黃金首飾、製作香火、製作壽衣等。在手工業生產方面，如製造和修理農業機械、製造模具、紡織品、食品加工、碾米、塑膠製品等。

㈡ 陶瓷

華人的製造陶瓷很早就有，來到南部的華人之中有些製造陶瓷人工。邊和（同奈省）、土龍木市（平陽省）和堤岸地區（胡志明市）曾是大量華人參與陶瓷生產的中心。目前，在土龍木市還有一些華人的陶窯已經經營一個世紀了。胡志明市的堤岸地區也有一些地方，比如陶窯、磚窯等還保留過去華人製造陶瓷活動的痕跡。在胡志明市第八郡，考古學家發現了許多華人的陶器窯，梅樹陶窯的產品是很受歡迎而且非常有名。

長期以來，華人的陶瓷產品不僅滿足了南部人的需求，而且還出口到東南亞一些國家。華人製造的陶瓷產品非常豐富多彩，陶瓷產品的種類有磚瓦、水缸、碗、盆等。精美的藝術陶瓷、祭祀用品，如花瓶、杯子、盤子、香爐等，花紋圖案豐富。

目前，華人陶瓷生產已有很大的變化，陶瓷加工技術現代化，陶瓷窯爐、生產線也機械化。華人生產的陶瓷產品不僅設計多樣化，而且產品品質也提高，符合國際標準。有許多陶瓷窯的老闆是華人，如平陽省的明隆（Minh Long）陶瓷公司，既國內消費，也出口到歐洲、北美和日本。

㈢ 食品加工

食品加工方面是華人經濟活動的強項。從法國殖民統治南圻時代開始，華人資本家的碾米公司就在堤岸區和沿著豆腐河畔及堤岸建立。華人購買南部的各個地方，特別是九龍江流域地區的糧食，然後運到在西貢華人的碾米加工廠。糧食加工後除了國內消費之外，還出口到中國和東南亞的一些國家。在南越政權時期之下，西貢是南部的碾米和加工糧食中心之一，有大量的華人資本家和華人工人參加這生產活動。當時在南越有一位華人資產階級「馬喜」（Mã Hỷ）被稱爲「稻米之王」。

自1975年以來，西貢華人的一些碾米廠和食品加工廠已經國有化。國家管理和嚴格管理的國營食品加工業，擁有許多經驗豐富的高級員工。堤岸地區的食品加工廠繼續經營，同時滿足國內和出口的需求。

除糧食加工外，華人的食品加工活動，產品種類也非常豐富多彩。在特色的傳統烹飪的基礎上，華人食品公司有許多產品在國內外銷售，如蝦餃、水餃、包子、粉絲，各種甜點如月餅在胡志明市很受歡迎。一些華人有名的食品加工公司如「竹橋」（Cầu Tre）、「京都」（Kinh Đô）、「同慶」（Đồng Khánh）、「喜臨門」（Hỷ Lâm Môn）、「德發」（Đức Phát）、「亞洲ABC」（Á Châu ABC）等，在溯莊地區有一些專門生產臘腸、榴槤餅、鴨肉乾等，在富國島有一些華人專門生產魚肉乾、蝦乾、魚露等的水產品加工公司。

竹橋食品加工企業除了生產食品以外也專門生產茶葉，其中有烏龍茶。每年中秋節、春節，華人食品工企業的各種糕點已出口到美國、歐洲等，滿足越南和亞洲人的需求。

㈣ 皮革、服裝、紡織染色

在胡志明市和一些鄰近省份，有大量的華人工人從事製造和加工鞋類、服裝、染色和織造這些工作。這個生產領域包括了多種經營形式，有個人機構、合作社、有限責任公司和工業區的一些工廠。

1975年之前，南部特別是西貢的一些製革和皮革加工行業，主要是由華人的資本家和製造工廠責任。在這個經濟活動領域，客家人被認爲是熟練和經驗豐富的，他們負責採購動物的新鮮皮革，同時負責製革和皮革製品，如鞋子、涼鞋、皮帶、皮包等。

胡志明市和南部一些省份的服裝加工活動已經吸引了大批的越南人和華人工人。華人的大多數個體工廠都爲出口紡織公司承擔製造一些加工服裝產品，如服裝，箱包……。華人紡織服裝的一些企業進行了大規模的生產，雇用了大批華人工人，從裁剪到整理生產整個過程都由他們負責。胡志明市新平郡、第六郡和第十一郡有許多服裝加工的工廠。

自1975年以來，胡志明市的鞋類生產始於華人合作社、機構、組織發展。「平仙」合作社（Hợp tác xã Bình Tiên）由一位華人「尤凱成」（Vưu Khải Thành）創立，吸引了大量在第六、十一郡的華人工人，這是作爲天然橡膠鞋生產的經濟活動的典範。目前，在「平仙」合作社已建立了Bitis鞋廠家，是一家胡志明市的領先製鞋企業。該公司聚集了一萬多名員工，其中包括許多華人員工在許多工廠工作。Bitis鞋廠家的鞋子品質達到歐洲的標準，並且出口到亞洲、西歐和北美的許多國家，包括四十個國家和地區。

除了Bitis鞋廠家之外，還有一些華人鞋子公司被消費者評選，比如消費品公司Bình Tân Bita's、Hừng Sáng等。

1975年後，在計畫經濟情況中，爲滿足消費者的需求，胡志明市的一些規模小、手工技術性強的紡織、印染廠成立。但現在爲了避免環境污染，這些工廠幾乎都搬到郊區，一部分工人也已經轉到在工業園區、出口加工區的技術先進的紡織和染廠工作。

㈤ 塑膠製品

在過去的幾十年，塑膠的數量和品質要求越來越高，消費塑膠和建築產品的增長迅速增長。了解塑膠製品的需求和市場，華人的一些塑膠製品公司成立。胡志明市華人的平明（Bình Minh）、晨曦（Rạng Đông）、維新（Duy Tân）等塑膠公司，向胡志明市和全國供應了塑膠品。華人公司的塑膠品是非常多樣的，除了那些用於日常如家具、家電等，還有各種水管、電線、塑布等。胡志明市的塑膠產品在華人企業的參與下，曾搶下原本由泰國廠商在越南塑膠市場中占有的地位。目前，華人塑膠製造廠已配備現代化機械，生產技術先進，科學性強，滿足國內市場需求，並且出口到一些鄰國如柬埔寨、寮國和緬甸。

㈥ 輕工業

這些是華人在胡志明市和南部其他城市的小型機械製造廠，這些工廠專門製造和修理農業生產和日常生活中使用的小型機器，如水泵、米切割機、備件、電機和電子產品等。華人輕工業的產品和服務滿足南部省份小的農戶的需求。華人輕工業的工廠大約僅有十幾個工人，廠房雖小，但能生產且靈活修理各式機器。

特別是在胡志明市華人的輕工業領域有製造模具的行業，模具主要用於製造塑膠品，需要高精度和高技能的工作經驗。華人工匠在製作塑膠模具方面非常有經驗，而且這種產品在市場上非常受歡迎。此外，華人還有一些工廠專門製造高品質的金屬和塑膠瓶蓋，能滿足消費者的需求。

㈦ 服務貿易

服務貿易是南部華人的經濟活動中的一個強項。由於大多數華人居住在市中心和經濟中心，華人的商業和服務具有很多優勢。胡志明市是一個重要的經濟中心，在這裡華人的商業和服務活動非常發達，特別是在第五、六、十一郡。

在第五、六、十一郡，在許多市場裡，華人小商販占很大比例。平西市場（chợ Bình Tây）是一個華人集中交易數量較多的地方。這個市場在一個多世紀之前就已經存在，並且它與西貢堤岸的華人定居過程有關係。這個市場是由一位華人商人郭琰（Quách Đàm）建造的，並捐贈給堤岸華人社區。平西市場現在是一個批發市場，向南部許多地方提供各種批發供應品。一些市場華人小商販比較多，如第五郡的「同慶」購物中心（chợ vải Soái Kình Lâm; Thương xá Đồng Khánh），「新城」市場（chợ Tân Thành）銷售摩托車零件、農具，「金邊」市場（chợ Kim Biên）銷售化學品等等。

近年來，胡志明市的華人集中居住地區現在有更多現代、大規模的購物中心。華人商人有自己獨特貿易活動的風格，即商業中心：安東廣場、順橋、雄王等。

提到胡志明市華人的服務行業，不能不提到華人開的酒店（hotel）和餐廳，都有其獨特服務風格。在第5郡，有四十多家餐館和酒店由華人經營、管理。許多餐館和酒店幾十年前就有了，像比較有名的「愛華」（Ái Huê）、「同慶」（Đồng Khánh）和「八達」（Bát Đạt）餐廳酒店。華人集中居住的第五、六、十和十一郡有爲勞動者服務的連鎖飯店，提供華人喜歡、熟悉的食品如麵條、米粉、包子、雞肉飯等。在唐人街的夜宵店也很特別，老闆們常常利用便道作爲服務顧客的地方並通霄經營。以前在第五郡的唐人街有賣鴨皮蛋、鹹蘿蔔的白粥等，非常有名，吸引很多食客。第五、十一郡的趙光復街（đường Triệu Quang Phục）及海上懶翁街（Hải Thượng Lãn Ông）是專門販售中藥的街道，梁如鵠街（đường Lương Nhữ Hộc）專賣戲劇服裝，韓海源街（đường Hàn Hải Nguyên）專賣老人嫁妝喪葬禮品，何孫權街（đường Hà Tôn Quyền）專賣各種麵條、水餃、餛飩等。

㈧ 農業生產

在南部，有一部分華人居住的農村與郊區，農業生產是其主要的經濟活動。在《大南實錄》（*Đại Nam Thực lục*）或《嘉定城通志》（*Gia Định Thành Thông Chí*）的記載中，從十八世紀到十九世紀有許多華人參與了南方的開發，如：「許多華人來到芽閩（Nha Mân）河邊開墾土地、開拓了許多新農田……。美清（Mỹ Thanh）河流入大海的河口地區（又名Vàm Mỹ Thanh），華人、高棉人聚集種植蔬菜，豆類，水果等。」（《嘉定城通志》）自從他們定居，在南部村區，農業生產活動是華人的強項。法國殖民地時期，在南部很早就有華人地主。這些地主擁有許多地產，同時雇用越南人、華人的佃戶種植水稻。大部分水稻產量就出口到國內許多地方和東南亞國家、中國、日本。在對法國的抗戰中，解放區的華人農民爲革命政府捐獻了幾十噸大米。

目前，在溯莊、茶榮、堅江等省份，大多數華人是以農業爲生，華人的水稻耕作技術與以前相比已經有了很大的變化。跟在南部定居的其他民族一樣，華人農民已經掌握了先進的技術，譬如：可以通過機械化耕作，使用化學肥，生產力高和品質好的水稻品種。可以說，近十年來華人農民已對九龍江流域稻穀生產的增長做出了積極貢獻，有助於把這個地方變成全國的糧倉。

不僅種植水稻，華人農民還種植許多蔬果經濟作物，都是南部農村的特產。溯莊省永州縣有許多華裔潮州人集中居住的地方，他們專種紅洋蔥和菜頭（白蘿蔔）。目前，永州是南部最專業種植紅洋蔥的地方，一些人認爲紅洋蔥的種植技術源於華人。紅洋蔥被視爲溯莊省的特產，不僅在國內銷售，還出口到亞洲的許多國家。永州的華人農民也種植菜頭，因此也有醃菜頭這職業。鹹菜頭是家庭聚餐中常見的一道菜，並在南部市場銷售。白菜頭醃漬成「菜脯」被稱爲「xá bấu」，常與白粥一起食用，這是南部的華人和其他民族最愛的菜。過去的幾十年，薄遼（Bạc Liêu）、溯莊、茶榮三個地方的華人種植了很多魚藤（cây thuốc cá），這是一種把根部剁碎然後放進養蝦池塘裡以驅除對小蝦有害的魚的植物。

南部的華人農民還種植了一些果樹，如龍眼、鳳梨、西瓜和火龍果等。在永州（Vĩnh Châu）現仍存有一些華人農民經營的距今一百年的龍眼古樹園，永州的龍眼很有名並在南方市場廣泛銷售。西瓜以前通常是在春節前採收，因華人農民有特殊的技術，可以在春節期間收穫，這種西瓜有五至七公斤重。在堅江地區，華人農民種植鳳梨，這裡的鳳梨園有幾十畝大。堅江省的鳳梨，是大而甜的，放了很多日也不會壞，是堅江省一種鹼性土壤適合生長的水果。近年來，在隆安省、前江省和同塔省的華人農民種植了白肉和紅肉的火龍果，這是一種出口價値高的產品。

一般來說，自1975年以來，南部華人的經濟活動在許多領域比較活躍。在經營方面，華人把「信用」這個詞作爲商業的道德。從個體的小規模經營，華人逐步擴大發展規模，吸引越來越多的投資資金，將現代科技帶入工廠。

華人的經濟活動帶來了巨大的幫助，爲南部的經濟增長做出了重要貢獻。通過他們的經濟活動，華人與南部其他民族緊密團結，爲國家的工業化和現代化事業做出了重大貢獻。

五、社會生活

㈠家庭和血統

1. 家庭

南部華人的家庭是父系家庭，男人是一家之主也是最有地位的家庭成員。兒子有權繼承父母的財產。長子優先繼承更多財產。有時家族的管理事情是由長子來承擔。當父母去世時長子負責辦理葬事和祖先的祭祀。在長子死亡的情況下，家裡的下一個兒子或長子的兒子將繼續照顧家庭。因此，照華人的習俗，沒有兒子是一件不幸的事。也因爲這樣，以前一些沒有兒子的華人家庭會容許丈夫再娶一個女人作爲細姨（妾）以期生下兒子。

華人的家庭在1975年以前常常是幾代人居住和生活的地方。一個家庭有四五代人住在一起叫做「四代或五代同堂」，一共有幾十口人。雖然很多人都一起住在一年房子裡，但人人在生活和工作上都相愛，互相幫助。現在，由於經濟條件和社會發展，四五代家庭就分爲小家庭，包括父母、子女或有祖父母一起生活。小家庭的形成有助於華人男女青年的生活更加主動和獨立。城市裡的華人青年趨向是要婚後獨立生活，不要過分依賴父母，特別是在工作和事業上。然而，家族的關係仍被華人重視，並且將它視爲美好的傳統文化習俗保持下去。由於華人家庭結構的變化，所以今天的女性華人也有變化。南部的華人逐漸不再重視需要有一個兒子，一些家庭也很疼愛女兒，平等地對待男孩和女孩。華人婦女在家庭生活和社會活動中有一定的地位。

2. 家族血統

華人主要通過他們的姓氏來確定血統和親屬關係。華人通稱有一百個姓，常被稱爲「百姓」。在南部有一些華人的流行姓氏，如陳、林、張、黃等。華人是父權制，他們的姓跟隨他們父親。然而，有很多情況，有些同一個姓的人但不一定是同一條血統。反之，一些不同姓的人但他們有同一祖先。那就是從一個大姓被分開成的姓，比如姓Kha Thái、Tư Mã等，在這種情況下，雖然他們是不同的姓氏，但也不能彼此結婚。在南部大多數華人沒有家譜，他們主要通過口頭一代一代傳下來記住。華人常重視家族的榮譽，家裡成員都是通過學習來發展事業讓家族感到驕傲。

每個氏族的首領被稱爲「族長」（Trưởng tộc），他是氏族中最高的地位，他負責祭祀且是祠堂的主人。祠堂是祭祀家庭姓氏的創始人和祖先的地方，每位已故的人在祠堂中的靈台上都有一個牌位。

㈡ 明鄉社和清河社

目前，位於胡志明市第五郡陳興道街的「明鄉嘉盛堂」是南部明鄉社làng（Minh Hương）的一座廟。鄭懷德寫的《嘉定城通志》裡面有記載，關於阮有鏡（Nguyễn Hữu Cảnh）到南部視察的事件如下：「華人的後裔在邊和鎮建立了清河社，藩鎮上建立了明鄉社……。」因此，南部華人的第一個社會組織是明鄉村。在同奈省邊和市清河社成立之前，阮主已允許華人在會安建立了明鄉社以及在順化建立了清河社。

明鄉社是一個專門給已獲得越南國籍的華人的特殊社會機制[3]。明鄉社根據住戶數量和在該地區定居的華人數而建立。當越南阮朝

3　主編註：類似蔣介石政權引進台灣的眷村。

嘉隆帝登基時，他允許華人建立明鄉社，後來這個地方建立了明鄉會館。

胡志明市第五郡明鄉社是南越明鄉人（người Minh Hương）的典型社區[4]。根據鄭懷德，明鄉社於1698年在堤岸成立。明鄉社屬於第五郡地區，沿著豆腐堤，是水道交通交叉的地方。在這個地區，華人跟越南人和一些來自東南亞的外國人共同生存。明鄉社的主要經濟活動是貿易和勞務。有錢的華人開了一些購買以及進口中國、日本、菲律賓、馬來西亞、中東地區和西方的貨品的代理店，進口的貨品包括陶瓷、中藥、紙、布料、金屬工具、玻璃。華人代理店把南部、中南部和南西元的特產，包括糖、甘蔗蜜、乾檳榔、稻米、生藥、象牙、犀牛角和香料等出口去國外。其中，華人注重經營稻米，他們把稻米出口去中國、東南亞、日本；另外，也把稻米運去越南北部包括會安、順化及升龍等地區。華人購買南越各地區的稻米，然後運到堤岸加工以及出口。

在社會管理方面，明鄉社有自己的組織機構。大部分的明鄉社直屬中央管理，不屬於各地方行政機關管理。

當時，明鄉人跟越南人繳同樣的丁稅（人頭稅）。如果沒有錢繳稅，他們必須要服務一些公益工作，譬如清掃街道、打掃市場、擔任雜役等。另外，經營者必須要繳營業稅（thuế môn bài）。明鄉人要繳納的稅，概觀起來比越南人少一點。明鄉社的理事會會抽稅，然後繳納給中央政府的金庫。明鄉社的理事會由明鄉人自己選舉；最高的是鄉長，底下有鄉老和委員。理事會管理明鄉人的生活以及明鄉社的安寧。在明鄉社犯罪的人會根據該社的規定和政府的法律受罰。理事會也負責組織祭拜活動；另外，理事會代表明鄉社的社員與政府代表工作或是繳稅給政府等。

4 主編註：明鄉人通常是指較早從中國移民到越南的明人與當地越南人通婚後的子孫。明鄉人已越南化，通常都認同自己為越南京族，與當代的越南華人有不同的族群認同。有些關於越南華人的書籍文獻未必會清楚區分明鄉人與華人的族群界線。

雖然後來明鄉社被法國政府廢除了，但明鄉社已顯示早期華人順利地融入越南社會的過程。越南南部的越南人、華人和其他族群已造成南部的文化特徵，讓南越人民可以安居樂業。

㈢ 幫會

1. 幫

十八世紀末期，在國內的政治不穩與飢餓的情況下，導致中國人移民到越南的人口突然增加。由於越南塘中（Đàng Trong）政權原本管理華人的明鄉村模式起不了作用了，於是阮主在1787年批准華人移民依語言與籍貫之差別組成幫。起初只有廣東、福建、潮州與海南四幫，不屬於上述四幫的人可隨意選幫而入。1814年，嘉隆皇帝爲了滿足許多移民入幫的要求故批准增加幫的數量。除了上述四幫之外，還成立了福州、桂州、雷州三幫。1871年，法國殖民政府從七幫重新梳理成廣東、潮州、福建、海南與客家（Hakka）五幫。不屬於前四幫的其餘的人均歸類在客家幫，該幫在越南南部也叫「夏」（Hẹ）幫。因此，客家幫的語言是多元的，幫人之間交流的時候偶爾還以廣東話爲交際工具。

除了西貢堤岸華人成立五幫之外，華人居住較多的其他地方也受到當地政府的批准成立幫。若干地方只有四幫，因爲客家人口比較少，無法成幫，只好往前四幫加入。1946年通過法國政府與中國政府的洽談，一律從「幫」改成「各地方中華行政單位」（Nhóm Hành chính Trung Hoa địa phương）。雖然換了新的名字，但絕大部分的華人、越南南部人仍然叫幫。1956年，吳廷琰（Ngô Đình Diệm）擔任總統時的越南共和國政府正式宣布解散華人幫。1956以來，當地政府都把本地人與華人在越南南部共和國的政策之下一律管理，但幫的管理模式在華人群體中還是保留了一段時間。

幫是華人的內部管理的社會組織，在法國殖民時期被看成正式的行政組織。幫長就是幫的最高領導，由幫的成員選出。幫長是需要年齡、有信用、有錢的人，可以把錢借給家境困難的幫眾。幫長有幾位負責財政、管理、組織等多方面的助理，這些人組成幫的理事會，專門管理幫中的所有事。每屆幫長一般四到五年，若還得到幫眾的信任，幫長能再續任。幫長和理事會是助人爲樂，沒拿薪水。幫的財產如地、房都由幫眾捐獻。法國殖民時期，當上幫長的要由省、市政府審核與批准。

幫長代表幫眾跟當地政府洽談、商量、解決雙方的事情，如繳納所得費、辦暫住證、辦理常住證等等。幫長能判決、解決幫中所發生的違反幫規、互相爭執等等的事情。如果無法解決或超過幫的解決能力與範圍，就請當地政府干涉解決。幫的財產與利潤會用於幫的公共工程，譬如重修會館、廟宇、學校、醫院、娛樂場等，同時還幫助遇到經濟困難的幫眾。

華人的幫組織出現很長時間了，其主要的使命就是穩定地發展居住在越南南部的所有華人。其主要是內部管理，其理事會負責管理幫內外的事情及與他幫交流。幫眾的主要任務是在工作與生活當中互相幫助、互相團結，尤其是保留華族的風俗習慣、傳統文化。直至1956年，越南南部的越南共和國政府出面宣布解散、停止華人幫的所有活動。

2. 會館

會館是華人組織的活動場所，以前是阮朝允許按照語言區分而成立於1787年，後來這些組織也按語言的區別而成立幫。華人會館也是華人進行洩談生意的場所，這些場所還接待、幫助新來的移民華人。現在胡志明市及其他南方地區，會館總座落在由當地華人建築的寺廟裡，以便這些華人幫舉辦共同活動。越南南部的會館數量較多，這些會館主要分布在胡志明市及南方的其他省會。

3. 南方華人文化

居住在越南南部這個地方，華人、京族人與其他民族一起開發這個地區，給自己創造一個富有的生活的同時，還注意到完善精神生活，創造出南方華人的文化遺產。在中國南方沿海移民的傳統文化基礎上，經過數世紀南方華人文化方才形成與發展。在這裡，其傳統文化與居住南方的京族人、高棉族人、占族人的文化產生了交叉接觸的現象。南方華人的文化顯示華人對生活空間、地理條件與大自然的適應，也是眾多民族和睦生活的象徵。因此，南方文化就是越南多民族文化不可缺少的組成部分。

經濟、精神生活、人際關係、風俗習慣等多方面都能顯示越南南部的華人文化。首先，從南方華人的物質文化角度觀察可見，南方華人的住宅基本上跟京族人、高棉人沒有兩樣。胡志明市第五郡、第六郡的趙光復街、梁如鵠街、海上懶翁街、含子街（đường Hàm Tử）、陳文橋街（Trần Văn Kiểu）等多條道路還保留著上述所提的住宅。那是華人一百年前留下的建築，這些建築一套連著一套，同時也把信仰、宗教場所圍繞起來。一百多年前，西方遊客Finlayson先生探望過華人居住的堤岸說道：「住宅寬大，適合風土，屋頂蓋瓦，柱塗紅漆，泥沙圍牆之後塗水泥。沿著河邊立著很多木製高腳屋（nhà cao cẳng）。街道筆直，比歐洲京城整齊多了。」屋頂較低、頂上蓋棕色的陰陽瓦、布滿青苔是南方華人住宅的主要特點。住宅的門戶有兩層，第一層是透氣的戶，用很多小小的木板做的，木板可以橫放的也可以縱放的。第二層是門，只用一塊大木板做的，遠出或天氣冷的時候，第二層門就起作用了。據文獻所載，定居的初期，華人習慣沿著河岸建房子，因此有些建築跟高腳屋一樣，半層建在地上，半層建在水上。在前江省、薄聊省這兩地方還保存著土豪的一些老房子，那是壯麗的、屋頂蓋陰陽瓦的、以磚砌牆、大門上雕刻著很多精緻的圖案。

恰恰相反，經濟條件不好的、體力勞動的華人的房子不是在小小的胡同裡，就是交通不方便、價錢便宜的公寓。房子裡面陳設的比較簡單，門上或牆上總貼著「出入平安」、「五福臨門」、「金玉滿堂」等的對聯，這表示生活美滿、平安的希望。華人的房子不只是住宿，還是生產、經營、存貨、供奉祖先與神明的地方。

居住在城市或縣城的華人總是聚在一起形成華人街，在胡志明市現在還留下華人的「里」和「巷」的痕跡。那是華人集中比較多的街巷，親戚鄰居在一起，家裡有幾代同堂。鄭懷德的《嘉定城通志》裡曾經這麼描寫堤岸的華人居住的地方：「街道連著街道，房子連著房子，華人、京族人比鄰居住在一起，街上擺設錦、瓷、紙、珠寶、書籍、藥、茶、粉等等很多貨品，這些產品從各方沿著海、沿著河迅速運來，東西的種類五花八門，非常齊全。北面是大道，有關公廟和福州會館，福州會館左邊是廣東會館，右邊是潮州會館。西面也是大道，天后廟在漳州會館和溫陵會館中間。每當三元日的時候，月亮很美，路上擺設，表演雜技，鳴鼓奏樂，燈紅酒綠，人山人海。那個地方非常熱鬧。」

從南方華人的服裝方面來看，跟中國廣東人、福建人、潮州人的服裝相比有很大的不同，卻跟京族人、高棉人的服裝很接近。華人的傳統服裝只出現在老人的身上、傳統節日、紅白喜事的場合。

現在，居住城市的華族男青年主要服裝是西服，華族女青年的服裝跟本地姑娘沒有兩樣。節日的時候，若干華族姑娘穿著旗袍，旗袍跟越南的「Áo dài」非常相似。在農村，很多華人跟京族人一樣都穿「Áo bà ba」，年紀大的若干人常穿「潮州褲，褲長到膝蓋，不穿上衣，頭上帶著格子巾」。

從飲食方面來看，華人的飲食加上越南南部人豐富的飲食藝術。居住南方的京族人、高棉人也慢慢地熟悉華人菜，如米線、包子、泡菜等等。茶道也是，除了年紀大的老華人例外，京族老人、高棉老人也很喜歡品茶，茶就成為招待貴賓不可缺少的飲料之一。

華人菜的主要材料是南方當地的糧食、食品、產物，在華人煎、炒、蒸、煮的傳統烹調料理祕訣與調味料之下而發展出來。因為受到地理條件、氣候、大自然、文化的交叉影響，居住越南南部的華人菜跟中國當地菜稍微不同，比如越南南部的華人菜，油稍微少一點，裡面還加了咖哩、魚露等的當地調味料。特別是有些地方比如農村還加上椰奶，這是南方才有的調味料。同時，華人的飯桌上也出現越南南部式的酸辣湯、釀魚火鍋和南方當地蔬菜。

居住南方的華人的精神生活也豐富多彩，從民間藝術、音樂、演劇、節日、描繪等多方面顯示出來信仰與宗教是南方華人的精神生活不可缺少的成分之一，每個華人家裡都供奉祖先和很多護命神明。華人的供桌上總擺設在家裡最莊嚴的地方。首先是神明的供桌，供奉家庭認爲最重要的神，供桌上刻著「神」字。祖先的供桌上擺著去世祖先的牌位、蠟燭、鮮花與水果。每年到祖先的忌日，家裡人會給祖先做一桌非常豐盛的菜，除了懷念祖先之外，他們還向祖先求平安、保佑與繁盛。

每個大節日或紅白喜事，家裡人都向祖先上香。除了家裡供奉神明之外，前院也擺著老天爺的供桌，桌上有著「天官賜福」四字。出入口那地方總供奉土地公與財神；特別是做生意的家庭，每天早上都給祂們二位上香。家裡除了神仙、祖先的供桌之外，還擺著佛像、關聖帝君、五行娘娘的供桌。廚房裡還供奉灶君，這位神仙專門幫助保佑家裡事，每年臘月二十三日灶君就回天庭向玉皇大帝彙報這家人的好事與壞事。

同姓的華人都有一個祠堂供奉自己的始祖，祠堂裡陳設比較簡單。始祖的祭日是固定的，一般都會選春天或秋天的節日（春秋兩祭）。年紀大的長老與族長一起商量如何舉辦祭日典禮，舉辦祭日的經費由同姓親戚們捐出。這是親戚們聚會在一起的機會，他們就想起、提起自己輝煌的家族史，這也是他們互相認識親戚與談論家族親人的各種疑難雜症的機會。始祖祭日典禮結束，他們就在華人開的酒店一起吃飯，氣氛非常和睦。

居住南方的華人都有自己的信仰中心，通常是供奉媽祖、關聖、本頭公（ông Bổn）、廣澤尊王等的寺廟。每個寺廟裡都供奉很多神明，但其中有一位是最主要的神明，寺廟也以那位的名字命名，比如胡志明市第五郡的天后廟（媽祖廟）主要供奉天后聖母。在華人的信仰之中，媽祖是在海上救人之神。義安會館裡的關聖廟裡主要供奉關公，他是三國歷史階段的有名歷史人物。他是一位傑出的將軍，華人都以他的「忠、義、勇、智、信」五德爲榜樣。第五郡的二府廟裡供奉本頭公。據寺廟的文獻記載，本頭公就是「福德正神」。供奉神明是想得到祂們的保佑，希望能在新來的地方（越南南部）過平安的生活。華人建築的寺廟也豐富了越南南部的建築文化。

關於宗教的精神生活，居住越南南部的華人是佛教、儒教、道教、天主教（Công giáo）與基督新教（Tin lành）等多宗教信仰的族群。其中，佛教的信徒占著最大的人口。很多華人家裡除了有祖先、神明的供桌以外，旁邊還擺著佛像的供桌。華人的寺廟裡面都有一個地方用來供奉觀音菩薩，如天后廟、關聖廟等等。胡志明市也有若干由華人建的佛教寺廟，如南普陀、竹林觀音寺、琅琊菩提等等。第六郡的妙法寺是華人尼姑修法的地方。越南南部的若干省會也有華人開的佛教寺廟，如「明月居士林」。至於天主教與基督新教，目前華人教徒約有一萬人，絕大部分都居住在胡志明市。位於胡志明市的聖方濟各天主堂（Nhà thờ Công giáo Cha Tam）就是以華人爲主的天主教堂。

我們還可以從繪畫、書法、攝影、音樂、劇場、跳舞等文藝方面來觀察越南南部文化。華人的樂器比較豐富，絕大部分樂器都是從中國隨身帶來，如琴、簫、鼓等等。專門表演的單位不是很多，絕大部分都是業餘的時候就參加華人舉辦的活動。華人常聚會一起成立樂社，勞動勞累之後，對音樂感興趣的人都在一起彈琴唱歌。在越南有劇場表演藝術的民族不是很多，稀少的民族當中有華人。他們主要的劇場藝術表演類型是潮州式唱歌、廣州式唱歌。他們唱歌的內容就是在演中國古代的歷史事件與人物。通過表演想傳達正義、批評罪惡。華人的劇場表演就是音樂、唱歌、跳舞、化妝、擺設多元素的結合。華人的劇場表演藝術既有專業性又有民間性。涉及到華人的傳統藝術表演就少不了獅子舞、龍舞等特殊的文化類型。

現在，居住胡志明市的華人大概有三十個舞龍、舞獅的表演團體。華人的舞龍、舞獅表演就是唱歌與舞蹈兩種傳統藝術的結合。節日、開張、春節、廟會等多活動都有舞龍、舞獅的表演。

六、結語

越南南部的華人文化是越南文化不可缺少的組成部分。居住越南南部的華人當初是來到越南定居、謀生的中國移民。經過幾世紀本土化之後，現在的越南華人就是華族的越南公民。在與本地人接觸與本土化過程當中，華人已經創造出「南方華人的文化」。南方華人的文化就是華人在南方地區的生活空間、大自然與社會適應而發展出來。南方華人的文化是華人跟京族人、高棉族人、占族人共同生活、互相幫助、團結與永續發展越南南部的成果。

參考文獻

Li.Tana、阮錦翠2005，《胡志明市的華人會館裡的漢子牌》，河內：科學社會出版社。

Tsai Maw Kuey 1968，《居住越南南部的華人》，論文：巴黎國家圖書館。

阮文輝1993，《居住越南的華人》，巴黎。

阮錦翠2000，《華人在南方的定居》，河內：科學社會出版社。

周海1992，《居住越南的華人幫》，河內：科學社會出版社。

莫唐1992，《1975後居住胡志明市的華人社會——潛能與發展》，河內：科學社會出版社。

陳氏青玄2017，《居住胡志明市的華人在經濟、文化兩方面的貢獻》，胡志明：年輕出版社。

陳紅蓮2005，《居住南方的華人文化—宗教與信仰》，河內：科學社會出版社。

儀團1999，《居住越南的華人》，胡志明：胡志明市綜合出版社。

劉金華、潘安、陳大新2015，《南方華人文化》，胡志明：胡志明市文化藝術出版社。

潘氏燕雪1993，《居住九龍江三角洲的民族的住宅、服裝、飲食》，河內：科學社會出版社。
潘安、潘氏燕雪、陳紅蓮1990，《居住胡志明市的華人寺廟》，胡志明：胡志明市綜合出版社。
潘安2005，《居住南方的華人》，河內：科學社會出本社。
潘安等2005，《加以了解居住南方的華人文化》，河內：河內文化、通信出版社。
鄭懷德1972，《嘉定城通志》，西貢：國務文化所。

——本文原載《台灣東南亞學刊》2018年13卷2期

第十五章

越南古文本中「喃」字解讀之過程

清水政明[1] 著，盧佩芊[2] 譯

---

1 GS. Shimizu Masaaki，日本大阪大學越南學系教授兼主任。

2 Lư Bội Thiên，國立成功大學台灣文學系博士生、越南研究中心講師。

一、前言

在探討民族歷史文化時，多少也要關心到以古文所書寫的古文本。語言永遠在改變中，那是理所當然的。如果古文的文字與現代正在使用的文字相似，是非常幸運的，這樣文本的內容就比較容易理解。一個典型的例子就是漢語及其已有3000多年歷史的漢字。然而，也有些例子是古文使用一種與現代母語者正在使用的文字完全不一樣。比方說蒙古話與Kiril字及傳統蒙古字，等等。考察東南亞地區的語言情況，也觀察出一些相似的例子如：

馬來語	Jawi字	>	拉丁字
印尼語（Jawa）	Jawa字	>	拉丁字
越南語	喃字	>	拉丁字

以Jawi字與Jawa字的例子而言，這兩種文字都是屬於形聲字（phonogram），因此現代馬來語及印尼語之間在記音（phiên âm）及相等詞的認定也不是不可能的。但是，在喃字的例子，每個字的讀法與了解其意義的方式完全與Jawi字與Jawa字不一樣。喃字是一種以漢字因素構成的文字，而漢字本是一種象形字（logogram）。因此，喃字的讀法會比形聲字更困難。

此篇文章，筆者首先介紹一些記音及理解每一個喃字的傳統方式，接著會提及到一些筆者本身在閱讀一篇很古老的文本後所發現的特別的例子，而之前尚未有人可以解釋。同時，筆者也會介紹未來一個筆者認爲是可以透過分析以喃字記載的古文本來完成的研究方向。

二、喃字文本類型

在一個與喃字有關的介紹及研究的計畫，名爲《字喃的理論及實作》（*Lý thuyết và thực hành chữ Nôm*）（河內國家大學出版社，2016年），作者陳仲揚（Trần Trọng Dương）已把以喃字記載的文本分類爲：碑文、宗教書籍的譯本、儒教書籍的解意本、文學作品、歷史書籍、文學作品的譯本、行政公文、書信、鄉村公文、民間文學、學習漢字書籍、多語辭典、醫學及地理（風水）書籍，等等。在這些文本中，最古老的文本就是十四世紀雕刻的碑文，稱爲護城山（Hộ Thành Sơn）碑文（Maspero 1912），含有一定數量喃字的文本。但是，如果要研究有關喃字的記音及理解意義的方法，那麼除了一些重要資料，如學習漢字的書籍、漢字書籍的翻譯本、記載民間文學的文本，最重要的資料就是十八世紀後所出版的各種多語辭典。接下來，筆者將會陸續介紹。

㈠ 多語辭典

多語辭典的重要特徵就是很多詞都是使用喃字及國語字（chữ Quốc ngữ）來記載。這類辭典有兩種：第一種是由歐洲人編輯的越南語及歐洲語辭典，第二種是由越南人編輯的漢語辭典。越南語及歐洲語辭典比較重要，因爲大部分這類辭典都具有喃字及國語字，比如J. L. Taberd（1794-1840）的《越南－拉丁辭典》，出版於1838年。這本辭典被視爲另一本具有相同內容辭典的正式印刷版本，那本詞典名爲Dictionarium Anamitico Latinum（《安南語－拉丁語辭典》），作者是Pigneau de Behaine（1741-1799），並於1772年與1773年以手寫方式編撰的。這是最古老的資料，記載著最具體的以拉丁文字來讀每一個喃字的方式，見圖15-1。

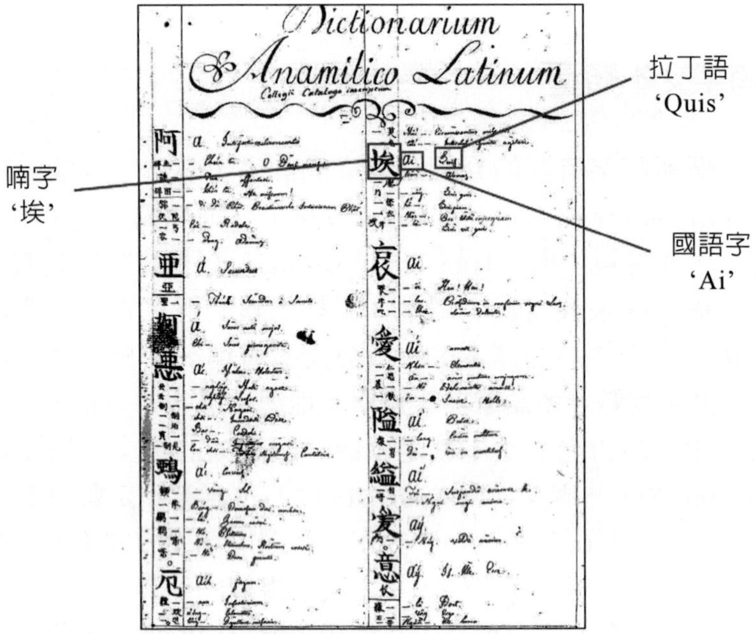

圖15-1 Pigneau的《安南——拉丁辭典》
資料來源：https://archive.org/details/DictionariumAnamiticoLatinumPigneaux

㈡ 漢字書籍的譯本

第二種重要的喃字文本是各種以漢字記載的譯本。此版本沒有以國語字書寫的部分，但內容上與漢字部分相似，所以可以藉由漢字記載的內容來猜測喃字的讀法。圖15-2是阮與（Nguyễn Dữ）的《新編傳奇漫錄》（*Tân Biên Truyền Kỳ Mạn Lục*）於1763年的印刷版本。

㈢ 記載民間文學的文本

第三種是以喃字來記載民間文學的文本。在此，筆者所稱的民間文學主要是各種文學的體類如：歌謠（ca dao）[3]及俗語。以下是一

3 歌謠（ca dao）為越南民間詩歌種類之一，以口傳為主的六八（lục bát）詩體，主要內容是童謠、勞動、搖籃曲、抒情、嘆氣等內容。

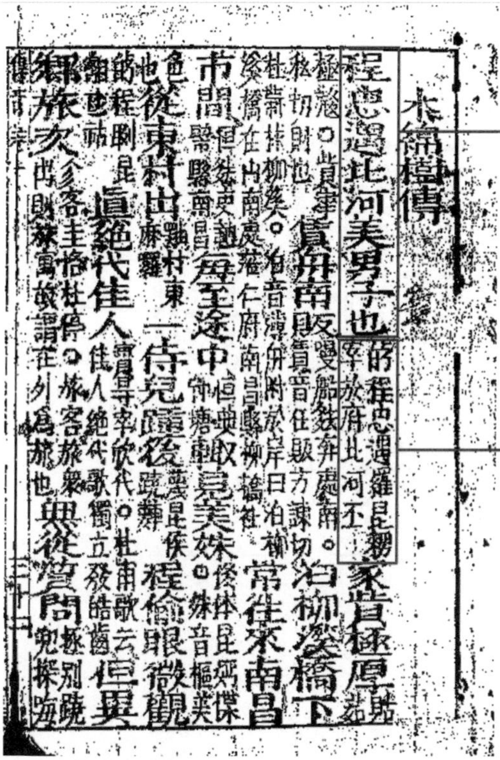
漢字
「程忠遇北河美男子也」
（Trình Trung Ngộ Bắc Hà mỹ nam tử dã.）
喃字
'Ngài Trình Trung Ngộ là con trai tốt ở phủ Bắc Hà vậy.'

圖15-2 《新編傳奇漫錄》（32a）
資料來源：http://lib.nomfoundation.org/collection/1/volume/77/

篇具有三種文字的文本，包含漢字、喃字及國語字，標題爲《國風詩集合採》（*Quốc Phong Thi Tập Hợp Thái*），於1910年印刷。此書的作者收集越南各地的歌謠，並翻譯成漢語，見圖15-3。在編輯成書時，作者也是以喃字及國語字來書寫原本越南語。這個文本的特點就是包含了國語字，但仔細看國語字的部分就會發現有些地方與現在的書寫方式是錯誤的，比方說「r」與「d」、「s」與「x」、「ch」與「tr」，等等的混亂。

上述各種文本，以及以喃字書寫的有名口傳文學作品，如：〈翹傳〉（Truyện Kiều），以下是一系列得到編輯及發行的辭典：

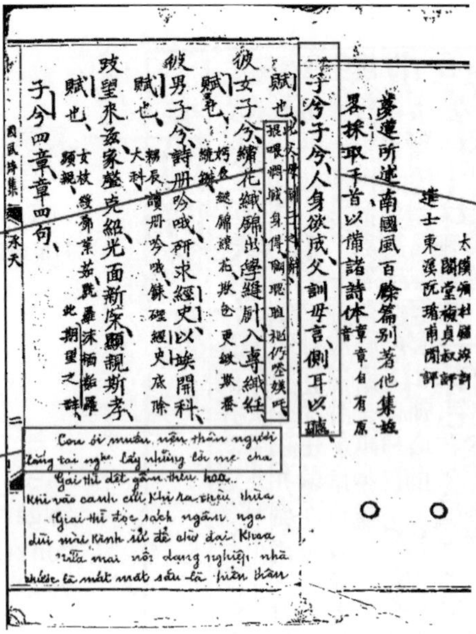
喃字
'Con ơi muốn nên thân người, lắng tai nghe lấy những lời mẹ cha.'
國語字
'Con ơi muốn nên thân ngươi, lắng tai nghe lấy những lời mẹ cha.'
漢字
子兮子兮，人身欲成，父訓母言，側耳以聽（Tử hề tử hề, nhân thân dục thành, phụ huấn mẫu ngôn, trắc nhĩ dĩ thính.）

圖15-3　國風詩集合採
（保存於日本，大阪大學）

《字彙譱》，武文敬、阮文慶，文科，1970年。

《字典𡨸喃》，阮光仕、阮文慶，教育部，學科中心，1971年。

《𡨸喃查表》，語言學院，科學社會出版社，1976年。

《字喃字典》，竹內與之助，大學書林：東京，1988年。

《冊查𡨸喃常用》，樂善，胡志明市語言學學會，1991年。

《十七世紀𡨸喃查表》，透過Mariorica的作品，武文敬，胡志明市出版社，1992年。

《十七世紀後的𡨸喃查表》（18、19、20），武文敬，胡志明市出版社，1994年。

《南部𡨸喃查表》，武文敬，胡志明市：語言學會，1994年。

《𧀒讀喃吧漢越》，安尊牧師陳文儉，峴港出版社，保存喃字遺產會。

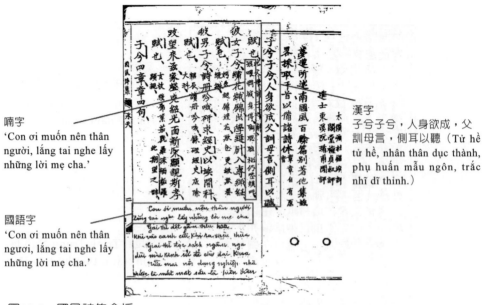

《大字典𡨸喃》，武文敬，胡志明市：文藝出版社，國學研究中

心，2005年。

《字典㗂喃》，阮光洪，教育出版社，2006年。

《字典㗂喃摘引》，阮友榮等，越學院：美國，2009年。

《大字典㗂喃》，（2集），張亭信，黎貴牛，順化出版社，2010年。

《喃字辭典引解》，阮光洪，科學社會出版社，2014年。

目前，這些辭典已成爲閱讀喃字文本很重要及有用的工具。

同時也有一個對查詢喃字唸法或找出相當於現代越南語文字很方便及有用的網頁，那就是Nôm Lookup Tool由喃遺產保存協會（Hội Bảo tồn Di sản Nôm）成立：

Nom Lookup Tool（喃遺產保存會）：

http://nomfoundation.org/nom-tools/Nom-Lookup-Tool/

三、單舉一個與喃字讀音有關的特別例子

目前有很多如上述所提及的查詢喃字很方便的工具，然而還是有些時候漢喃學者也會針對一些字而起爭議。尤其是一些詞的唸法：雙日、婆馭，等等。有一本喃字作品讓很多越南漢喃學者很驚訝，因爲那些喃字都很特別。那就是一部雙語的佛經，以漢字及喃字來書寫，名爲《佛說大報父母恩重經》（*Phật Thuyết Đại Báo Phụ Mẫu Ân Trọng Kinh*）。這部經與其他喃字文本最特別之處是，原則上一個漢字會以一個喃字來翻成越南語，因爲越南語及漢語都屬於孤立語（ngôn ngữ đơn lập），其中幾乎所有的音位都是單音節的形式，但是這部作品中包含很多例子是一個漢字會以兩個字來翻成越南語。而且，這些喃字的構造也很特別。根據喃字研究家的統計，如：陶維英（Đào Duy Anh[4]）及阮才謹（Nguyễn Tài Cẩn[5]），一個有兩個因

[4] Đào Duy Anh, 1975.

[5] Nguyễn Tài Cẩn, 1985.

素的字會常有這樣的構造：音的因素＋意的因素，如ba 𠀧（巴ba+三‘ba’），或者有少數的是：意的因素＋意的因素，如𡗶（天‘trời’ +上‘trên’)，或是兩個都是音的因素，如𢁋（巴ba+賴lại: blái > trái）。而在這部佛經有很多例子是一個詞或一個字都有兩個音的因素，見圖15-4。

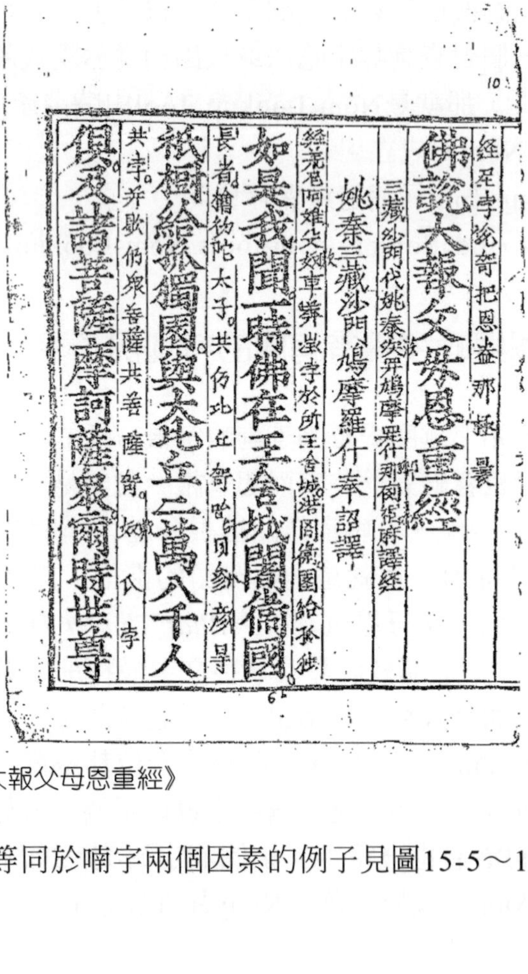

佛說大報父母恩重經
姚秦三藏沙門鳩摩羅什奉詔譯
如是我聞一時佛在王舍城闍備國
祇樹給孤獨園與大比丘二萬八千人
俱及諸菩薩摩訶薩衆爾時世尊

圖15-4　《佛說大報父母恩重經》

一個漢字等同於喃字兩個因素的例子見圖15-5～15-8，表15-1～15-4：

圖15-5 第三行，頁5

表15-1 ‘được *mắng* (?) tám đấng tiếng’

漢字	喃字	記音
得	特	được
聞	車莽	mắng (?)
八	糁	tám
種	等	đấng
聲	省	tiếng

圖15-2中，漢語的那句「得聞八種聲」，以喃字來翻成越南語會是「特車莽糁等省」。表15-1顯示個別對照後的結果。

一些類似的例子：

圖15-6 第一行，頁15a

表15-2 ‘đệ bát là ơn đi *xa* (?) *nhớ* (?) lo’

漢字	喃字	記音
第	第	đệ
八	八	bát
遠	可耶	xa (?)
行	多	đi
憶	卢	lo
念	可汝	nhớ (?)
恩	恩	ơn
	羅	là

圖15-7 第5行，頁29a

表15-3 ‘chó đồng *rắn* (?) *sắt* (?)’

漢字	喃字	記音
銅	同	đồng
狗	主	chó
鐵	可列	sắt (?)
蛇	破散	rắn (?)

這種用兩個字來記一個漢字的音是很特別的例子，而這兩個字碼，也就是「車」與「莽」；「可」與「耶」；「可」與「汝」；「可」與「列」；「破」與「散」並有沒有意義上的關聯。

也有一些例子是一個漢字以一個有兩個因素以上的喃字來翻譯。然而，兩者之間的關係卻不明確，因爲兩個因素中有一個是音的因素，剩下來的因素卻不確定是音的因素還是義的因素，比如表15-4：

圖15-8 第三行，頁20a

表15-4

漢字	喃字	記音
歡	𠗅	vui (?)
愛	酉	dấu
長	波恆	hằng (?)
乖	利	rơi
	美	lòng

有一點很可惜就是不能明確地確定這部佛經出現的時期，因爲這個文本少了第一頁註明出版時間及地點。

四、解決問題的辦法

關於這部佛經出現的時間，透過分析用來造出喃字的諱字及漢字，筆者暫時提出結論爲這個文本是十五世紀時出版的。然而，上述一些特別用兩個因素來解音是需要很多時間，而且沒有辦法解釋。有人認爲那兩個因素是用兩個個別的詞來記載，有人又認爲那兩個因素都是以一種很特別的方式來表示某一個詞〔阮玉姍（Nguyễn Ngọc San）1982〕。

經歷一段很長的時間，筆者突然驚訝地發現一個不可置信的重疊，當筆者看一本書介紹一個居住於廣平（Quảng Bình）省的少數民族Rục的語言。那是阮文利於1993年出版（科學社會科）的Rục語書。書中的附錄有Rục語與越南語的單字對照表，其中有「camạng」這個詞等同於越南語的「nghe」（聽），這就是讓筆者覺得非常驚訝的發現。當看到「camạng」這個詞，筆者肯定這就是佛經中，作者曾以兩碼喃字「車莽」來記載。更讓筆者驚訝的是不僅只有那個詞，還有很多詞也等同於文本中的兩碼喃字。表15-5是對比後所得出的結論：

表15-5　兩碼的喃字及Rục語

越南語	喃字	喃字的漢越音	Rục語[6]
mắng	車莽	xa mãng	cəmaŋ³
nhớ	可汝	khả nhữ	kəɲəː³
sắt	可列	khả liệt	kʰlat
rắn	破散	phá tán	pəsiɲ³

6　阮富峰、陳智睿、M. Ferlus，1988。

這些例子證明上述兩碼的喃字都是表示一個詞的音，使用雙音節（sesquisyllabic）的構造，如Rục語見表15-6。以這個觀點出發，我們要重看圖15-8及表15-3中的「𠃅」這個字，漢喃學者本認爲這是象形字，即「盃」（bôi）是表音因素及「司」（tư）是表意因素[7]。然而，「tư」又與「vui」沒有關係。因此，我們可以肯定「tư」與「bôi」都是一個字碼中音的因素，而作者稱爲會音（Hội âm）的情形。

表15-6 會音式的喃字

越南語	喃字	喃字的漢越字	Rục語
vui	𠃅	tư bôi	təpuːj[1]

自二十世紀末至二十一世紀初，很多在越南的少數民族研究都已公布，其中有不少的研究有助於喃字的唸法，有如我們看到的Rục語例子。此外，重建古越南語語音系統，尤其是越南語及Việt Mường語言群尚未分開的時期，也迅速發展，包含了國內外各語言學家的研究，如：Michel Ferlus教授、陳智睿教授，等等。值得慶幸的是目前已經有一個網頁收集了Mon-Khmer語系語言的研究成果。那是Sealang Project的網頁，其中有了Mon-Khmer語系語言的單字表，使用IPA來標記，而且可以以英語語意，語音或書寫體做查詢。當有需要查詢古文本中漢喃字的唸法，這個工具很方便。

Sealang Project: http://sealang.net/

五、未來的研究方向

在越南語歷史語音研究的發展過程中，越南漢喃學界以使用喃字

7 喃字大辭典的例子，作者武文敬也提出相同的意見。

記載的古文本爲研究對象也迅速地發展。一個較大的成就是越南語言歷史研究的重新評量漢喃文本的價值，特別是越南語的歷史語音系統。那麼此成就的具體爲何？以下筆者將會概括地介紹。

Michel Ferlus教授已經重建Proto Viet-Muong的聲母系統，以及指出在成爲現代音位[8]之前，是如何地改變。比如表15-7：

表15-7 「*rắn*」詞的演變

	[PVM][9]		[Tk.15~16]（北）		[Tk.17]（中）		[現代]	
'rắn'	*p.səɲˀ	>	zan5	>	ran5	>	zan5	（北）
						>	ran5	（中、南）

在上述所提及的喃字佛經中，「rắn」這個詞是用「破散」這兩碼字來書寫，同時「散」本是漢中古音[10]以*s-爲聲母的字。因此，我們可以肯定如果「rắn」在Proto Viet-Muong時期原本有*s-作爲聲母及「散」字在漢中古原本有*s-作爲聲母，那麼當「rắn」仍然保留*s-作爲聲母以及「散」字的漢越唸法也保留*s-的價值，那麼才會有可能佛經的作者選了「散」來記十五世紀越南語中「rắn」的音。而且很有可能前音節的因素*p.səɲˀ是與[pə]發音相似，所以才會用「破」來記音。那麼在出現這部佛經的時期，也就是十五世紀，「rắn」字是發音爲：$*p^h$ə-san^5。

根據上述相似的放大，十五世紀越南語的所有聲母可以重建如表15-8：

8 Michel Ferlus, 1982，頁83-106.

9 Michel Ferlus, 2016，頁1-15。

10 Edwin G. Pulleyblank, 1984.

表15-8　十五世紀越南語聲母系統

*ɓ	*ɗ		*c	*k	*ʔ
*p^{h}	*t^{h}			*k^{h}	
*ɸ	*s	*ʃ	*ç	*x	*h
（*β）/ *v	*ð		*j	（*ɣ）	
*m	*n		*ɲ	*ŋ	
	*r				
	*l				

再加上，十五世紀是阮廌（Nguyễn Trãi）(1380-1442)創造出越南文學歷史上第一本越南語詩集，名爲《國音詩集》（*Quốc Âm Thi Tập*）。如果套用上述重建各音位的結果到詩集的第一首詩〈首尾吟〉（Thủ Vĩ Ngâm），那麼重建各個喃字讀法的結果將是：

CN[11] :	谷	城	南	芀	蔑	間
CQN :	*Góc*	*thành*	*Nam*	*lều*	*một*	*gian*
Tk. 21 (HN) :	ɣɑukp^{7}	t^{h}aiɲ^{2}	naːm^{1}	lew^{2}	moːt^{8}	zaːn^{1}
Tk. 15 :	**xɔːk^{7}**	**t^{h}ɛːŋ^{2}**	**naːm^{1}**	**leːw^{2}**	**moːt^{8}**	**çaːn^{1}**
	奴	渃	旺	少	飴	咹
	No	*nước*	*uống*	*thiếu*	*cơm*	*ăn*
	nɔː^{1}	nɯɤk^{7}	ʔuɤŋ^{5}	t^{h}iɤw^{5}	kəːm^{1}	ʔan^{1}
	nɔː^{1}	**naːk^{7}**	**ʔuɤŋ^{5}**	**t^{h}iɤw^{5}**	**kəːm^{1}**	**ʔan^{1}**
	昆	隊	遁	揚	挨	眷
	Con	*đòi*	*trốn*	*dễ*	*ai*	*quyến*
	kɔːn^{1}	ɗɔːj^{2}	tʃoːn^{5}	zeː^{4}	ʔaːj^{1}	kwiɤn^{5}
	kɔːn^{1}	**ɗɔːj^{2}**	**tloːn^{5}**	**jeː^{4}**	**ʔaːj ^{1}**	**kwiɤn^{5}**

11　CN：原文中的喃字，CQN：國語字的記音，Tk. 21（河內）：二十世紀在河內按照實際發音的唸法，Tk.15：十五世紀按照重建發音的唸法。

婆	馭	瘨	少	几	禛	
Bà	*ngựa*	*gầy*	*thiếu*	*kẻ*	*chăn*	
ɓaː^{2}	ŋɯɤ^{6}	ɣʌj^{2}	tʰiɤw^{5}	kɛː^{3}	tʃan^{1}	
ɓaː^{2}	**ŋɯɤ**^{6}	**xiː**^{2}	**tʰiɤw**^{5}	**kɛː**^{3}	**can**^{1}	
泑	罢	狭	囘	坤	且	魪
Ao	*bởi*	*hẹp*	*hòi*	*khôn*	*thả*	*cá*
ʔaːw^{1}	ɓəːj^{3}	hɛːp^{8}	hɔːj^{2}	xoːn^{1}	tʰaː^{3}	kaː^{5}
ʔaːw^{1}	**ɓəːj**^{3}	**hɛːp**^{8}	**hɔːj**^{2}	**kʰoːn**^{1}	**tʰaː**^{3}	**kaː**^{5}
茹	涓	趣	庶	礙	挼	犮
Nhà	*quên*	*xuế*	*xoá*	*ngại*	*nuôi*	*vằn*
ɲaː^{2}	kweːn^{1}	sweː^{5}	swaː^{5}	ŋaːj^{6}	nuɤj^{1}	van^{2}
ɲaː^{2}	**kweːn**^{1}	**ʃweː**^{5}	**ʃwaː**^{5}	**ŋaːj**^{6}	**nuɤj**^{1}	**βan**^{2}
朝	官	拯	沛	隱	拯	沛
Triều	*quan*	*chẳng*	*phải*	*ẩn*	*chẳng*	*phải*
tʃiɤw^{2}	kwaːn^{1}	tʃaŋ^{3}	faːj^{3}	ʔən^{3}	tʃaŋ^{3}	faːj^{3}
ʈiɤw^{2}	**kwaːn**^{1}	**cɯŋ**^{3}	**pʰaːj**^{3}	**ʔən**^{3}	**cɯŋ**^{3}	**pʰaːj**^{3}
谷	城	南	芀	蔑	間	
Góc	*thành*	*Nam*	*lều*	*một*	*gian*	
ɣɑukp^{7}	tʰaiɲ^{2}	naːm^{1}	lew^{2}	moːt^{8}	zaːn^{1}	
xɔːk^{7}	**tʰɛːŋ**^{2}	**naːm**^{1}	**leːw**^{2}	**moːt**^{8}	**çaːn**^{1}	

這只是一個假設，還有很多問題需要釐清，但按照越南語語音歷史系的發展，那些問題將會漸漸得到解決，等到這一切都已明確，我們就可以讀及聽這第一本越南語詩集的所有詩，而且是這本詩集出版世紀時期的那種讀法。

六、結語

閱讀古文本是非常重要，不僅是歷史領域，而是其他所有領域。每一個古文本都是使用那時期的語言來當媒介，因此當想很正確地了解古文本的內容，語言本質的研究在每個時期都是非常重要，一個典型的例子就是中國清朝的考證學（khảo chứng）。考證學成就與西方研究的結合如Bernhard Karlgren（1889-1978）的計畫，已經促成漢語語音歷史的迅速發展。與此同時，語言歷史系的發展也對文本學的發展有所貢獻，本應被視爲民族歷史文化相關的各領域之重要基礎。當研究以喃字書寫的越南古文本時，我們必須尊重已在長久學術歷史上所建立的基礎。

參考文獻

Đào Duy Anh. 1975. *Chữ Nôm Nguồn gốc-cấu tạo-diễn biến*, Nxb. Khoa học Xã hội.

Karlgren, Bernhard. 1915-1926. Etudes sur la phonologie chinoise, *Archives d'études orientales*, 15.

Maspero, Henri. 1912. Etudes sur la phonétique historique de la langue annamite. Les initiales, *Bulletin de l'École française d'Extrême-Orient*, 12.

Michel Ferlus. 1982. Spirantisation des obstruantes médiales et formation du système consonantique du vietnamien, *Cahiers de linguistique - Asie Orientale*, 11 (1).

Michel Ferlus. 2016. Arem, a Vietic language, *Mon-Khmer Studies*, 43 (1).

Nguyễn Ngọc San. 1982. Góp ý kiến về âm đầu tiếng Việt qua cứ liệu Nôm trong sách Phật thuyết đại báo phụ mẫu ân trọng kinh, *Ngôn ngữ*, 3.

Nguyễn Phú Phong, Trần Trí Dõi, M. Ferlus. 1988. *Lexique Vietnamien–Rục–Francais*, Sudestasie Paris.

Nguyễn Tài Cẩn. 1985. *Một số vấn đề về chữ Nôm*, Nxb Đại học và Trung học chuyên nghiệp.

Pulleyblank, Edwin G. 1984. *Middle Chinese: A Study in Historical Phonology*, UBC Press.

Shimizu, Masaaki. 2015. A Reconstruction of Ancient Vietnamese Initials Using Chữ Nôm Materials，国立国語研究所論集（*NINJAL Research Papers*），9.

兩位Rục族的協助者及其家庭
作者（左）及陳智睿教授（右）（拍攝日期：2009年9月23日）

第十六章

從越南交際文化探討台灣的越南語教學

陳氏蘭[1] 著

---

1 Trần Thị Lan，國立高雄大學東亞語文學系越南語組助理教授。

一、前言

語言和文化具有密切的關係，語言要表現就必須遵循文化規則而文化內涵也要透過語言工具來傳播（王珩 2016）。不同社會文化背景的人在進行溝通時，因爲不了解對方的語言習慣或文化背景知識而可能會產生障礙或誤解，這就是交際文化（張占一 1987，引自王珩 2016）。交際文化可能表現在語言的使用如日常生活用語、問候方式、打招呼方式、讚美方式等等，或可以表現在非語言方面如肢體動作、行爲、服裝、表情等內容。本研究的交際文化內涵在於語言表達能力與社會文化背景的結合，也就是能有效地應用該語言達到溝通的目的。我們使用外語溝通的過程中常常因爲受母語的影響而發生語詞或文法的錯誤，但還有一種常見錯誤就是雖然語詞與文法正確但還是造成對方的誤解。這就是因爲我們沒有完全用本地人的邏輯、思維、習慣、想法來使用外語。有時我們的母語可以這樣說，但在其他語言使用那種說法就變成無禮或不尊重對方，使對方留下不好的印象。了解該語言的交際文化能使溝通過程更順利，相反地若不了解則有礙彼此的溝通。

越南人日常生活的交際文化很有特色，語言在其中扮演重要的角色。越南人的交際文化包括三個具體的特徵：⑴集體性高的農業文化特徵；⑵人文主義的文化特徵；⑶在地社群的文化特徵（Hữu Đạt, 2000）。第一，越南社會主要是由緊密農村、集體性質的農業生產活動形成的，因此越南人傾向集體意識，重視社群的認同，反對任何個人主義的表現形式。第二，越南文化深刻帶著人文主義的特徵，因此越南人在生活中重情重義，常常關心周圍的人，總是希望大家互相友愛團結、和諧、開心。因此，越南人的交際偏於關係取向，人與人在交際過程中不但要注意不要破壞彼此之間的關係，說話時也一定要思考並選擇出最好的語句來進行對話，以避免對別人的心理造成傷害。第三，越南社會帶著在地社群文化的特徵，由於越南的經濟基礎是農業生產，農村因此成為聯結每個家庭、每個人的基本行政單位，同時也規定了每個人應對進退和交際的方式。在越南人的觀念中，家庭關係、親戚關係、鄰居關係是每個人的生活中最親切、最直接的社會關係。因此，越南非常重視各種關係，特別是與距離比較近的人的關係，如與鄰居、同事的關係等，這個特徵很明顯在越南人使用稱呼詞、打招呼和問候等的方式中體現出來；他們總是不停爭取別人對自己的喜歡，以及努力與對方保持美好的關係。

越南語教學須注意從初級到高級的語言能力應了解及把握什麼樣的文化內容、語言習慣等才能讓學習者達到語言學習及應用的最佳效率，這就是越南語教學上必須思考的問題。越南人的日常生活習慣會影響到語言使用的習慣與交際文化。本研究根據目前常用的越南語教材內容，針對越南人的語言使用的習慣，主要進行以下六種交際文化實踐的探討，包括稱呼、打招呼、問候、客氣用語、拒絕，和讚美。每一種實踐都包含不同的語文表達方式以及溝通技巧。

二、稱呼方式

越南語的稱呼方式跟其他語言有很大的差別。如果英語的稱呼詞主要以I, you, we, he, she, we, they等為實際溝通常用代詞，華語中使用我、你、他、她、我們、你們、她們等為主要稱呼詞。在越南語中稱呼詞則要根據說話者與聽話者的年齡、性別、關係、地位、職稱、對話環境等問題來選擇適合的稱呼詞。影響說話者使用稱呼詞的因素可分為：⑴對話參與者的關係、⑵對話參與者的態度。具體如下：

第一，根據對話參與者的關係可以分為親切關係與客氣禮貌的關係。越南人有個習慣是把家庭裡的稱呼使用在一般關係，為了拉近關係。因此，一般在日常生活中的對話環境，參與對話的人要根據對方的年齡而選擇適合的稱呼方式。例如對方年齡比自己大，像哥哥姐姐一樣，自己要稱「em」（我），叫對方是「anh」（哥哥）或「chị」（姐姐），如果對方年齡比自己大，像阿姨、叔叔一樣，自己要稱「con」或「cháu」（我），叫對方是「cô」（姑姑）、「dì」（阿姨）、「chú」（叔叔）、「bác」（伯伯），如果對方年紀如爺爺奶奶一樣大，自己要稱「con」或「cháu」（我），叫對方是「ông」（爺爺、外公）、「bà」（奶奶、外婆）。而相反地，如果對方年齡比自己小，就要根據自己與對方年齡的差距來選擇適當的稱呼方式，如果年齡稍微比對方大可以自稱「anh」（哥哥）或「chị」（姐姐），如果年齡比對方大上一個輩分，女性長輩可以向對方自稱「cô」（姑姑）或「dì」（阿姨），而男性長輩則可以根據對方父母的年齡來自稱，年齡比晚輩父母小就自稱「chú」（叔叔），年齡比對方父母大就自稱「bác」（伯伯）。總之，對話參與者要根據自己和對方的年齡、性別並運用家庭式的稱呼方式在社會人際互動中做適當的使用（參閱表16-1）。

表16-1　越南語稱呼詞輩分關係對招表

<table>
<tr><th>稱謂</th><th colspan="2">我</th><th colspan="2">你</th></tr>
<tr><td>性別</td><td>男</td><td>女</td><td>男</td><td>女</td></tr>
<tr><td rowspan="4">比對方小</td><td colspan="2">em</td><td>anh</td><td>chị</td></tr>
<tr><td colspan="2" rowspan="3">con, cháu</td><td>chú</td><td>cô, dì</td></tr>
<tr><td colspan="2">bác</td></tr>
<tr><td>ông</td><td>bà</td></tr>
<tr><td rowspan="4">比對方大</td><td>anh</td><td>chị</td><td colspan="2">em</td></tr>
<tr><td>chú</td><td>cô, dì</td><td colspan="2" rowspan="3">con, cháu</td></tr>
<tr><td colspan="2">bác</td></tr>
<tr><td>ông</td><td>bà</td></tr>
<tr><td>平輩</td><td colspan="2">mình, tớ, tao</td><td colspan="2">bạn, cậu, mày</td></tr>
</table>

如果在一般日常生活中，越南人希望可以使用家庭式稱呼詞與對方溝通，是爲了提升親切感，在社交場合中卻選擇不同的稱呼方式則是爲了表達客氣禮貌的關係。這時越南人就不會特別注重對方的年齡大小和輩分而注重對方的地位、職稱以及對話環境來選擇適合的稱呼方式。例如兩家公司的代表在談判時，無論年齡差別，雙方還是維持客氣禮貌的稱呼詞，自己會使用比較中性並常用在正式對話場合的自稱，如tôi（我），而對方只要區分男女的客氣稱呼方式並不必分大小來稱呼，如anh（先生）或chị、cô（小姐）。如果對方的地位、職稱需要特別表示尊敬禮貌如總經理、董事長、教授、政府官員等等，那可以稱呼對方爲ông（先生）或bà（女士）（參閱表16-2）。在客氣禮貌的溝通環境之下，家庭式稱呼方式如cô（姑姑）、dì（阿姨）、chú（叔叔）、bác（伯伯）不應該使用。

表16-2　親切關係與客氣關係的人稱代詞對照表

		親切關係	客氣關係
第一人稱	我	em, con, cháu, anh, chị, cô, dì, chú, bác, ông, bà...	tôi
	我們	chúng tớ, bọn tớ, tụi tớ, chúng mình, bọn mình, hội mình, tụi mình, chúng tao, bọn tao, tụi tao...	chúng tôi, chúng ta
第二人稱	你	em, con, cháu, anh, chị, cô, dì, chú, bác, ông, bà...	bạn, anh, chị (cô), ông, bà
	你們／妳們	các anh, các chị, các cô, các dì, các chú, các bác, các ông, các bà...	quý vị, các bạn,

第二，根據對話參與者的態度可以分爲友善態度與輕蔑態度（Nguyễn Quang 2002）。說話者對聽話者或某些人的態度不同會表

現在不同稱呼詞的選擇。友善態度指說話人認爲某一個人或一群人的人格是很値得稱讚與學習，得到人人的珍惜、尊敬、佩服；這時說話者可以使用「anh, ông, cụ, chàng, ngài, người」表示「他」，使用「chị, cô, bà, nàng, người」表示「她」，使用「những con người ấy, các vị (ấy), các ngài (ấy)」表示「他們／她們」。輕蔑態度態度指說話者對聽話者或某些人的行爲感到不齒、看不起、藐視；這時說話者可以使用「mày」指「你／妳」，使用「 bọn mày, chúng mày」指「你們」，使用「anh ta, lão ta, gã, hắn, y, lão, thằng cha ấy, tên khốn ấy...」表示「他」；使用「cô ta, bà ta, mụ, ả, thị, con ranh ấy, con mụ ấy...」表示「她」；使用「bọn nó, tụi nó, lúc chúng nó, bọn khốn đó, lũ chó ấy, bọn ranh con đó... 」表示「他們／她們」。友善態度主要使用在第三人稱代詞單數與複數（他／她／他們／她們），輕蔑態度卻在第一、第二與第三人稱代詞包含單數與複數代詞中全部都有出現（參閱表16-3）。

表16-3　友善態度與輕蔑態度的人稱代詞對照表

		友善態度	輕蔑態度
第一人稱	我		tao, thằng này, con này, ...
	我們		chúng tao, bọn tao
第二人稱	你／妳		mày, thằng ranh, con ranh, thằng kia, con kia...
	你們／妳們		chúng mày, bọn mày, lũ chúng mày
第三人稱	他	anh, ông, cụ, chàng, ngài, người...	anh ta, lão ta, gã, hắn, y, lão, thằng cha ấy, thằng đấy, tên khốn ấy...
	她	chị, cô, bà, nàng, người...	cô ta, bà ta, mụ, ả, thị, con đấy, con ranh ấy, con mụ ấy...

		友善態度	輕蔑態度
	他們／她們	những con người ấy, các vị (ấy), các ngài (ấy)...	bọn nó, tụi nó, lũ chúng nó, bọn khốn đó, lũ chó ấy, bọn ranh con đó...

越南人在跟別人對話時特別注重稱呼方式，因爲稱呼的方式可以釐清對方和自己的關係以及確認應該用什麼態度來進行對話。越南語學習者若把握越南語人稱代詞的意義就能選擇適合對話情境以及對象的稱呼方式使得對話進行更順利並得到最好的效果。相反地，如果沒有把握越南語人稱代詞的使用技巧將會容易發生誤會並使得對話效果不佳。

三、打招呼方式

見面問候是人們社交禮儀中最基本的要素，也是人與人相處的第一步。越南人在不同的情境、時間點、彼此的關係、見面的頻率等打招呼方式會不相同。實際上，越南人打招呼根據對話情境可分爲客氣模式與日常模式。客氣模式的打招呼指在正式的環境或場合之下說話者需要對聽話者表示尊重、尊敬禮貌態度，可以分成以下兩類：第一類是常用在重大的活動或事件如會議、研討會、展覽會、運動會、演唱會、開幕典禮、歡迎會或很多人參與的社會活動等；這時打招呼的開頭通常會用客氣的語詞像「xin kính chào＋稱呼詞」；nhiệt liệt chào mừng＋稱呼詞」；xin gửi đến ＋稱呼詞＋lời chào trân trọng nhất」等等。例如：

「*xin kính chào* toàn thể các vị khách quý」（各位貴賓您好）

「*nhiệt liệt chào mừng* đoàn đại biểu」（熱烈歡迎代表團）

「*xin gửi đến* toàn thể các anh chị em *lời chào trân trọng nhất*」（各位兄弟姊妹大家好）

第二類是常用在機關、公司、學校、銀行、郵局、醫院、飯店、商店等工作環境或社會環境而在此環境之下說話者與聽話者的關係是工作上的關係或第一次見面。此時可以使用「xin chào」（你好）或「chào＋稱呼詞」表達見面問候，例如：「chào anh」（先生你好）、「chào chị」（小姐你好）、「chào các bạn」（大家好）、「chào bác」（伯伯好）、「chào bà」（女士您好、奶奶好）等等。也可以根據對方的職稱來選擇適合的打招呼方式，例如「chào cô」（老師好）、「chào giám đốc」（經理您好）、「chào ban giám khảo」（陪審團好）、「chào bộ trưởng」（部長您好）、「chào thiếu tá」（少校您好）等等。如此，越南語客氣模式的打招呼方法分爲重大活動或事件場合與一般工作環境場合兩類（參閱表16-4）。說話人使用越南語溝通時需要清楚地了解客氣模式的打招呼方法才不容易發生誤會。

表16-4　越南語客氣模式的的打招呼方法

重大活動或事件	xin kính chào＋稱呼詞／團體名稱 xin gửi đến ＋稱呼詞／團體名稱＋lời chào trân trọng nhất xin gửi lời chào đến＋稱呼詞／團體名稱 nhiệt liệt chào mừng＋稱呼詞／團體名稱 vui mừng chào đón＋稱呼詞／團體名稱
一般工作環境	xin chào chào＋稱呼詞 chào＋職稱

除了以上兩種客氣模式的打招呼方法之外，越南人也在生活中不同的對話脈絡下使用各種日常模式的打招呼方法。例如，在路上遇到認識的人可以問：「Chị đi đâu đấy?」（你要上哪去啊？）「Bác đi chợ về ạ?」（你去市場回來的嗎？）等表示打招呼，在菜市場、超市或百貨公司看到認識的人可以說：「Cô mua được gì rồi?」（你買

了什麼了？）「Hôm nay đông người quá nhỉ!」（今天人好多喔！）「Thịt lợn hôm nay đắt quá!」（今天豬肉好貴喔！）等表示打招呼。或在家裡門口看到認識的人經過可以邀請：「Anh vào nhà chơi!」（進來坐一下！）「Bác vào uống chén trà!」（進來喝杯茶吧！）如果剛好是吃飯的時間可以說「Cô vào ăn cơm!」（請進來吃個飯！）等表示打招呼。這種打招呼方法是越南人的日常生活習慣，打招呼的人不是眞的想要知道對方要去哪裡、買了什麼或眞的要邀請對方吃飯。對方如果也是越南人的話就一定會了解這只是打招呼而已，所以不一定要直接回答對方的問題或邀請來回應他人的打招呼，而可以用適合自己的狀況來回應選擇適合自己的方式來回應。

例一：

A：「Bác đi chợ về ạ?」（你去菜市場回來的嗎？）

B：「Cô đấy à! Hôm nay trời trở lạnh rồi nhỉ!」（是你喔！今天天氣變冷了耶！）

例二：

A：「Bác vào uống chén trà!」（你進來喝杯茶吧！）

B：「Hôm nay anh không đi làm à?」（你今天沒有要上班嗎？）

除此之外，越南人在日常模式中也常用讚美的方法來打招呼，例如：「Ai mà xinh thế!」（誰那麼漂亮！）「Ôi, tóc mới đẹp thế!」（新髮型嗎？好美喔！）「Chăm chỉ quá, đi làm sớm thế!」（好認眞啊，這麼早就來上班了！）「Chị gầy hơn càng đẹp hơn đấy!」（你變瘦了，又變得更漂亮了！）若別人使用以上方法向自己打招呼，則不一定直接回應別人的讚美，而可以詢問對方當日的活動，如去哪裡、吃飯了沒等等。例如：

B來上班看到A有新髮型，可以用讚美的方法打招呼：

B：「Tóc mới đẹp thế!」（新髮型好漂亮喔！）

A不需要直接回應B讚美的事情而可以問有關當時的狀況。

A：「Ôi chị cũng đi làm sớm thế!」（姊姊也來得很早啊！）

越南人沒有習慣根據當日時間點說早安、午安、晚安來打招呼，但會根據碰面的時間與頻率來選擇適合的說法。每天都能見面就可以根據碰面時間點來打招呼，例如早上碰面可以說：「Hôm nay phải đi học không em?」（今天要上課嗎？）「Em ăn sáng chưa?」（吃早餐了嗎？）「」（新的一天快樂哦！）下午碰面可以說：「Anh mới đi làm về ạ?」（剛下班回來嗎？）「Hôm nay anh về sớm thế?」（今天這麼早就回來了？）「Hôm nay mệt không anh?」（今天有沒有很累？）等等。特別的時間點可以用祝賀的方式來打招呼，例如週末見面可以說：「Cuối tuần vui vẻ!」（週末愉快！）節日見面可以說：「Trung Thu vui vẻ!」（中秋節快樂！）「Chúc mừng năm mới!」（新年快樂！）等等。如果不常見面的話則會用問候的方式來取代，例如：「Anh, dạo này khỏe không?」（哥哥，你最近好嗎？）「Em, thế nào, công việc ổn chứ?」（妹妹，怎麼樣，工作還好吧？）等等。

除此之外，如果在趕時間，不想花太多時間來打招呼或聊天，越南人就用很簡略的打招呼方法，如果對方年齡比自己大，回答時只需要在對方的稱呼後面加上「ạ」（禮貌用語）即可，例如：「Bác ạ!」（伯伯好！／你好！）「Anh ạ!」（哥哥好！／你好！）「Cô ạ!」（阿姨好！／你好！）等等，如果對方年齡比自己小則用「à/đấy à」（嗎），例如：「Em à!」（你好，跟妹妹說！）「Cháu đấy à!」（你好，跟孫子說！）等等。若別人使用以上方法向自己打招呼，也一樣簡略回答或詢問對方的日常活動。例如：

A：「Bác ạ!」（伯伯！）

B：「Cô đấy à?」（是你喔？）

越南人日常模式的打招呼沒有固定的公式或結構，也沒有一定的回應方式或規定。但是，使用越南語來對話的人一定要了解越南人的日常生活習慣與想法才可以與對話對象營造合適的對話情境以達到最好的溝通效果（參閱表16-5）。

表16-5 越南語日常模式的打招呼方法

對話背景	日常模式的打招呼方法	回應方式	例如
路上碰面	去哪裡、買什麼、天氣如何、周圍事物如何等等。	不一定要回答問題，可以一樣問對方去哪裡、買什麼、天氣如何、周圍事物如何等等。	-Bác đi chợ ạ? 你要去菜市場嗎？ -Cô đấy à, hôm nay trời lạnh nhỉ! 是你啊，今天好冷喔。
門口碰面	請進來、請喝茶、請吃飯等等	不一定要回答問題，可以問對方當日狀況、行程等等。	-Anh vào chơi uống nước! 請進來喝杯水！ -Bác hôm nay ở nhà ạ? 你今天在家嗎？
早晚碰面	上班了沒、下班了沒、早餐或晚餐吃了沒、太早或太晚上班或下班等。	不一定要回答問題，可以簡略回應。	-Anh đi làm về muộn thế! 你這麼晚才下班喔！ -Bác đến chơi ạ. 你來玩喔。
節日碰面	祝賀語	祝賀語	-Cuối tuần vui nhé. 週末快樂 -Dạ, chúc anh cuối tuần vui. 祝你生日快樂。
讚美	讚美外表、讚美能力、對對話人所有其他方面的讚美等。	問對方當日的活動如去哪裡、吃飯了沒等等。	-Tóc mới đẹp thế! 新髮型好漂亮喔！ -Dạ, chị họp xong rồi à? 你開完會了嗎？
簡略回答	稱呼詞＋ạ（跟長輩講） 稱呼詞＋à/đấy à（跟平輩或晚輩）	一樣簡略回答或詢問對方的日常活動。	-Bác ạ!伯伯！ -Cô đấy à?是你喔？

總之，越南語的打招呼從客氣模式到日常模式都有許多不同的說法。學習越南語的人用越南語溝通時要根據對話情境、對話時間、參與對話者之間的關係等因素來選擇適合的打招呼模式以符合禮儀規範。

四、問候方式

越南人在日常生活中很重感情，了解剛認識或已經長久來往的人的狀況是越南人的習慣，爲了表達自己對周邊的人或親戚朋友的關心，這是越南水稻農業文明（nền văn minh lúa nước）所產生的農村社群（cộng đồng làng xã）文化特色。因此，問別人的個人及家庭的狀況是越南人生活中常見的事情而非好奇心使然（Trần Ngọc Thêm 2012）。越南人的問候方式可以根據參與對話者之間的關係分成兩個不同的狀況：第一是剛認識的狀況，第二是已經認識一段時間的狀況。

由於農村社群文化特色，越南人認爲雖然剛認識也應該要關心朋友的狀況，或者是因爲要了解對方的狀況才能選擇最適合最正確的稱呼方式，因此在剛認識的情境下參與對話者之間的問候主題可包含對方的個人狀況如年齡、家鄉、教育成度、社會地位、家庭狀況等不會失禮或讓對方不舒服。例如，兩位剛認識的朋友可以問以下內容：

1. Em bao nhiêu tuổi?（你今年多大？）
2. Em đang làm ở đâu? Lương khá không?（你在哪裡工作？薪資好嗎？）
3. Em có gia đình chưa?（你結婚了沒？）
4. Bố mẹ em làm gì?（父母做什麼職業？）
5. Anh công tác ở đây lâu chưa?（你在這個機構上班很久了嗎？）
6. Quê anh ở đâu ạ?（你家鄉在哪裡？）
7. Anh có mấy cháu rồi ạ?（你有幾個小孩了？）
8. Vợ anh cũng là giáo viên ạ?（你太太也是當老師嗎？）

這種問候是越南人在日常生活常見的模式，了解越南人的想法與問候習慣會讓對話過程更加親切感，容易進入對話主要內容。而在兩人或兩人以上之間的關係已經維持較長時間的狀況下，各方都已經了解彼此的個人及家庭狀況，所以問候方式可以根據高或低的見面頻率來決定問候主題。常常見面的話通常用打招呼作爲見面的問候，主要關心對方的日常生活、上班或上課的狀況、三餐、與對方有關的事情、周圍的人事物等等。例如：

1. Hôm nay anh không đi làm ạ?（今天你不去上班嗎？）
2. Cháu đã được nghỉ hè rồi đấy à?（你已經放暑假了哦？）
3. Ngày nào cô cũng ăn tối muộn thế à?（你每天都這麼晚才吃晚餐嗎？）
4. Xe này cô mới mua phải không? Thảo nào trông mới quá!（這輛車是不是新買的？難怪看起來好新哦！）
5. Nghe bảo ông Hải đi Mỹ định cư rồi phải không nhỉ?（聽說海先生已經到美國定居了是不是？）

如果雙方隔了一段時間沒有見面或平時也不常聯絡，問候內容就偏向對方的家庭成員狀況以及對方的近況。這些問候內容可以作爲大家見面時對話的開頭。例如：

1. Bố mẹ em dạo này khỏe không?（你父母最近好嗎？）
2. Em trai em lên đại học rồi đúng không? Nó học trường nào thế? Thời gian trôi nhanh quá!（你弟弟上大學了是不是？他讀哪個學校呢？時間過得還眞快！）
3. Mọi việc của em thế nào? Vẫn ổn chứ?（你的一切如何？還好嗎？）
4. Công việc vẫn thuận lợi chứ em? Có khó khăn gì không?（工作還順利吧？有沒有什麼困難？）
5. Anh vẫn làm ở công ty cũ hay chuyển công ty mới rồi ạ?（你還在以前的公司做還是換新公司了？）

越南人注重感情、珍重友好關係，因此雖然生活上不常見面仍然還用其他方式如寫信、簡訊、留言等方式問候對方近況來維持彼此之間的關係。了解這樣的問候習慣將會幫助越南語學習者能更順利地跟越南人建立友好的關係。

五、客氣用語

越南人傳統道德觀念認為客氣禮貌態度就是人格優劣的判準，不管在家庭還是社會交際中都要注重順序高低關係。禮貌尊敬態度非天生而是要透過學而得，孩子從小就要學習如何表達「尊重長輩、禮讓晚輩」（kính trên nhường dưới），大人則應該把握在社會交際的不同位置、權力、年齡等關係中禮貌尊敬的標準（Lê Thi 2007; Vũ Tiến Dũng 2016），而客氣禮貌態度表現的其中之一就是會使用越南語中的客氣用語。越南語中有一部分詞語可以加在句子的最前面或後面以增加語句中客氣禮貌態度的表達。這部分語詞有時沒辦法直接翻譯成其他語言，但可以用助詞或情態詞等語言學詞彙來表示，為了表達說話者的用意使用在句子中。例如「ạ」是助詞，無具體意思，用在句尾或稱呼詞的後面表示客氣禮貌態度，沒有助詞「ạ」句子的主要意思不變但失去了說話者對聽話者的尊敬表現。如以下句子：

問：Em ăn cơm chưa?（你吃飯了沒？）

答：1. Em ăn rồi.（我吃了。）

2. Em ăn rồi ạ.（是我吃了。）

問：Ngày mai em có đến không?（你明天會來嗎？）

答：1. Có.（會。）

2. Có ạ.（會的。）

在很多場合如果一句話的最後沒有加「ạ」的話，小朋友就被視為是不禮貌的孩子，大人就被視為不尊重或看不起別人。增加客氣用語是使用越南語溝通的基本原則。越南語的客氣用語常用在句子的開頭或結尾，這部分的語詞雖然不多但可以分成兩個部分，一部分是日常生活的禮貌用語，另一部分是在正式場合的客氣用語（參閱表16-6）。

表16-6 越南語常用客氣用語

日常生活的禮貌用語	ạ	Cháu mời bác uống nước ***ạ***.伯伯請喝水。
	dạ	Em mới về đấy à? 你剛回來嗎？ ***Dạ***, em mới về hôm qua. 是的，我昨天剛回來。
	vâng	Lần sau nhớ lại về chơi với ông bà nhé！ 下次記得再回來看阿公阿媽吧！ ***Vâng***, có thời gian con lại về thăm ông bà. 是的，有空我再回來看阿公阿媽。
	làm ơn	Chị ***làm ơn*** cho hỏi quầy bán vé ở đâu ạ? 不好意思請問一下，售票櫃台在哪裡？ Bác ***làm ơn*** đổi giúp cháu hai tờ 50 ngàn được không ạ? 伯伯麻煩給我換兩張五萬的可以嗎？
	phiền	***Phiền*** cháu xách giúp ông cái túi này lên xe. 麻煩你幫我把這個袋子提到車上。 ***Phiền*** cô trông nhà giúp tôi vài bữa. 麻煩你幫我照料家裡幾天。
正式場合的客氣用語	thưa	***Thưa*** cô, hôm nay bạn Nam không đi học ạ. 老師，今天南同學沒有來上課。 ***Thưa*** anh, đây là báo cáo tài chính tháng này. 經理，這是這個月的財政報告。 ***Thưa*** sếp, đây là đối tác mới của công ty chúng ta. 經理，這是我們公司的新夥伴。
	kính thưa	***Kính thưa*** toàn thể các quý vị đại biểu và các vị khách quý. 各位代表與各位貴賓大家好。 ***Kính thưa*** ban giám đốc và toàn thể các anh chị em nhân viên công ty. 各位公司長官與全體人員大家好。

	xin	***Xin*** anh cho kiểm tra giấy tờ xe. 請先生給我檢查行車資料。 ***Xin*** chị xuất trình thẻ vào cửa. 請小姐出示門禁卡。 Tôi ***xin*** được từ chức phó tổng giám đốc công ty. 我要辭掉公司副總經理的工作。
	xin phép	***Xin phép*** cô cho em nghỉ buổi học ngày mai. 請老師讓我請明天的假。 ***Xin phép*** được bắt đầu buổi họp hôm nay. 今天的會議就此開始。 ***Xin phép*** hội nghị cho tôi được trình bày ý kiến của mình. 請大會允許我提出自己的意見。

每一種語言所要表達客氣禮貌的方式都不同，因此不一定能把語句要表達的客氣意思從這個語言翻譯，或轉換到另一種語言而仍然保持原有的意思。因此，學習越南語的人一定要把握越南語客氣用語的使用原則才能達到溝通的效果。

六、拒絕方式

越南人由於生活在人文社會主義的傳統文化特色之下，因此越南人非常看重情感，也因此人與人溝通時會盡量選擇最柔和的方式表達自己的意見以避免提到使對方生氣的話題（Hữu Đạt 2000）。越南人有一句話說「Lời nói chẳng mất tiền mua, lựa lời mà nói cho vừa lòng nhau.」（話不嫌少，選彼此都滿意的話題就好。）或是：「Một điều nhịn chín điều lành.」（忍讓一件事，得到九件好事。）意思就是勸諫人在日常生活中要爲了團結和氣的氣氛而選擇適合的說話方式。這也就是一種間接禮貌（gián tiếp lịch sự）的說話方式，意思是說話者提到別的事但聽話者可以從那句話中的含意了解說話者眞正要說的內容，是一種「符碼化一解碼」過程（Nguyễn Quang 2002）。

拒絕是人與人在日常生活交際過程中常見的行爲，例如拒絕別人的邀請、要求或提議等。因爲拒絕即是沒辦法滿足對方的要求或意願，所以說話者要選擇適合的拒絕方式才不會傷害到對方而仍然維持彼此之間良好的關係。在人與人的日常溝通中，就算用母語表達拒絕也不容易，而對於身處不同語言及文化背景的人之間，學會如何選擇適合並最有效的方式來拒絕彼此就更加重要。被拒絕的人通常會思考他們被拒絕的原因，是拒絕的人不喜歡還是不尊重他們，或是爲什麼用這個方式拒絕等等。此外，語用學中因對句子用意認知的差異也會造成交際過程中的誤解（Nguyễn Thị Hải Yến, 2011）。日常生活中越南語的拒絕方式有兩種，第一是直接拒絕，第二是間接拒絕。因爲要避免傷害彼此之間的感情，所以直接拒絕的方式主要被使用在說話者跟聽話者具有密切的關係如家庭關係或是好朋友的關係的情況。這時由於雙方已經過較長時間接觸與了解彼此，就不用擔心直接拒絕會讓聽話者不滿意或生氣。不過，直接拒絕時越南人通常還是習慣提出拒絕的眞實原因。

例如一：

A：Cậu tiện đường mua cho tớ ly trà sữa nhé? 你順路幫我買一杯奶茶好嗎？

B：***Không được***, tớ phải về luôn để làm báo cáo. 不行，我要馬上回來寫報告。

例如二：

A：Tớ mượn quyển sách này về đọc nhé? 借我這本書回家看好嗎？

B：***Không được***, mình chưa đọc xong. 不行，我還沒看完。

如果說話者跟聽話者之間是較不緊密的社交關係，說話者要選擇間接拒絕的方式才能得到最好的溝通效果，並能避免說出眞正理由所造成的對聽話者的傷害，如覺得不滿意、看不起或不受尊重。越南人常用間接拒絕的方式包括：⑴表示可惜的態度後再提出拒絕原因；⑵自己很開心或正面的意願後，再提出拒絕原因；⑶在拒絕後闡述拒絕的理由；⑷在拒絕後提出取代替代的方案；⑸在拒絕後提出自己的意見；⑹表示感謝或抱歉再提出拒絕原因；⑺直接闡述理由，迴避答案；⑻提出答應後可能發生的不利後果等等（Lưu Quý Khương, 2009; Nguyễn Thị Hải Yến, 2011）。越南人在間接拒絕的語句中所提出的拒絕理由通常都不是眞實原因而只是自己覺得對方最能接受的理由。

例如男生邀請女生：「Có một quán cà phê mới mở, không gian đẹp lắm, tối nay em rảnh không, mình đến đó uống cà phê đi！」（有一間新開的咖啡廳裡面空間裝潢得很漂亮，你今天晚上有空嗎，要不要一起到哪裡喝咖啡？）女生其實今晚不想出門或不想跟這位男生約會，可以使用不同的客氣決絕方式來避免直接拒絕（參閱表16-7）。

表16-7　越南語拒絕方式

Cách từ chối 拒絕方式	Nội dung từ chối 拒絕內容
1.表示可惜的態度後再提出拒絕原因。	-Tiếc quá, hôm nay em lại có hẹn rồi, để hôm khác vậy nhé. 好可惜喔，我今天有約了，改天吧。
2.表示自己很開心或正面的意願後再提出拒絕原因。	-Ôi thế hả anh, thích thế. Nhưng tối nay em phải làm thêm giờ, về muộn lắm. 真的嗎？好想去喔！不過今天晚上我要加班，要很晚才下班。
3.提出對方最能接受的拒絕理由。	-Ôi, tối nay em lại bận việc khác mất rồi. 啊，我今天晚上又要忙別的事情了。
4.提出替代的方案	-Phương và Linh đang rảnh đấy, hay anh rủ mấy bạn đấy đi cùng đi. 阿芳與阿玲在有空喔，還是你叫她們一起去。

Cách từ chối 拒絕方式	Nội dung từ chối 拒絕內容
5.提出自己的意見	-Em không thích mấy quán cà phê, đông người và ồn ào lắm. 我不喜歡咖啡廳，人太多又太吵。
6.表示感謝或抱歉再提出拒絕原因。	-Cảm ơn anh ạ, nhưng mà tối nay em phải chở mẹ đi có việc rồi. 謝謝你，但是我今天晚上要去載我媽沒空了。 -Tối nay em phải chở mẹ đi có việc rồi, xin lỗi anh nhé. 我今天晚上要去載我媽沒空了，對不起。
7.直接闡述理由，迴避答案。	-Tối nay Linh lại hẹn qua nhà em bàn bạc mấy việc rồi. 今天晚上阿玲約到我家討論事情了。
8.提出答應後可能發生的不利後果。	-Nếu đi thì không có ai ở nhà với bà em. Hôm nay bố mẹ em đều đi vắng rồi. 今天我爸媽都出門，如果去就沒有人在家顧奶奶了。

常在客氣拒絕方式的語句出現的詞語有「ôi」（哇）、「thế à」（這樣哦）、「thật ạ」（眞的喔）、「thích quá」（好喜歡喔）、「hay quá」（好好喔）、「tiếc quá」（好可惜）、「cảm ơn」（感謝）、「xin lỗi」（對不起）等。說話者要根據不同對象而選擇不同的拒絕方式，那種拒絕方式要符合越南人日常生活觀念與想法，並同時達到最好的溝通效果。這是學習者要了解與把握的越南語溝通技巧其中之一。

七、讚美方式

每個語言都有不同的讚美表達方式，讚美目的也很多樣。越南人的讚美方式通常用在打招呼、認識新朋友、爭取感情、表達欽佩、請求幫忙、鼓勵別人等目的。讚美內容也根據不同對象以及說話者跟讚美對象的關係，而選擇適合的讚美內容如對象的外貌、對方的物質生活、對方的精神生活、對方的社交關係（Nguyễn Quang, 2002）。被讚美的人是男生或女生會有不一樣的讚美方式。給男生的讚美話題都有關身體健康狀態、工作能力、個性決斷、大方或有關他所有的東西如車子、手錶、手機等。給女生的讚美話題主要有關外貌、服裝、個性、生活方式、對待別人的方式等（Phạm Thị Hà, 2013）。越南人平常對屬於自己的東西都很自豪，也很常跟親戚朋友分享他們對新買的的東西或好看的東西的心情。因此，越南人有習慣讚美別人的事物或外貌。另外，越南人因爲想要表示自己對別人的關心所以讚美話題也常圍繞對方家庭、生活狀況的主題。不過，越南人不喜歡直接讚美自己的小孩因爲他們認爲說孩子「可愛、胖胖的、健康、很會吃、胖嘟嘟、很乖、很聽話」等等，小朋友會變成跟讚美語句相反的狀態或遇到不好的事情（Bùi Thị Phương Chi, Phạm Thị Thu Hà, 2018）。

總之，越南人的讚美方式通常有關對方的外貌與服裝、私人物品、工作能力、生活與家庭等內容。讚美的目的包含(1)認識或詢問事情、(2)打招呼或開始話題、(3)表達欽佩、(4)爭取感情或維持繫感情、(5)表達關心或感謝、(6)表達鼓勵、(7)請求幫忙等（參閱表16-8）。

表16-8 越南語讚美方式與目的

讚美目的	讚美方式
認識或詢問	Áo của em màu đẹp quá, hàng của Mango phải không em? 你衣服的顏色好漂亮，是Mango牌子嗎？ Xin lỗi, cho hỏi món ăn của em tên trong menu là gì nhỉ, trông ngon quá! 不好意思，請問你點的這個在菜單裡叫什麼，看起來好好吃喔！

讚美目的	讚美方式
打招呼或開始話題	Ôi, hôm nay có váy mới xinh thế chị! 哇，今天穿新裙子好美喔！ Trời, xe mới phải không anh? Đẹp thật đấy! 天啊，新車是不是？真的好好漂亮！ Chị khỏe không? Ôi, trông chị dạo này trẻ hẳn ra nhỉ! 你好嗎？哇，你最近看起來很年輕呀！
表達欽佩	Em chưa thấy ai làm việc với tốc độ nhanh và hiệu quả như chị. 我從來沒看過工作速度像你那麼快的人。 Sinh hai con rồi mà vẫn đẹp như người mẫu thế chị? 姐姐，你怎麼已經生了兩個小孩身材還是模特一樣那麼美呢？
爭取感情或維持感情	Một lúc giải quyết bao nhiêu việc, sếp đúng là siêu nhân. 一下子解決那麼多事情，老闆您真的是超人。 Đầu óc anh quá sáng suốt. Tôi rất thích cách giải quyết công việc của anh. 你的頭腦真的好靈活。我很喜歡你處理工作的方式。
表達關心或感謝	Trông ông khỏe ra nhiều rồi đấy. 爺爺，你看起來恢復好多了。 Con gái chị lớn lên trông xinh quá. 你女兒長大變得好漂亮喔。 Anh đúng là cứu tinh của em. 你真是我的救命恩人。
表達鼓勵	Em tiến bộ hơn nhiều rồi đấy. 你進步很多了。 Giỏi lắm, mẹ biết con sẽ làm được mà. 好棒，媽媽就知道你會做得到。 Cứ duy trì mọi việc tốt như thế nhé. 盡量維持這樣好的狀況喔。

讚美目的	讚美方式
請求幫忙	Phát âm tiếng Anh của chị chuẩn quá. Chị dạy em phát âm mấy từ này đi. 你的英文發音很標準。你教我發音這幾個字好嗎？ Sao anh làm nhanh thế? Chỉ cho em cách làm với. 你怎麼做得那麼快。教我怎麼做好嗎？

以上讚美方式的目的通常是帶有正面的意義，說話者如此選擇讚美方式是爲了讓對話過程進行更順利，參與對話人之間的關係也更親切。此外，越南語讚美方式有時也帶著負面的意思如嫌棄、嘲笑別人。例如，看到同事今天穿新的裙子來上班但自己覺得不順眼、奇怪、不好看、什麼都不像，就可以用讚美方式表達嘲笑的說法。

例如：

「Ôi, bộ váy đẹp có một không hai」（哇，獨一無二的裙子。）

「Như minh tinh điện ảnh xuất hiện ấy nhỉ!」（好像電影明星出現喔！）

以上句子表示說話人不是眞的覺得對方穿的裙子好看而目的是爲了表達太醜，太奇怪的意思。這種就有嘲笑含意的讚美方式也常見在越南生活中，與以上積極的讚美方式同時存在。

越南人在回應別人讚美的表達也有不同的方式。越南人雖然通常很喜歡被稱讚但沒有使用「cảm ơn」（謝謝）這一句來回應的習慣，因爲認爲這樣回應別人的讚美是太自信、太驕傲的表現。被稱讚的人通常用否定稱讚內容、反過來稱讚對方、對稱讚內容表達疑問、減少讚美程度、轉移話題等方式來回應對方的讚美（Nguyễn Quang, 2002; Phạm Thị Hà, 2013）。被稱讚的人可以根據與稱讚人的關係或雙方對話的目的等來選擇適合的回應方式（參閱表16-9）。

表16-9　越南語讚美與回應方式

讚美	回應	
Túi xách đẹp thế！ 好漂亮的手提包！	Đẹp gì đâu, túi cũ ấy mà. 哪有漂亮，這是舊的手提包！	否定稱讚內容
Kiểu tóc này hợp với em đấy. 這個髮型很適合你。	Em thích kiểu tóc của chị, trông cá tính ghê. 我反而喜歡你的髮型，看起來很有個性！	反過來稱讚對方
Cậu làm tốt lắm! 你做得很好！	Thật không ạ? 真的嗎？	對稱讚內容表達疑問
Ôi, chị nấu ngon quá！ 哇，姐姐煮得真好吃！	Cũng bình thường thôi mà. 普普通通啦。	減少稱讚程度
Dạo này trông trẻ thế em. 最近看起來好年輕喔。	Dạ, chị dạo này ổn không? 姐姐你最近還好嗎？	轉移話題

越南語讚美方式的語句中最常用到的詞語是「đẹp」（漂亮）、「xinh」（漂亮）、「trẻ」（年輕）、「khỏe」（健康）、「giỏi」（棒）、「tốt」（好）、「hay」（好看、好聽、有趣）、「siêu」（超級）、「nhanh」（快）、「ngon」（好吃）等形容詞，「hơi」（有點）、「rất」（很）、「quá」（太）、「lắm」（太）、「cực」（非常）、「cực kì」（非常）等程度副詞，「ôi」（哇）、「trời」（天啊）、「trời ơi」（天啊）等嘆詞，「nhỉ」、「đấy」、「thật」、「mà」等情態詞，「đúng là」（眞是）、「chính」（正就是）等助詞（Phạm Thị Hà, 2013）。越南語學習者除了要了解越南人稱讚別人與回應別人讚美的方式外，還要學會使用越南語稱讚語句中常用到的詞彙才能達到最好的對話效果。

總而言之，越南語教學除了要提供語言方面的知識，如累積常用語詞、熟練文法結構之外，也要涉及越南的交際文化。學習者若能了解越南交際文化就可以更好地熟練越南語溝通技巧，能幫助自己與本地人對談時有一個好的開始，也能順利地維持長久的關係，同時讓學習者更有自信地參與對話，並加速學習者掌握越南語對談的能力，避免因爲文化差異而造成誤會或沒有達到預期效果。

參考文獻

Bùi Thị Phương Chi, Phạm Thị Thu Hà (2018). Một Vài Khảo Sát Về Đặc Điểm Văn Hóa Của Người Châu Âu Và Người Việt Thể Hiện Qua Lời Khen（越南人與歐洲人讚美方式的文化特色之探討）。下載網址：. http://www.vns.edu.vn/images/6_NGHIEN_CUU/VAN_HOA_VAN_HOC/BuiPhuongChi/2.Mot-vai-khao-sat-ve-dac-diem-van-hoa-cua-nguoi-chau-Au-va-nguoi-Viet-the-hien-qua-loi-khen.pdf

Hữu Đạt (2000). Văn Hóa Và Ngôn Ngữ Giao Tiếp Của Người Việt（越南人文化與交際語言）。Hà Nội: Nhà Xuất Bản Văn Hóa Thông Tin, 41-54.

Lê Thi (2007). Bàn Về Cách Xử Thế Và Phép Lịch Sự Trong Quan Hệ Giao Tiếp Của Người Việt Nam Hiện Nay（今日越南人交際關係中對待與禮貌方式之探討）。Tạp Chí Nghiên Cứu Con Người.

Lưu Quý Khương (2009). Nghiên Cứu Hành Vi Lời Nói Từ Chối Gián Tiếp Lời Mời Trong Tiếng Anh Và Tiếng Việt（越南語與英語中間接拒絕語句之研究）。Tạp Chí Khoa Học và Công Nghệ, Đại Học Đà Nẵng, 2 (31).

Nguyễn Quang (2002). Giao Tiếp Và Giao Tiếp Giao Văn Hóa（交際與跨文化交際）。Hà Nội: Nhà Xuất Bản Đại Học Quốc Gia Hà Nội.

Nguyễn Thị Hải Yến(2011). Hành Vi Từ Chối Lời Mời Của Người Việt Nam và Người Nhật Bản（越南人與日本人對邀請語句的拒絕行為之探討）。Hội Thảo Quốc Tế Nghiên Cứu Tiếng Nhật. 521-530.

Phạm Thị Hà (2012). Tiếp Nhận Lời Khen Của Những Người Nổi Tiếng Qua Hình Thức Giao Lưu Trực Tuyến Từ Góc Độ Giới（從性別的角度來看有名人物透過線上交流活動回應讚美方式）。Tạp Chí Ngôn Ngữ, 5, 66-76.

Phạm Thị Hà (2013). Đặc Điểm Ngôn Ngữ Giới Trong Giao Tiếp Tiếng Việt Qua Hành Vi Khen Và Cách Tiếp Nhận Lời Khen（越南語性別語言交際特色透過讚美及回應方式）。Luận Án Tiến Sỹ Ngữ Văn. Học Viện Khoa Học Xã Hội.

Trần Ngọc Thêm (2012). Cơ Sở Văn Hóa Việt Nam（越南文化基礎）。Hà Nội:

Nhà Xuất Bản Giáo Dục.
Vũ Tiến Dũng (2016). Lễ Phép, Đúng Mực – Lịch Sự Chuẩn Mực Trong Giao Tiếp Tiếng Việt Biểu Hiện Qua Ca Dao, Tục Ngữ, Thành Ngữ（越南語交際的禮貌、客氣標準透過歌謠、俗語、成語的表示之探討）。Tạp Chí Ngôn Ngữ Và Đời Sống, 10 (252).
王珩（2016），華語交際文化與其教學之實踐，語文教育論壇，7，16-19。
張占一（1987），談談漢語個別教學及其教材，見黎天睦，現代外語教學法——理論與實踐，166-194頁，北京：北京語言學院出版社。

第十七章

十九世紀末二十世紀初法越文化交流對越南傳統文化的影響

裴光雄[1] 著，陳理揚[2] 譯

---

1 Bùi Quang Hùng，國立高雄大學東亞語文系越語組助理教授。

2 國立高雄大學東語系越南語組碩士生。

一、前言

越南人民在發展過程中，不斷接受外來文化，使越南文化更加豐富和發展。特別是在每次跟外國的文化交流之後，越南人民都會吸取他們的精華文化改善自己的文化。例如：佛教、道教、儒教和越南當前的一些民間信仰是越南和印度、中國文化交流的結果，或者基督教是越南和西方交流的結果。

十九世紀末和二十世紀初，在與法國文化接觸後，越南人再次接受了外國文化。此次接觸發生時間雖然很短，但它對當時的越南社會產生了很大的影響。這些問題包括人們意識形態的變化，傳統習俗的變化，如服裝、食品、建築和其他傳統習俗，如葬禮、婚禮等。

在接觸法國文化時，越南人不僅接受了，而且與當地文化相比，從新的角度看待傳統文化，並將傳統文化分爲兩類不同的文化。文化仍然具有社區價値，仍然被稱爲傳統文化，並繼續保留，但與社會不適合，並導致社區的許多後果被稱爲「敗俗」，並從越南村社的社會生活中消除這些習俗。

二、二十世紀初法國教育政策對越文知識分子的影響

十九世紀末、二十世紀初，爲了想改變越南社會符合於永久統治政策，法國屬地政府在越南施行了改革教育制度[3]。其目的經過改革教育，培訓當地人才以補充法國殖民地政府人才的不足，同時這也是

[3] 1858年，侵略越南南部西貢、嘉定、邊和、定祥永隆、安江、河仙之後，法國政府開始進行廢除越南傳統儒學制度，取而代之是法國政府建設的教學制度。中圻和北圻比較晚，二十世紀初才開始進行改革，1915年北圻最後一次進行鄉考、中部（順化）鄉考最後一次是1918年。1919年正式廢除入學考試制度，取而代之是法國教育考試制度。

法國長久政策的目的，讓新的屬地區域社會能夠跟上法國政府的要求。因此，在此段時間，法國在越南各地進行建設各種學校，逐步廢除越南傳統教育制度，取而代之是法國教育制度。

法國改革教育制度首先在越南南部區域。從1874年法國進行建設Collège Chasseloup-Laubat學校（目前是黎貴惇學校），初期該學校只接受法國小孩，後來二十世紀初才接受越南人，但必須要有法國國籍。在此段時間，1874年法國Henri De Kerlan神父建立Lasan Taberd（目前是陳大義學校），該校初期主要接受越南孤兒，後來接受越南人。1913年建設錦色學校（目前是阮氏明開學校）。

在越南北部區域，1897年法國政府在南定省進行建設春長國小[4]，但一直到1908年才有學生報名學習。1908年法國殖民地政府才在河內建設Lycee du Protectorat學校（目前是朱文安學校）。

1917年，法國東洋全權總督Albert Sarraut提出：「東洋教育規定」，其中規定在越南每各村社要建設一所國小學校，並且盡心實施法國教育制度給越南男孩就讀，後來隔一段時間才在一些縣、鎮建設給女孩上學的國小學校。也在1917年，法國殖民地政府在河內建設同慶學校。

在十九世紀末年，法國實地政府已經做到建設一些專業學校。比如：1897年建設河內行政學校（École d'Aministration de Hanoi）、1898年建設河內專業學校（École Professionelle de Hanoi）、1902年建設公共工程學校（École des Travaux Publics）和東洋醫科學校（École de Médecine de l'Indochine）。1924年再成立東洋美術學校（École Supérieure des Beaux-Arts de l'Indochine）。該校所只接受越南的河內、順化、西貢三個區域的學生和柬埔寨的金邊區域的學生、寮國的永珍區域的學生。

顯然，在此段時間，法國不僅注意建設學校給法國子孫上學，還

4 南定省是越南最早期有很多基督教信徒，因此法國很看中此地。

特別強調改革越南教育制度，雖然目的是給法國統治政府補充人才以及長久統治政策的目的，但實際這種改革已經對越南教育方面有了很大的幫助，特別是越南可以離開傳統落後教育及考試制度，學生也有機會接觸法國教育制度和先進學習的方法，從而改變他們的觀念、想法。

如此可知，透過法國教育計畫，越南年輕知識分子了解世界先進科學技術，了解世界和法國的文明文化，從而自己將越南文化和西方文化之間進行比較，其中主要是法國文化和越南文化，並且將一些自己覺得不適合的習俗視爲敗俗。根據他們所提出的類型，我們可以把它們歸爲以下主題：第一個是繁瑣的、昂貴的活動，第二個是浪費的活動，第三是使人民陷入緊急困難悲慘境地的活動。此外，有些非正統民間信仰，或一些宗教儀式也被認爲是迷信。此外，當時的年輕知識也表明了越南敗俗、迷信存在的原因，以及它們對越南社會的危害，並且他們還提出解決這些敗俗、迷信的方式，特別是推動改良鄉俗的活動。阮博學先生說：

> 那個情幣（敗俗）已經銷毀一個國家的元氣，擋住人群的進步發展，這些情幣已經融入到人民的社會生活，造成我們的子孫的苦難。人們都知道，但是每個人都不敢反抗。（阮博學，《南風》雜誌第32期，頁131）

經過法越交流的結果，在此段時期在越南已經出現了一些對比的概念。如：落後—文明、傳統—現代。這些概念在初期由法國人來越南的時候使用的，後來經過接觸法國人，越南人也慢慢使用，特別是年輕知識分子。他們使用這些概念來反對越南一些不適合的習俗。因此在二十世紀，在越南文壇我們很容易找到這些概念，並且還有一個專業討論的部分。如：《南風》雜誌的「改良鄉俗」後來變成一個很時尚的詞語，特別是在年輕知識分子和都市裡面。

我們知道，在法國文化進來越南之前，越南人和習俗都是美好習俗，幾乎沒有人敢反對這些習俗，也沒有任何人說這些是敗俗。但是，當接受法國教育之後，越南年輕知識分子開始對越南傳統有了另一種看法。他們不僅單純按照法國人的說法，而他們還用自己智慧辨別越南傳統文化習俗，從而提出它們的好壞指出讓人民可以了解，且可以放棄這些習俗。

三、二十世紀初越南知識分子對越南傳統文化的影響

如上所述，二十世紀初，越南人經過接受法國教育之後，年輕知識分子開始形成了新的一種觀念想法。他們開始比較越、法兩種不同的文化。經過比較的時候，他們認得出來在傳統文化當中，很多比較落後、不適合當代社會。例如越南的婚姻儀式、喪事儀式、村會活動、祝賀長壽等等的活動都是讓村民浪費民眾資金。很多家庭爲了舉辦這些活動陷入破產的情況。但是，這些習俗仍然自然地在越南社會流傳下去，使越南人受了很多痛苦及損害。

越南年輕知識分子當時對越南傳統文化的最大影響之一是，他們利用雜誌作爲發起消除迷信的運動的場所。他們清楚地指出在越南傳統文化當中哪一種是良好的傳統，哪一種是造成命中的損害，並且解釋爲什麼需要將它們從今天的社會中移除。因此，當時的雜誌也是年輕的越南知識分子改變當時越南人民觀點的工具之一。例如《風化報》、《南風》雜誌等。其中《南風》雜誌第25期記載：在村莊常見民眾花了很多錢舉辦村莊廟會、慶祝長壽活動吃喝很浪費，喪失活動要殺好幾隻牛，有的爲了舉辦喪事儀式所有財產已經賣完陷入破產仍不夠經費（《南風》雜誌第25期，頁110）。

從文化角度來看，這些活動原來具有美好的意義：喪事是子孫對祖先所舉辦的活動，希望透過這種活動可以表達自己對祖先的孝順的意義；慶賀長壽活動也是一樣，是子孫對自己家族的父母，或祖先

的舉辦祝賀他們能長壽的幸福。後來這些活動被利用變成賺錢的機會，或爲了愛面子一定要舉辦，要不然被村莊看不起。長久成爲一種必要的習俗，因此在村莊中每個成員都要遵守這個規定，雖然他們都知道這些活動很浪費，也並不是代表孝順的意義，但由於這些習俗是村莊的傳統習俗，他們非按照村莊規定不可。

至於越南各地敗俗存在的原因，阮文學還特別強調，越南各地方還存在敗俗的原因並不是排除敗俗運動沒有辦到好，或由人民的保守，原因在於目前各地方都存在壞的習俗，每個村莊都有，且每個村莊都有不同的（阮博學《南風》雜誌第32期，頁131）。陶維英在1938年撰寫《越南文化史綱》一書也說：在都市婚禮儀式或多或少有些改變，大概放棄一些複雜的儀式。如：攔截習俗、要太多聘金，有些居住於都市文明的家庭舉辦西方婚禮的儀式，不繳交登記婚禮費，且請市長作證（陶維英2015，頁177）

從陶維英的此段文章，我們可以看得出來，當時在越南思維當中西方文化（法國文化）被視爲文明，使用西方文化者被視爲文明的人。因此，越南一些文化類型相反地被視爲落後、不適合的文化類型，因此初見這些不符合的習俗一般都被市民排除。顯然，此段時期，越南人所接受法國文化是一種資源的態度，比關切還提倡這是一種文明的文化。導致這種結果是由於，當法國文化進入越南的時候，越南人已經把兩種不同的文化來對比，並且看得出來法國文化的好處，特別是法國文化不會有一些複雜和麻煩的儀式，例如婚姻不必要六禮，喪事不必要花錢招待村民等等。因此，若使用法國文化，越南人不僅省了很多錢，且還被視爲文明者，後來造成學法國文化的浪潮。

如果根據仍然保留的文件，可以將十九世紀末二十世紀初越南傳統文化改變的過程分爲兩個不同的階段：第一階段是在城市接受法國文化的階段，其中主要接觸法國政治體制和法國教育的典範。第二階段是農村地區的時期。農村地區影響比城市慢，有四個主要原因：第一個原因是，農村所受法律教育和政治影響較晚，影響力不大。由於高中學校主要集中在中心區域和城市裡面，農民子孫很晚才有機會接觸法國教育制度。再者，法國主張不改造越南鄉下地方政府的制度，因此越南農村的面貌幾乎沒有什麼麼改變。

其次，在農村地區，習俗長期存在，成爲村莊的一種習慣，所以不容易立刻改變村莊的習俗，因此必須有時間去感受和影響人們和地方官員的觀念。我們知道，越南村莊文化具有獨立和保守的文化。每個村莊像一個小國家範圍，每個村莊都有自己的法規，稱爲「鄉俗」。這種鄉俗是當地的產品，因此這個村莊的鄉俗會跟其他的鄉俗沒有關係，反而其他村莊的鄉俗跟這個村莊的鄉俗沒有什麼影響。在流傳過程中各地努力保存自己的鄉俗，視爲自己村莊的法規。

第三，爲了地方官員的利益，當地實施村莊鄉俗和管理民眾的官員和長老會。事實上，當地官員和長老會的管理民眾使用鄉俗管理民眾的主要原因是讓村莊社會治安穩定，但除此之外，還有他們的利益在裡面。因此，在管理方面他們總是強調保存村莊的習俗，並且不願意改變鄉俗，因此當法國文化已在都市裡面融入下去，當時栽培南規村幾乎沒什麼改變。

第四，改良風俗這個運動主要發生在文壇中，這對農民來說太遙遠了，所以文壇運動對人民沒有很大影響。

不過，當越南文壇公布的時候（《南風》雜誌、《東洋》雜誌、《嘉定報》等）已經打動越南人民思想，讓他們改變了自己的思維，特別是農村富民。雖然當時越南的這些文壇和法國教育制度沒有直接影響到農村社會生活，但透過他們的子孫在都市工作或學些回來推動改良鄉俗的時候，越南農村社會生活也慢慢地接受他們的影響。陶維英先生在其《越南文化史綱》一書中說：一些村莊的青年曾經在都市讀書或工作，回來家鄉的時候盡量鼓勵村莊人民改良鄉俗，有些地方因此而放棄村會、上壽敬祝浪費的活動（陶維英2015，頁309）。

由此可知，在越南知識分子推動之下，越南整個社會有了很大變化，當時越南知識分子可算是越南第一批敢站起來批評越南一些不符合當代的傳統文化，並且還強調指出其對社會和人民的後果，證明這些習俗不僅讓人民浪費資金，且更嚴重的是，這些習俗會阻擋社會的發展，從而請人民必須離開並排除這些習俗。爲了想鼓勵人民放棄這些習俗，當時越南知識分子已經利用當時各種文壇推動，結果成爲一場排除敗俗從都市傳到越南各地方的浪潮，使越南社會、人民觀念思想有了很大的改變。很多地方接受這次運動之後，也慢慢地放棄自己不適合的習俗。

四、結語

數千年發展歷史，越南的傳統文化主要是接受東方文化，這些文化逐漸融入越南社會，成爲越南人民的傳統文化。到了十九世紀末二十世紀初，法國文化出現的時候，眞正改變了越南整個社會。這種變化就像消除不再適合現代社會的文化形式，使越南社會從落後的社會變得更加現代化和文明化。

雖然改變傳統的越南文化不是法國殖民政府的主要計畫，但在法國改革越南教育制度的影響下，法國間接地改變了整個越南的傳統文化，同時也創造了年輕一代有新一種觀念想法的知識分子。他們已經使用自己的知識推動改良越南社會的運動，使當時越南社會有了很大的改變。

事實上，年輕知識分子的運動現在只影響了城市的城市和中心，遠離中心的農村地區並沒有眞正改變太多。但是，我們不能否認他們的奉獻精神，他們是幫助越南從落後社會變得更加文明的人。

事實上，二十世紀初越南傳統文化的變遷並不完全徹底，遠離中心或受傳統改革運動的地區影響較小，在這些地方幾乎還保留這些敗俗，因爲在他們的觀念當中，這些習俗仍是一種必要保存的傳統文化。但是，我們不能否認當時知識的貢獻，他們創造了一場改變當時越南社會面貌的革命。值得注意的是，他們的觀點是越南政府後來發展文明現代越南社會的前提。

參考文獻

阮文慶（Nguyễn Văn Khánh），《越南1919-1930尋求和定向的時期》（*Việt Nam 1919-1930 thời kỳ tìm tòi và định hướng*），河內：國家大學出版社，2007年。

范瓊、阮伯卓（Phạm Quỳnh, Nguyễn Bá Trác），《南風》雜誌（*Nam Phong Tạp chí*）。

陶維英（Đào Duy Anh），《越南文化史綱》（*Việt Nam văn hóa sử cương*），世界出版社，2015年。

陳重金（Trần Trọng Kim），《越南史略》（*Việt Nam sử lược*），文學出版社，2008年。

陳國旺（Trần Quốc Vượng），《越南文化基礎》（*Cơ sở văn hóa Việt Nam*），教育出版社，1999年。

第十八章

Diagnosing cultural norms and value to business sustainable development for Taishangs in Vietnam

Nguyen Cong Hoang[1]

1 PhD of management, National Cheng Kung University. Assistant professor, College of Management, Chang Jung Christian University, Taiwan，國立成功大學國際企管博士，現任長榮大學管理學院助理教授。

1. Introduction

During the last three decades, FDI inflows in general and FDI from Taiwan in particular have significantly contributed to Vietnam's economic growth. Until now, Taiwan is officially ranked the 4th largest foreign investor in Vietnam (Figure 1). In fact, many other Taiwanese investors also cooperated with Singapore ones to establish Taiwan Singapore owned firms in Vietnam. Taiwanese FDI on the one hand has contributed to Vietnam's economic development, on the other hand has raised some serious issues related to the country's sustainable development. FDI inflows also help improve Vietnam's industry structure towards increasing the proportion of manufacturing and services and reducing the proportion of agriculture. Following, as of 2016 Tai-

Rank	Investors	Number of Projects	Registered investment capital (Million USD)	Share of total registered in vestment capital (%)	Average value per project (Million USD)
1	South Korea	4970	45191.10	16.0	9.09
2	Japan	2914	38973.63	13.8	13.37
3	Singapore	1544	35148.51	12.5	22.76
4	**Taiwan**	**2478**	**30997.43**	**11.0**	**12.51**
5	British Virgin Islands	623	19275.31	6.8	30.94
6	Hong Kong	975	15546.76	5.5	15.95
7	Malaysia	523	13420.05	4.8	25.66
8	The United States	781	11301.82	4.0	14.47
9	China	1296	10174.22	3.6	7.85
10	Netherlands	255	8264.55	2.9	32.41
	Others	3710	53589.09	19.1	14.44
	Total	20069	281882.47	100.0	14.04

source: Statisties of Vietnam MPI Foreign Investment Agency. 2016 wan's FDI in manufacturing sector even contributed nearly 90% and agriculture did only less than 0.5% (Nguyen & Nguyen, 2016).

Figure 1. Top 10 countries having FDI in Vietnam

Besides positive impacts, however, due to the special characteristics of Taiwanese investment, Taiwanese-invested manufacturing often experienced obstacles and problems relating the legal and regulatory environment, labor affairs, taxation, human resource, infrastructure, etc. (CTCVN, 2017). For example, during 2006-2012 in foreign invested firms in Vietnam, there were more than 3600 strikes, equivalent to an average of more than 500 cases each year. The strike rate and frequency in FDI companies from Taiwan, South Korea, Japan and China are often high because most of these companies are labor-intensive. Especially in 2014, many factories belonging to several Taiwanese companies that had Chinese-language signboards were damaged due to an anti-China protest march[2]. Then from the beginning of 2016, there are several strikes occurring in Taiwanese companies in Vietnam. The common reasons of strikes include too long working time (which may up to 12-18 hours/day), too low income and inappropriate remuneration, etc. (Nguyen & Nguyen, 2016).

Moreover, in Taiwanese owned firms in Vietnam, there is also a clear ethnic division of labor in the labor process. Want (2006) found that the top positions are held by Taiwanese expatriates. Administrative work is done by Vietnamese Chinese or Chinese cadres hired from

2 Anti-China sentiment has been mounting as tensions rose in the resource-rich South China Sea last week when China positioned a giant oil rig in an area also claimed by Vietnam. Each country accused the other of ramming their ships near the disputed Paracel Islands. (more information at http://focustaiwan.tw/news/aeco/201405130042.aspx)

PRC China. Managers or technicians on production sites are mainly PRC Chinese professionals, while direct production workers are Vietnamese and Vietnamese Chinese. This is also the main reason for conflicts between Vietnamese workers and Chinese managers in labor control or misunderstanding between Vietnamese workers and Taiwanese leaders in human resource management, which still often happens until now or later if Taiwanese leaders could not explore the cause of this issue. The reality shows that, even China, Vietnam, and Taiwan are all in parts impacted by Chinese culture, they also are different in each country's owned culture. Even in Vietnam, the culture and people's norm and value is clearly different in the north and the south. And it's also clear that culture defines the relationships between individual and organizational knowledge (Long and Fahey, 2000). Denise Pirrotti Hummel, J.D. - CEO of Universal Consensus expressed that:

"It's not about who's bigger, better, brighter, or faster; it's about who is empowered to leverage the power of culture to optimize an organization's bottom line. Cross-cultural differences have time and time again been identified as the most significant impediment to successful international ventures and projects. These obstacles can be transformed into opportunities with a framework for tackling them head-on".[3]

The big question here is that if Taiwanese leaders (and Chinese managers in Taiwanese firms) really understand the Vietnamese culture, especially Vietnamese employees' norms and values? I can confirm that, with three decades of investment experience in Vietnam,

---

3 Her fulltext at http://www.oracle.com/us/corporate/profit/archives/opinion/050312-dhummel-1614961.html?printOnly=1

Taishang aware all business culture in Vietnam including ethical and unethical activities, but still does not understand exactly their local employees' norms and values which may explain why the employees ignored 'fire in factories'[4] as happened in 2014. Thus, what of the Vietnamese' norms and cultures should Taishang pay attention for their better labor management? It's the purpose of this paper with hope to provide some other paths for Taiwanese invested firms in Vietnam manage effectively their local employees for the sustainable development mission. The following will describe the main norms of Vietnamese people in the southern Vietnam where most of Taishangs (台商Tâi-siong) locate.

2. Southern Vietnamese' cultural norms

All societies have cultural norms which underlie in cultural practices and values. Cultural practices are shared perceptions of how people routinely behavior in a culture (similar terms used are intersubjective perceptions or descriptive norms) and values are shared ideals of a culture (similar terms are injunctive norms) (Frese, 2015). Norms influence every facet of our lives, including what we value, our attitudes, and how we behave. Many Vietnamese scholars (Tran Ngoc Them, 2001; Tran Quoc Vuong, 2006) did research and draw the character of Southern Vietnamese which expresses their culture norms in daily behaviors. I quoted some main characters of the southern Vietnamese from Tran Ngoc Them's results which represent their cultural

4 More news about this event could be found on internet with keywords "Vietnam anti-China protest: Factories burnt".

norms related to their working in Taishangs.

2.1 The Tolerance (tính bao dung)

Tolerance of the Southern Vietnamese people is derived from the synthesis (*tính tổng hợp*) and characteristics of the 'yin' nature (đặc trưng *thiên về âm tính*) of the traditional culture in the joint context of the convenient natural conditions (Tran Ngoc Them, 2001). The tolerance creates the following consequences:

First, ethnic groups live together and still acknowledge and respect each other's customs. Second, the different religions respect each other and coexist with the highest density of the country. At present, all religions of Buddhism, Catholicism, Protestantism, Brahmanism, Islamism, Hoahaoism, Caodaism are reconciled, thus Southern Vietnam gathers the largest number of religions in the country. Therefore, they can welcome, live and cooperate with different people who are Vietnamese or foreigners. Regardless the location advantages, many FDI firms such as Japanese or Korean companies prefer to set up their manufactures and headquarters in the southern Vietnam due to the southerners' easiness and readiness to adopt the new people and new innovations. And Taishangs are not out of the lists who are welcomed with willing of cooperation, even as manufacturing employees.

Third, the southern Vietnamese people tolerate the opposite character with the quite wide amplitude such as "Work hard, play hard (*Làm thì làm chết thôi, chơi thì chơi xả láng*), Love till next generation, hate till next life (*Thương thì thương mút mùa, ghét thì ghét mãn kiếp*). Thus, if Taiwanese leaders and Chinese managers have their bonding, they will support Taishangs with all their efforts. Of course, it should be a true bond.

2.2 The dynamics (tính năng động)

The dynamics of the Vietnamese Southerners have manifold. At first, it demonstrates the ability to change the way they live. The Vietnamese who left their hometowns accept a life of change, they gave up the closed life in the villages of the North and the Center to live in the opened villages of the South where there is no village gate, and houses do not clump together but spread along the canals and roads for business convenience. Therefore, it's not difficult for them to get well with working environment in Taishangs. They know how to adapt and adjust themselves with new working environment in different firms.

Second, it demonstrates the ability to change accommodation. They are seldom perplexed by the problems of accommodation and eating. Due to the first and second perspectives of the dynamics character, the Southerners change their jobs easily, which is the third fold. This troubles companies to keep loyal employees. They do not have perception of 'must' living in a place 'forever', they can move to other companies if they do not have job satisfaction in a previous one. However, this norm will help them create the ability to absorb new things, creativity and their development of business which may support Taishangs if they are explored and given opportunity to contribute. Moreover, another consequence of the southerners' dynamism is the ability to do great business. The south of Vietnam is the first place to receive market economy and firstly opened their market. Most of the major undertakings in industrialization and modernization of the country starts from Ho Chi Minh City and Southern Vietnam. Taishangs should select more Vietnamese potential talents to promote as managers in order to let Vietnamese manage Vietnamese employees with understanding and supporting.

2.3 The Loyalty (tính trọng nghĩa)

It's hard to find an exact term to describe this character correctly in meaning and emotion. "Tính trọng nghĩa" include responsibility, doing ethical and right things such as being good to each other, humble with each other, sincere with each other, benevolent with each other, celebrating with each other, help each other, embrace each other, encourage one another, pray for each other, which somehow imply 'loyalty'. This norm is based on the southerners' 'affection preference" (*tính trọng tình*) and the communistic culture of the national cultural tradition in the context of many ethnic people.

Due to this, the Southerners light money and material wealth, and are much risky, which cause their generosity, living will all efforts, readiness to cover and sharing each other. They may spend all their money to treat each other today, do not care about tomorrow's. So, they are charismatic, like doing good things. With this norm, it's clear that the Southerners will also protect or support their companies with all their efforts if they consider becoming a part of it and the managers or leaders are their friends.

Moreover, other norm from these people's character is their hospitality. All people staying their area are their friends. It's reason why it's easy to make friend with the Southerners who will sacrifice themselves to protect their friends. Additionally, the Southerners are straightforward. They say what they think, not hard to understand like the Northerners' talking style of many meanings. Therefore, you will get their true answer immediately if you listen to them. This will help Taishang managers to find the best way to understand their local employees via talking, listening, and it's not difficult to promote their employees' loyalty via trust building.

2.4 The Practicality (tính thiết thực)

The character of the Southerners' practicality is expressed mainly in their "enough" thinking (tính vừa phải). Working enough, enough needs (they can drink together all the time with just a bottle of wine and some green guava). Even standard for choosing husband is just enough (*Củi khô dễ nấu, chồng xấu dễ xài* - dry wood is easy to burn, ugly husband is easy to use). They also accept the enough badness, moderate tastes, and study enough. These norms in practicality of the Southerners may let them finish their job on time, and not prefer over time working even additional payment. This requires Taishang managers understand and find out the best way to set up their local employee's working time as well as to encourage them 'complete their job' without time limitation.

3. Conclusion

This paper provided some cultural norms and value excited from the character of the southern Vietnamese and explained their relationship with their working style or labor management in Taiwanese owed firms in South of Vietnam. Even Taishangs have invested in Vietnam for three decades with experience of doing business in Vietnam, the main barrier in labor management is not language anymore, it is now related to cultural norm and value which defines their Vietnamese employees' attitude and behavior. With characters of only Vietnamese Southerners which are tolerance, dynamics, loyalty and practicality, Taishangs' local employees show unique perception on their daily life, job and relationships. Taishang leaders should create a friendly working environment, promote better relationship with their local employee, provide more efficiently social responsibility activities to their owned employees' community, and recruit more Vietnamese talents to take management position, which encourage Vietnamese employees willing to contribute, support and protect Taishangs in long time.

References

CTCVN (The Council of Taiwanese Chambers of Commerce in Vietnam) (2017). *The white book for business and investment in Vietnam.*

Frese M. (2015). Cultural practices, norms, and values. *Journal of Cross-cultural Psychology*, August 23.

Long D. W & Fahey L. (2000). Diagnosing cultural barriers to knowledge management. *Academy of Managment Executive*, 14 (4), 113 – 127.

Nguyen Hong Son & Nguyen Thi Minh Phuong (2016). Taiwanese investment in Vietnam: Current development and issues. *VNU Journal of Science*, 32 (1A), 218-227.

Nguyễn Phương Nam, *Mấy đặc điểm của con người ở vùng văn hóa phương Nam*, Tạp Chí Khoa học xã hội, Viện Khoa học xã hội Việt Nam- Viện Khoa học xã hội vùng Nam Bộ, số 8/2004.

Trần Ngọc Thêm, *Tìm về bản sắc văn hóa Việt Nam*, Nxb.Tp.Hồ Chí Minh, 2001

Trần Quốc Vượng (2006). *Cơ sở văn hóa Việt Nam.* NXB Giáo Dục

Wang H-Z (2006). Soial constructed ethnic division of labor control in Taiwanese-owned firms in Malaysia and Vietnam. *International Sociology*, 21 (4), 580-601

——本文原載《台灣東南亞學刊》2018年13卷2期

第十九章

Transnational labour migration: (Non-) Remittances and the family in crisis, case study in Tam Di, Bac Giang, Vietnam

Ho Thi Thanh Nga[1]

1 She got PhD degree from Department of Taiwanese Literature, National Cheng Kung University, Taiwan. She is currently the vice head of Department of Culture and Development, Institute of Cultural Studies, Vietnamese Academy of Social Sciences，國立成功大學台灣文學系博士，越南社科院文化所研究員。

1. Introduction

The wave of transnational labour migration in Asia in some recent decades created significant changes to the economic, social life in the countries in this region, not only in the scope of the State but also the effect at individual and family levels. The people increasingly participate in the global movement process and to meet such movement, the families also have to adjust the living strategies in order to be suitable for new circumstance. The concepts of "Transnational family"; "global householding" were used by scholars as the terms aimed at recording the change of family households under the effect of cross-border labour migration process. The concept "Transnational family" is defined as the family model in which the members still continue to share the economic interests, common cares about the life although they live in different nations (Yeoh 2009). One of the important factors which impacts on the strength, weakness of the model "transnational family" is the factor of remittance. There were many studies of the domestic and foreign scholars studying about the relationship between migration, remittance source and its impact on the life of family household. This article focuses on studying an angle of remittance source: that is to study the negative impact of remittance source to the crisis of rural families in Vietnam, the case study in Tam Di commune, Luc Nam District, Bac Giang Province.

2. Theoretical framework

In their edited volume The Transnational Family: New European

Frontiers and Global Networks, Bryceson and Vuorela (2002) propose two interesting notions that characterize the strategies that are employed by members of the transnatianl family to maintain familyhood, namely "frontiering" and "relativising". "Frontiering" "denotes the ways and means transnational family members use to create familial space and network ties in terrain where affinal connections are relatively sparse", while "relativising" refers to the ways in which individuals establish, maintain or curtail relational ties with specific family members. These notions underpin the authors' treatment of the family as an imagined community where members choose to maintain emotional and material attachments of varying degrees of intensity with certain kinsmen while opting out of transnational relationships with others (Bryceson and Vuorela, 2002: 10). The view that the family is an unbound social unit where members decide to neglect or intensify particular ties is not new. It is related to the notion of "kinwork", which is used by Di Leonardo (1987: 440). Di Leonardo refers "kinwork" is the best defined as "the conception, maintenance, and ritual celebration of cross-household kin ties", which is accomplished through such acts as making visits, sending letters, exchanging telephone calls, organising holiday celebrations, keeping and sharing family albums and sending gifts and cards. Among the Italian households that di Leonardo studies, kinwork was done primarily women, who were usually the ones who made the time and developed the skills necessary for "maintaining these contacts, this sense of family' across time and space".The maintenance of kin and quasikin networks, she adds (1987: 443), is largely women's work. In this sense, family membership is not guaranteed or fixed by blood or marital ties but is open to renegotiation and redefinition. The maintenance of its meaning and significance requires both emotional labourand material contributions from all individuals, regardless of their social positioning in the kinship network.

In the context of transnational labour migration where physical intimacy is lacking, remittances become a primary channel for kinwork (e.g., Artico, 2003; Parreñas, 2005; Moran-Taylor, 2008). Migrant remittances can strengthen their familial units. However, if the emotional labour and material contributions are laking, how is the relational between the family members? Some recent studies approach issues around remittances through the lens of emotion show that migrants use their salaries to achieve goals that sare related to breaking up rather than strengthening their familial units (Yea in Hoang and Yeoh 2016). Yea (2016) shows that the failure to receive and remit promised salaries is a key site through which tensions are produced, which may eventually lead to family break-up. Yea raises questions about the normative assumption in the literature about migrants using remittances as a key means through which to maintain and strengthen familial and intimate social ties across borders. (Non-)remittance is a process, Yea adds, through which Filipino "women can transcend subordinate gendered positions ascribed locally and acquire new status and respect through the migration process". The physical distance created by migration, it seems, provides migrants with a certain leeway in dealing with issues in family relationships. As such, marital disruption tends to serve as the catalyst for migration, rather than the other way around as commonly believed (cf. Landale and Ogena, 1995; Zlotnik, 1995; Hugo, 2002; Oishi, 2005).

Remittances have become the most visible evidence and yardstick for the ties connecting migrants with their societies of origin. Findings from the papers strengthen the view that effects of remittances on developing countries are mixed and complicated. Some scholars suggest that remittances are beneficial at all levels including the individual, household, community and national levels. Another of thought sees remittances as contributing to dependent relations between the sending and receiving countries. The paper use the concept "kinwork" which is used by Di Leonardo and the conceps "frontiering" and "relativising" which are ued by Bryceson and Vuorela to reconsider the relationship in a transnational family in the relation to remittance source.

3. Research method

To implement the research purpose, the author conducted field work in Tam Di, Luc Nam, Bac Giang. From October 2017, I had the first field trip to Tam Di From the end of 2017 to March 2018, we started to conduct our field trip there in two months. We conducted deep interviews with 15 cases of migration labour who returned to the country, or person whose husband or wife went abroad for workt. All interviews were conducted in Vietnamese and interviewed directly by authors and research groups. Characteristics of the interviewees: Most of the interviewees were labourers who returned to the country or people whose husbands or wives went abroad for work. The age of the interviewees was from 25 to 50 years old.

Over the past years, the phenomenon of labour migration has changed significantly the economic, cultural and social aspects of Vietnamese villages. In Tam Di commune, Luc Nam district, Bac Giang province - the commune with the highest number of labour migrants in Bac Giang province – labour migration has really transformed the face of this poor village. From a purely agricultural commune, Tam Tri changed its look, becomes an economically developed commune in the district. Along with the economic development, the social and cultural life of the commune also has many changes. One of the factors that most impacted the transformation of this village is the impact of remittance source from labour migration. Remittances from migrant workers have changed the household's livelihoods, affected notably the change in traditional gender relations, changed the lifestyle and cultural practice, at the same time, changed the awareness of members in the family household. Going to Tam Di, it is possible to realize that the breath of modern life has strongly influenced the life of a mountainous midland commune. The rows of high-rise buildings, the land sites in the center of the commune divided into lots, constructed to become high-rise adjacent building rows, and utility services from stalls, markets recorded the mark of a developed rural area. In every corner of the village, everyone discusses the story of labor migration. Up to 80% of family households in the commune have people who went for labour migration. Some families have wife or husband who goes for labour migration, some families have all children who go for labour migration, some families have both parents and children who go for labour migration. Lucky people choose the good markets such as Japan, Korea, the people with less money go to the markets of Taiwan, Malaysia, many women who want to go fast and easily choose the islands of Cyprus, or the market of Arab countries to do housework. It is not difficult to find in Tam Di the image that grandparents stay at home to look after the grandchildren for parents to go to work abroad, or the image that husband stays at home for his wife to go to work abroad, or the wife scene that the wife stays at home to look after the children for her husband to go to work abroad. Cross-border family, the family whose members are separated from each other by space and time is a commonly seen family model when we worked in Tam Di.

4. Imagined family

The concept "imagined community" was introduced by Anderson in 1983 in *Imagined communitites: Reflections on the Origin and Spread of Nationalism*. According to Anderson, nations are socially constructed. The idea of the "nation" is relatively new and is a product of various socio-material forces. He defined a nation as "an imagined political community – and imagined as both inherently limited and sovereign". As Anderson puts it, a nation "is imagined because the members of even the smallest nation will never know most of their fellow-members, meet them, or even hear of them, yet in the minds of each lives the image of their communion". Members of the community probably will never know each of the other members face to face; However, they may have similar interests or identify as part of the same nation. Members hold in their minds a mental image of their affinity: for example, the nationhood felt with other members of your nation when your "imagined community" participates in a larger event such as the Olympic Games. Borrowing ideas from the "imagined community" concept, we imagine the multinational family like an "imagined family". Why is the imagined family? In transnational families, where family members are not connected each other face to face, they do not share common emotions, common interests in a space called family, so what attached them together? What strategies did they use to maintain a mental image of family?

I went to the Tam Di for the 2nd time on a day when Dao hamlet celebrated Easter. Thanh Gia is a long-standing religious hamlet, so

Easter of the hamlet is always prepared meticulously. I met and made acquainted with An when she was outside the church to look after her younger brother about 5 years old. An wore white shirt, small and beautiful carriage ran after her little-aged younger brother. He ran a few times with his friends, he sometimes returned to court fondling from his sister. Looking at An, there was a feeling that she has capable carriage of a thoughtful eldest sister who soon has to take care of many things.

An-a pretty girl who is going to graduate from grade 12 - she has not ever been near her mother for more than a year in the past 15 years. Her mother went to Taiwan when she was only 3 years old. Two years later, her father also went to Korea for working. One every three years, she meets her mother at the time when her mother takes leave. The last time was 6 years ago, her mother went home for a year and gave birth to her second brother. From that time, her mother left home again and has just returned home once up to present. Her father, 4 years ago, also returned to Vietnam to live and now he works in Hanoi. Her family has 4 people, each person lives in a place: her father is in Hanoi, her mother is in Taiwan, she and her brother stay with her grandparents. An no longer has the feeling of missing her mother or in need of mother and so does An's brother. Grandparents are the closest and nearest people to the children. The concept of "mother" with them is purely a noun that contains a few sets of meanings of care, closeness and love. The nostalgia for mother of An and her brother is therefore a very different nostalgia and emotion. An said that she and her brother did not have the feeling of missing their mother. Her mother often calls her and her brother, once a week, sometimes 2 - 3 times per month. Every time when she makes a phone call, there are only familiar questions, the advice to study hard, to obedient, listen to her grandparents... An told: "There is nothing to say. Every time of phoning, the mother talks about learning. My brother never listens to her call for more than 3 minutes. Every time when my mother wants to talk to him, she has to entire to buy him the car, send him the robot then he may talk a little with her. I'm used to it. Whenever the money is needed, or if you want to ask my mother money for studying, ask my mother money for going out or buying something, I call my mother. Normally, I rarely call my mother".

Far away from her mother, An receives little care from her parents because they work at far distance. However, An still has the feeling of a family because her mother often calls her to remind her about the matter of learning, look after herself, and every month, her parents still send money to An and her brother. "My mother said that she would accumulate money so at the end of this year, she would prepare for me to go to Japan under the form of studying abroad". An's parents still maintain their interest, care to her and her brother although they are far from each other. The sentiment about closeness, feelings of attachment, fond remembrance may not exist because the time of being away is too long, but from the reason, An still feels and imagine the family - where the responsibilities are bound. The interest and sharing of An's parents are often shown by the regular remittances for her and her brother every month. Remittance is the way for the mother in far distance to express the responsibilities of a mother, the message for An to understand that her parents still care about her and her brother. Therefore, the thoughts of the family in the past 12 years are still remained in the distant space. The children like An and her brother still believe that their parents are sacrificing for the future of her and her brother. If in the traditional family, the feelings of memory, the love attached in the family in addition to being built on the concept of same blood, it is built by the closeness, interest, sharing everyday of parents for children. For transnational families, the care of parents is expressed through behavior of remittances. Remittance is a meaningful message. It shows the responsibilities of the depositor to the children, it also contains the interest of parents, it builds a family sentiment that bears the mark of reason thinking. Remittance is a strategy for mothers to maintain a sense of cohesion, build an imagination of imagined families in a cross-border space. However, because the sentiment is built from imagination and attachment is maintained largely by economic factors, so the insiders must always consolidate the imagination, maintain and bring up it by remittance strategies, support by mental factors (like calling, chatting, sending gifts...).

Most studies on cross-border care often indicate that left behind children often are less resentful of their parents, because they are educated by the discourse of sacrifice, the miseries of their parents to bear to nourish the feeling of gratitude from the children. Hoang and Yeoh (2015) have analyzed and pointed out that to minimize the negative effects of separation of parent and child sentiment relationship, the mothers call themselves as "heroes of modern time sacrificing for their children". They always build a discourse "go out for the future of the children". The combined efforts to build the image of a sacrificial mother seem to be effective for the cases which I am studying in Tam Di. My interviews with the children who are left behind, or with the grandparents - who look after the grandchildren for their parents abroad often give a general picture: that is people who stay at home believe that the people who go far away are hard people, people who sacrifice for the future of their children. Therefore, the grandparents are willing to take care of their grandchildren, even though their age is already high, the children usually do not have negative emotions such as resentment or anger with their parents. However, it can be denied that many mothers are bitter to realize that they become emotionally distant to their own children. It has been a long time since An has not had a phone conversation with her mother longer than 3 minutes. An's mother is powerless because she cannot talk to An's brother. The absence of a mother and the lack of her care make the relationship be easy to fall into crisis. And to confront and negotiate with these crises, the mother often chooses the way of sending money home as a compensation for mental deficiencies. While the children left behind consider the regular remittances of their parents mean the practice of their duties, to realize the parents' "sacrifices". Developing a discourse "sacrifice for children", realizing such discourse by remittance is the way which mothers maintain the cross-border family relationship. By that way, even though the separation between members is long, the children still imagine and maintain a family in imagination.

In modern societies, social changes have directly influenced the reallocation of gender relation. The absence of a mother tends to shift the care to the father or grandparents. However, migrant women themselves are not willing to give up their role of care. On the contrary, they try to implement such care in the distance even though it can be maintained by their little finance (Dreby 2001; Hoang & Yeoh 2012; Hondagneu-Sotelo & Avila 1997; Parreñas 2001). The efforts to maintain that woman is the center of family care are motivated by not only their actual concerns but also because of the assertion of the role of the mother, the role of women.

For both givers and receivers, care involves the physical, the emotional, and the symbolic (Kofman and Raghuram 2009, 15). In the context of female migration, emotional and symbolic aspects of care tend to be overdone to compensate for the lack of physical care. Supplying gifts and money and maintaining the so-called "absent presence" (Pertierra 2006) through routine phone conversations and text messages become migrants' primary forms of care for the family back home (Dreby 2006; Parreñas 2005b). Although these practices might have positive effects in the short run, scholars tend to be skeptical about their long-term repercussions. The (over)compensation for migrants' absence with gifts and money, for example, has been shown to lead to some levels of commodification of family relationships (Parreñas 2001). Likewise, the "care about" performed by migrants via telephony tends to have limited effects if not followed by physical acts (Leifsen and Tymczuk 2012, 229), or it might even backfire if not done in a sensitive manner (hoang and Yeoh 2015b).

5. Remittance for restructuring the family relationship

Migration is the moment of transfer and disturbance of family relationships. Many people who I have ever met during the interview said that they were most worried when they decided to migrate about broken family happiness. Deciding to choose to sit on the train to find the desire to change lives, many of them forced to choose and exchange: either happiness, or empty hands. Time and distance are double-bladed knife to strengthen or to make worse the family relationship. The insiders also know how to send messages to people at home about whether they want to strengthen or to re-structure the family relationships in a disruptive way.Using remittances to restructure the family relationship in a disruptive way is the way of doing of migrants when they no longer want to maintain cross-border family relationships

Coming to Dong Thinh hamlet, everyone mentions to Mr. Ban - a virtuous, plain man of more than 50 years old - as a typical case of the loss in life change aspiration. Over 50 years old, the remaining fortune is a two-storey house which has just built the rough brick part, just plastered partly, over 50 years old with a suspended unfinished application for divorce, a blood pressure disease and 3 children at present are also abroad but no longer take care of their dad. Mr. Ban is a typical case of a catastrophic failure in the intention of restructuring the family life. Before his wife went abroad, Mr. Ban's family was poor but lived happily. Mr. Ban's wife traded in salted fish in the market. And he often went to the city, went to Ho Chi Minh City to earn money to support his family. Over 16 years ago, when seeing the migration movement of the commune rose up, he encouraged his wife to go abroad. To prepare for his wife going abroad, he mortgaged the land lot, borrowed money to conduct the procedures for his wife going to Taiwan. *"That day she even bargained with me, was confident then. She asked, if she was unfortunately unsuccessful for some reason, she had to return without money for paying debt, how to do? I said, then I also decided so, if there was the case of unfortunate misfortune not because of her, if she went bankrupt, then I would accept, we would sell the second half of the land lot, do the old trading career, accumulate a little capital to build a tile-roofed house for living. Then I asked again "so if you are successful, how do you think?" So she said: if I am successful, I will send money to you to build the house, have full meal"*. But the promise and dream of building a spacious house gradually does not come true. Mr. Ban said, "*In the first 3 years, she returned and brought USD 9,000, she bought land with price of USD 7,500, and she said to buy building materials, she said that the money was only enough to build, not to plaster, she said she would continue to go abroad and send money for plastering later. Well, she told me then I heard, the husband and wife built the house, nothing to consider. She went and returned after 3 years, she built for me a house like this (three-storey house was built roughly, not plastered), then she went a year more, she said she would send money for plastering but she did not send anymore, then I talked to the builder "you talk to her to see how to do, now I do not have money". Then she said that she did not have money, so the builders withdrew, she paid for the works, and from that time, she did not send me money, she sent all to her family. For money for food, I had to go to her elder sister's house to take. Every month she gives me 2 million, 3 million, then I have to go there to take and then I have to sign in the paper ... On the initial time of going, she sometime phoned me, at that time, the sentiment of husband and wife still had attachment, to the period of taking leave to return to the house, she built the house in unfinished state like this, then she went abroad, the sentiment was decreased gradually, the plastering was not finished, we argued each other, at that time, I told her to plaster, she did not do so, I told her to send money, she did not send, now it has been 6 years, she does not send money, the contradiction started from that. In 2006, she came back, she should have been back for 2 months, after 15 days, the husband and wife argued, she left home go to Taiwan. She escaped to go to Taiwan, then I knew that but I could not do anything, so the money for plastering but not plastering, no money was saved, some equipment such as electric equipment or pot, pan brought from Taiwan, she took all to her maternal family, she took the suitcase for washing out, finally at the time of fly, in my house, there was nothing of hers. To 2007, she sent my niece-in-law who got married to my sister's son, she told me to choose the paper for divorce or the paper for separation, told me to choose the paper which I liked.*

At that time, I thought at home, I did nothing wrong, and I did not affect anybody, but she told me to choose one, I felt that the pressure was too big as if I did something wrong". After his wife submitted the application for divorce, Mr. Ban went to court many times but refused to sign in the application. Up to now, he still lives in the scene of having wife like no. His three children also followed his mother to go for labor migration. They also disregard their father and do not intend to send money or intend to plaster the unfinished house. The last time when he had blood pressure disease, he was hospitalized in Bach Mai Hospital, only his youngest daughter took the flight to look after him and elder daughter who married in Hanoi took care of him daily. Two sons left his father alone in hospital. *"Those two sons did not give me anything, I was sick but they did not give me anything, even if I died, they said frankly, they told me to sell land to cover, their siblings worried or not, they did not care"*

Speaking with us, Mr. Ban always regretted and thought of: "*In the past, the fish trade was nauseating, but two people did not refuse each other, now have a little money, each person is on a direction*". He is powerless because of pushing his wife away. He is aware that the temptation of modern life, the power of money and the life in modern city has changed his wife into another person. "*Previously, she could not drive a motorbike, now she goes there, old lovers taught him to drive, she can drive a car, the people in the village said so*". Mr. Ban's wife, after paying off the debt due to working aboard, no longer intends to send her salary back to her husband. The amount of money she sends is less over time. Even the initial intention of the couple about going to build a spacious house was also changed. The cross-border family relationship is naturally unstable, and it is even more unstable if one of two people does not maintain the feeling and awareness about the family. The amount of money his wife sends is less over the time, and to the time when the intention of sending money to maintain the responsibilities no longer exists, that is the time when the wife no longer wants to maintain the family happiness.

Similarly to the case of Mr. Ban, Mr. Truong is also building his house when we visited him. The house he built has just over 1 floor but it was stopped. The hamlet leader before leading me there, he whispered to my ear, "There is no money to build, his wife left him and she did not send money to build it". When I met him, I realized that it turned out he did not use the money which his wife spent to him to build the house. He sold the land lot given by his parents to build the house. And his wife has not sent him any money from 10 years. Mr. Truong is a quite strong person. Unlike Mr. Ban, he earned his own money, he also crossed the border to Macau to do business. He went home and went to work to look after the children, and he did extra work. The life of him and his children was completely organized by him alone. His two children are currently studying at university in Hanoi. He said, "*They have no sentiment to their mother, they just love their father and protect their father. Their mother did not send any money to them. He said "When he passed the entrance exam to college, he phone his mother to ask money for buying the motorbike, his mother told him to call his father, she did not have money (at that time, I was in Macau). My son got angry, he called me, I told them to choose the motorbike they liked, when I came home, I would buy. My children have knowledge, have awareness, her mother told him so, from that time, he did not call his mother again. I think that the dog does not abandon the little dog, I do not understand why my wife treat me and my children so. She only sends money to her younger brother in the maternal family. To say frankly, I was angry with my wife little but angry with the maternal family much. There they are not aware so they always call to tell my wife not to send money to me, as send money to me, I only indulge in pleasure and prostitute... I also do not need that money. I am only sad that the husband and wife have lived together for many years, but now it is considered to have no sentiment. Last year, my wife returned, I also did not intend to divorce. I still told my wife to go to my house. She gave me the phone, asked me to replace the sim order to use Vietnamese numbers. In the phone you know, there were many messages with her lover, many video clips with the old lover at the age of her father, I saw all. Previous, the people in the village said, I also left out of the ears. I also a guy to work away from home, I lived in Macau, my friends sometimes led the prostitute to sleep in front of my eyes, I tried to close the eyes to sleep and I considered as not hearing and seeing anything. Those things I ignored all. But that's what I thought, but when I looked at the pictures I can not stand with them. My wife knew that I knew it, she was embarrassing, so he also went to her maternal family and then actively divorced. Saying that divorce but actually it has been 10 years, it is also considered as divorce, because there is no communication and sharing. There is a thing after that time, I hated and I decided to divorce. I choked with anger that she did not consider me as anything but for her children, she did not care about their study, did not call them and did not send money, she just enjoyed herself, listened to the words of her younger brother and left behind my children, I choked with anger thus I he decided to divorce".*

At Tam Di, we met quite many cases of family crisis. In a family, the husband went to Korea and then coupled with Vietnamese bride in Korea to leave behind his wife and children at home, in a family, the wife worked far away and no longer cared about the family, there is the case that the husband stays at home, indulged in pleasure, prostitute, used money of the wife, when the wife returned, there was nothing left, there was case that parents worked far away, the children were delivered to the grandfather, then they were corrupt, addicted in drug... Maybe these scenes are not rare to meet for the rural areas where there is labour migration. Family crisis is relatively common among the positive aspects of migration. But whether positive or negative, it is clear that the family relationship can not be affected and influenced by migration factor. There are many approaches to look at crises in transnational family relationship. But it is clear that the issue of remittances plays an important role in the way of recognizing and explaining the problem. In both cases of Mr. Truong and Mr. Ban, both wives chose not to send money. Failure to send money has increased family tensions, created conflict and contradiction. In the circumstance where family lives far from each other in geographical term, the source of remittance is the only way to maintain and affirm their interest and attachment. By not sending money (or sending money to maternal family), the two wives insistently affirmed their distrust on their husbands, neglect and abandonment of their children, forgetfulness of promises and initial intentions for the construction of a happy start. Mr. Ban's wife went abroad with the common dream of both husband and wife to build a spacious house. Before going, two people did not even think about the end as at present. But the time, geographic distance, "far faces, separated hearts", the temptations of the material life outside, the attractiveness of modernity, experiences which she has never experienced before attracted her. The remittances were gradually reduced, accompanied with the faded family sentiment. The contradictions about the construction of the house, the requirements for remittance to plaster the remaining part of his house were not met. Mr. Ban was dissatisfied because he did not do anything wrong, but his wife treated to him like an employee, a man who lives off his wife's back. His wife did not send money to affirm the intention of breaking the family relationship. According to the words of the hamlet leader, his sons were ready to send money for contributing to the construction of the church (3 million) but when his father was ill, they did not send any month to their father. The relationship among the members of Ban's family has been severely broken. And Mr. Ban told us about the feelings about such breakdown through sharing experiences about the impact of sending or not sending money.

Obviously, the maintenance of transnational family relationships is not only studied through behavioral attitudes such as the concept "kinwork" shown by Di Leonardo (including visit, gifts, communication, call...). The consideration of maintenance of that relationship also needs to be seen in terms of remittance behavior. The feeling about family has a very important role. Family is not a unit of immutability. It is not merely maintained and stabilized by the concept of blood. The family needs to be built, maintained, cared for and continually re-structured. By not sending money home, the migrants have decided to interrupt the process of restructuring the family relationship, leave their families in the state of crisis.

Leornado in his study has shown that the concept "kinwork" has a gender relationship. Women are often the ones who actively preserve and maintain cross-border family relationship. However, in the study in Tam Di, there was another face. In Tam Di, most of the migrant women are more likely to be considered as the person who actively disrupt rather than maintain a family relationship. They often bear many risks because of the scattered families, on challenge, they have to bear the pressure from discrimination of the society more than the men. Why so? This is because although migrants have shifted traditional women from the role of care in domestic space to the role of the breadwinner in economic term, however, social expectation still requires them to implement concurrently two roles: care and breadwinner. In situations where families break down, the tendency to blame remains on the mother or the wife who is absent because they have not tried to maintain a family relationship. In the case of Mr. Ban's and Mr. Truong's family, their two wives used to be a dependant in economic term in the family, they become the main income earners. Expectations of a wife who scarifies, is hard-working - a discourse on Vietnamese rural women - will undertake well the role of the wife and head of the family when they go away did not come true. In the context of Vietnamese society, when women are influenced by gender preconception and Confucian ideology tradition on the role and responsibility of the women, they can be expected to retain the traditional female identity. However, when being on a far journey, living in a modern society completely being governed by village preconceptions, many women have changed their strategy and behavior. Hoang (2015) in his study pointed out that many women in his case study have been attracted by modern life and material fullness in a new life, they accept to tell lie to their families, leave their poor children in Vietnam. Nga Ho (2017) also points out the self-defense strategies of immigrant women as they are most likely to remit to the maternal family rather than maintain a breadwinner role in their nuclear family. This shows that, clearly, with increased mobility and more exposure to modern external lifestyles, the real life of the migrant women becomes more diverse and complex. Women can use many strategies to protect themselves, and the space where they migrate creates a free environment to encourage them to bravely overcome gender preconception and social preconception in order to live in a way which they want. Accepting criticism, accusation from society, they ignore the traditional rules of loyalty, sacrifice, mother and child sentiment to challenge and maintain a disruptive family relationship. These changes and traditional challenges are only possible when they are placed in the context of a shift from traditional village relationship, when they come into contact with modern, free living and working environment where they arrive. Clearly, migration is a major challenge factor to the family relationship, to the choice of maintaining or disrupting traditional family relationships.

Unlike macro studies that assess the positive role of remittances to socio-economic development in the place of exit, this article studies the opposite aspect from the aspect of remittance. In fact, not all transnational migrants are able or willing to remit money to their families. Various studies, from different angles of analysis of the researchers have revealed different views on disruption state and family crises due to lack of remittances. Hoang & Yeoh (2015) have pointed out that macro summaries continuously show the positive effect of increasing annual volume of overseas national currency exchange, however they conceal a fact that transnational migrants often work in situations of exploitation and insecurity due to global economic inequalities. Hoang & Yeoh took the example of debt of Vietnamese migration worker due to the fact that they had to bear an unreasonable debt when they migrated. And living in debt, the money earned abroad is not enough for them to repay the debt, it has caused their families to fall into crisis. As illustrated by Hoang and Yeoh's chapter on the Vietnamese and Yea's on Filipino workers, the state-sanctioned debt-bondage system renders migrants highly vulnerable, especially in the face of crisis. The so-called "structural vulnerability" (Ball and Piper,

2002) that they are subjected to is a product of a system of neoliberal governmentality (cf. Walzer, 1983: 58) that has been adopted by the host state to regulate the transnational labour market. Remittances and their relationships with the family, as such, are embedded in not only local cultures but also the global economic order and neoliberal migration regimes in the region.Yea (2015) in her research on Filipina domestics and entertainers in Singapore nuances both Di Leonardo's emphaisis on gender in kinwork and Brycesn and Vuorela's notion of relativising, she points out, (Non-)remittance is a process, Yea adds, through which Filipino "women can transcend subordinate gendered positions ascribed locally and acquire new status and respect through the migration process". The physical distance created by migration, it seems, provides migrants with a certain leeway in dealing with issues in family relationships.

6. Conclusion

In this article, we continue the viewpoint of Hoang & Yeoh (2015) and Yea (2015) as using the theory "kinwork" of Di Leonardor and the concept of Brycesn & Vuorela. The article pointed out that family relationship is a relationship which is easy to be adjusted, especially in the context of migration. Maintaining it in an imagined space, with discourse about sacrifice, responsibility, with mental activities (call, remittance, gift ...) or leaving behind it in a disruptive relationship is the choice of the insiders. Gender matter is the same in the choice, however, it seems that women often suffer more pressure and is demanded and expected more in maintaining the cross-border family relationship.

References

Artico, C. I. (2003) *Latino Families Broken by Immigration*. New York: LFB Scholarly Publishing.

Ball, R. and N. Piper (2002) "Globalisation and Regulation of Citizenship – Filipino Migrant Workers in Japan", *Political Geography* 21(8): 1013–1034.

Benedict Anderson (1983). *Imagined Communities: Reflections on the Origin and Spread of Nationalism*. London: Verso.

Bryceson, D. and U. Vuorela (2002) "Transnational Families in the Twenty-First Century", in D. Bryceson and U. Vuorela (eds.) *The Transnational Family: New European Frontiers and Global Networks*. New York: Berg, pp. 3–30.

Di Leonardo, M. (1987) "The Female World of Cards and Holidays: Women, Families, and the Work of Kinship", *Signs* 12(3): 440–453.

Dreby, J. (2010) *Divided by Borders: Mexican Migrants and Their Children*. Berkeley, Los Angeles and London: University of California Press.

Hoang, L. 2016. Moral Dilemmas of transnational migration: Vietnamese women in Taiwan in Gender & Society, Vol XX No. X

Hoang, L. A., B. S. A. Yeoh and A. M Wattie (2012) "Transnational Labour Migration and the Politics of Care in the Southeast Asian Family", *Geoforum* 43(4): 733–740.

Hoang, L., Yeoh, B. (Eds.). 2015. *Transnational Labour Migration, Remittances and the Changing Family in Asia*. London: Palgrave Macmillan

Hochschild (eds.) Global Woman: Nannies, Maids and Sex Workers in the New Economy. New York: A Metropolitan/Owl Book, Henry Holt and Company, pp.39–54.

Hondagneu-Sotelo, Pierrette, and Ernestine Avila. (1997). "I'm here, but I'm there": The meanings of Latina transnational motherhood. *Gender & Society* 11 (5): 548-71.

Hugo, G. (2002) "Effects of International Migration on the Family in Indonesia", *Asian and Pacific Migration Journal* 11(1): 13–46.

Kofman, E. and P. Raghuram (2009) "The Implications of Migration for Gender and Care Regimes in the South", Social Policy and Development Programme Paper Number 41. Geneva: United Nations Research Institute for Social Development.

Landale, N. S. and N. B. Ogena (1995) "Migration and Union Dissolution Among Puerto Rican Women", *International Migration Review* 29: 671–692.

Leifsen, Esben, and Alexander Tymczuk. 2012. Care at a distance: ukrainian and Ecuadorian transnational parenthood from Spain. *Journal of Ethnic and Migration Studies* 38 (2): 219-36.

Moran-Taylor, M. (2008) "Guatemala: Migration and Child Rearing", *Latin American Perspectives* 34(4): 79–85.

Oishi, N. (2005) *Women in Motion: Globalisation, State Policies and Labour Migration in Asia*. Stanford, CA: Stanford University Press.

Parreñas, R. S. (2002) "The Care Crisis in the Philippines: Children and Transnational Families in the New Global Economy", in B. Ehrenreich.

Parreñas, R. (2005) *Children of Global Migration: Transnational Families and Gendered Woes*. Stanford, CA: Stanford University Press.

Parreñas, Rhacel Salazar. 2001. Mothering from a distance: Emotions, gender and inter-generational relations in Filipino transnational families. *Feminist Studies* 27 (2): 361-90.

Pertierra, R., Ed. (1992) *Remittances and Returnees: The Cultural Economy of Migration in Ilocos*. Quezon City: New Day Publishers.

Yea. 2015. Rethinking remittances throught emotion: Filipina Migrant Labourers in Singapore and Transnational Families in Hoang, L., Yeoh, B. (Eds.). 2015. *Transnational Labour Migration, Remittances and the Changing Family in Asia*. London: Palgrave Macmillan

Zlotnik, H. (1995) "Migration and the Family: The Female Perspective", *Asian and Pacific Migration Journal* 4(2–3): 253–271.

Note

Note

Note

Note

國家圖書館出版品預行編目資料

越南文化 ： 從紅河到九龍江流域／蔣為文主編. ——初版. ——臺北市：五南，2019.06
面； 公分
ISBN 978-957-763-383-5（平裝）

1.文化 2.歷史 3.越南

738.33 108005103

1XGM 五南當代學術叢刊 039

越南文化
從紅河到九龍江流域

策　　劃— 國立成功大學越南研究中心
主　　編— 蔣為文
作　　者— BÙI Hoài Sơn(裴懷山)、BÙI Quang Hùng(裴光雄)、ĐOÀN Thị Mỹ Hương(團氏美香)、HOÀNG Minh Phúc(黃明福)、HOÀNG Văn Việt(黃文越)、HỒ Thị Thanh Nga(胡氏青娥)、LÊ Anh Tuấn(黎英俊)、NGÔ Văn Lệ(吳文麗)、NGUYỄN Công Hoàng(阮功皇)、NGUYỄN Đăng Điệp(阮登疊)、NGUYỄN Thị Phương Châm(阮氏芳箴)、NGUYỄN Thị Thu Hường(阮氏秋紅)、PHAN An(潘安)、SHIMIZU Masaaki(清水政明)、TƯỞNG Vi Văn(蔣為文)、TRẦN Đức Sáng(陳德創)、TRẦN Thị Lan(陳氏蘭)、TRẦN Thị Thy Trà(陳氏詩茶)、TRẦN Văn Đoàn(陳文團)、VÕ Thị Hoàng Lan(武氏凰蘭)、VŨ Diệu Trung(武妙忠)
發 行 人— 楊榮川
總 經 理— 楊士清
總 編 輯— 楊秀麗
副總編輯— 黃惠娟
責任編輯— 蔡佳伶、高雅婷
校　　對— 李鳳珠、蔣為文、盧佩芊、阮翠薇
封面設計— 王麗娟
出 版 者— 五南圖書出版股份有限公司
地　　址：106台北市大安區和平東路二段339號4樓
電　　話：(02)2705-5066　　傳　　真：(02)2706-6100
網　　址：http://www.wunan.com.tw
電子郵件：wunan@wunan.com.tw
劃撥帳號：19628053
戶　　名：五南圖書出版股份有限公司
法律顧問　林勝安律師事務所 林勝安律師
出版日期　2019年 6 月初版一刷
　　　　　2019年11月初版二刷
定　　價　新臺幣520元